광주향약의 형성 과정
필문 이선제 선생의 업적을 중심으로

광주향약의 형성 과정

초판 1쇄 인쇄 2022년 12월 21일
초판 1쇄 발행 2022년 12월 28일

지은이 이문효
후 원 (사)필문이선제선생기념사업회, 광주광역시, 광산이씨도문중

펴낸이 김영철
펴낸곳 국민출판사
등 록 제6-0515호
주 소 서울특별시 마포구 동교로12길 41-13(서교동)
전 화 02)322-2434
팩 스 02)322-2083

ⓒ 이문효, 2023
ISBN 978-89-81656-46-1 03910

※ 이 책은 저작권법에 따라 보호받는 저작물이므로 무단전재와 무단복제를 금지하며,
  이 책의 전부 또는 일부를 이용하려면 저자의 서면 동의를 받아야 합니다.
※ 잘못된 책은 구입한 서점에서 교환하여 드립니다.

광주향약의 형성 과정

필문 이선제 선생의 업적을 중심으로

이문효 저

축간사

　존경하는 이문효 선생께서 조선시대 화목하고 건전한 마을 공동체를 유지한 기둥의 역할을 한 주민들의 자치규약이라 할 수 있는 광주향약의 형성 과정을 방대한 문헌과 상세한 자료를 토대로 종합 정리하여 출간하게 됨을 충심으로 축하해 마지않습니다.
　아울러 광주향약의 기원과 전개과정의 역사를 규명하기 위하여 저자는 온갖 정성을 기울였을 뿐만아니라 가족까지도 관련자료 수집과 정리에 조력한 노고에 심심한 위로와 감사 말씀을 드립니다.
　저자의 선대 어른이신 필문 이선제 선생께서 세종조 때 중앙 관료로 봉직하던 당시, 어리석은 지방 사족 한 사람 잘못으로 인하여 당시 광주목에서 무진군으로 읍호가 강등되어 온 고을 사람들이 고통을 받았습니다. 이선제 선생께서 사족들이 스스로 수신하여 표상을 보이는 향약을 선택하고 반성의 의지를 보이고자 하는 마음으로 규약을 세우고 이에 찬동하는 고을 사족 90명과 함께 한 마음으로 솔선수범하여 향풍이 비로서고 읍호가 복귀되기를 기약하였습니다. 저자는 약조를 지켜 고을 풍속을 선양할 것을 선도한 활약이 광주향약의 시작이었음을 규명하고자 그 과정에 관한 연구를 착수하였습니다. 오랫동안 봉직한 교육자의 관점에서 또한 학자의 안목에서 선대인 이선제 선생의 광주향약 시행과 관련한 업적에 국한하지 않고 부용정향약, 퇴계향약, 양과동향약, 예안향약 등 사례에도 심도 있게 탐색, 연구하였습니다. 특히 김문발 선생이 부용정을 건립하여 향인들과 더불어 향약을 시행하였던 기록도 탐색하는 등으로 조선시대의 향약의 실상을 전반적으로 확인할 수 있는 소중한 향약의 역사서를 제시해주었습니다. 이러한 저자의 노고에 깊은 경의를 표하며 구구절절 주옥같은 저술 발간에 마음 깊이 축하의 말씀을 드립니다.

2022년 9월
(사)필문이선제선생기념사업 회장, 법학박사 고재유

축간사

　우리 문중의 숙원 사업 가운데 하나가 희경루를 되살리는 것이었습니다. 다행히도 현재 복원 과정에 있습니다. 보물 제1879호 희경루방회도에 기초해 156년 만에 재복원 중입니다.

　역사는 기억되어야 합니다. 과거의 소중한 업적과 전통을 오늘에 되살려야 합니다. 그 가치를 인정하고, 그 의미를 숙고하며, 그 통찰을 적용해야 할 것입니다. 나라와 민족도 그러하고, 가문과 마을도 그러해야 합니다. 잊히면 사라지는 것입니다. 디즈니 애니메이션 〈코코〉에서도 주인공 미구엘의 고조부 헥터가 그렇습니다. 후손에게 잊혀져 점차 사라지게 됩니다.

　안타깝게도 모든 것이 언제나 항상 기억되지는 않습니다. 우리 문중의 소중한 업적도 오랫동안 잊혀졌습니다. 광주향약의 출발점을 찾아보면, 우리 문중의 큰 어른이신 필문 이선제 선생에게 도달하게 됩니다.

　필문 어르신의 업적은 가벼운 것이 아닙니다. 우리 호남에서의 향약 공동체 전통을 세우신 분입니다. 조선의 서로 돕고 서로 보살피며 살아간 아름다운 전통이 형성되는 과정에 커다란 기여를 하셨습니다.

　그러나 오랫동안 망각된 것이나 다름없는 상황이었습니다. 조선 시대를 특징짓는 당쟁으로 인해 이 전통을 전승해야 할 문중이 제 역할을 하기가 어려웠던 탓입니다. 하나 그 이유가 어떠하든 이제 후손, 즉 우리에게는 이를 새롭게 기억해야 할 책임이 있습니다.

　서로가 서로를 불신하고 혐오하는 지금 사회에서 다시금 되살려야 할 전통이 바로 향약입니다. 우리 사회가 상실한 상부상조의 가치를 향약의 기치 아래 되살릴 수 있습니다.

지금이라도 필문 어른의 업적을 되살리고 광주향약의 전통을 상기해야 할 것입니다. 너무 늦은 것은 없습니다. 지금이라도 기억한다면, 그것으로 충분합니다.

앞서 언급한 〈코코〉에서도 거의 막바지에 이르러 대단히 시사적인 장면을 볼 수 있습니다. 미구엘의 증조모 마마 코코가 아버지 헥터가 불러준 노래를 증손자를 통해 다시 듣게 되자 아버지를 기억합니다. 그러자 소멸되기 직전에 있던 헥터가 다시 존재를 회복하게 됩니다.

이문효 선생의 원고는 바로 미구엘이 고조부의 노래를 부르는 것과 같은 작업입니다. 이를 위해 오랜 시간 많은 자료를 찾아 헤매고, 많은 사람들을 만나 귀를 기울였습니다. 미구엘이 자신의 할아버지를 찾아 망자의 세상을 구석구석 찾아다닌 것처럼 말입니다.

그 고심의 결과가 마침내 이렇게 한 권의 책으로 나왔습니다. 이 책은 우리 가문과 우리 지역(광주와 호남), 나아가 우리 민족의 DNA에 가라앉아 있던 그 무언가를 끌어냅니다. 우리의 기억에서 사라져가던 소중한 업적과 전통을 다시금 되살려줄 수 있는 마중물입니다.

안타깝게도 이문효 선생은 〈광주향약의 형성 과정〉을 유작으로 남기고 세상을 떠났습니다. 너무 일찍 저 하늘의 별이 되어버렸습니다. 그 자신이 우리 가문의 기억과 우리 민족의 역사 속으로 들어가게 되었습니다.

하지만 이 한 권의 유작으로 인해 그는 오래오래 기억될 것입니다. 또한 그의 노고로 인해 광주향약의 전통이 다시금 기억되고, 우리 사회가 더 나아지는 데에 기여하게 될 것입니다.

〈광주향약의 형성 과정〉의 출간을 기뻐하고, 또한 축하합니다.

2022년 9월
광산이씨 도문중 종회장 이인곤

축간사

　필문 이선제 선생은 유명한 역사가로서 60여 년간 많은 논란을 야기했던 고려사 편찬을 완전무결하게 매듭지었다. 또한 광주사랑이 투철한 분이었다.
　선생이 주도했던 광주향약은 필자가 주장한 바와 같이 주자의 여씨향약이나 우리나라의 여러 향약과는 달리 절실한 광주사랑정신의 결정판이었다.
　역사와 전통을 자랑하는 광주는 예전 광주목으로서 전주, 나주와 함께 전라도의 중요한 고을이었다. 그런데 광주인 노흥준이 자신의 애첩과 간통한 목사 신보안에 분노하여 그를 구타한 치정사건이 발생하여 광주목이 무진군으로 강등되었다.
　역사의식이 투철하고 광주사랑이 각별했던 필문 선생은 신숙주나 광주와 관계된 여러 사람들을 동원하여 광주복호 활동을 열과 성을 다하여 앞장서 주장한 덕으로 21년 만에 광주목으로 승격되었다.
　이것은 필문 선생의 적극적이고 간절한 활동으로 가능했으며 다시는 그러한 불명예스러운 일이 일어나지 않게 하고자 광주향약을 발의하고 추진했다. 그리고 복원된 희경루에 문장과 덕행이 뛰어난 90여 명을 선발하여 향약을 공부하고 실천하게 했다.
　장남인 이시원은 문과에 장원하여 보성군수를 지내다 세조찬탈에 분개하여 사직하고 고향에 돌아와 광주향약을 운영하며 인재육성에 매진했다. 다른 아들들도 향약을 운영하는 데 적극적 관심을 보였다.

그러므로 광주향약은 역사의식이 투철한 필문 선생의 광주사랑을 실천한 행동철학이었으므로 다른 향약이 유교윤리의 강화나 사족의 권익 향상으로 백성들을 통제하는 수단으로 악용되었던 것과 본질적으로 차이가 있다.

저자 이문효 님은 평생을 교육에 헌신하셨으며, 숭조애족사상으로 만난을 무릅쓰고 자료를 수집하며 급기야 건강까지 상하여 운명하셨다. 책의 간행을 축하하며 삼가 고인의 명복을 빈다.

전남대 명예교수, 문학박사 이상식

목차(目次)

- 축간사 _4
- 서문 _12

I. 읍호(邑號) 강등 _15

II. 희경루(喜慶樓) _35
1. 신숙주의 〈희경루기〉 _40
2. 광주목 복호(復號) _44
3. 안철수 목사의 요청 _46
4. 이선제 선생의 〈희경루 원운(原韻)〉 _48
5. 희경루와 그 제영(題詠) _50
6. 희경루의 위치 추정 _57

III. 광주향약(光州鄕約) _85
1. 광주향약의 동기 _87
2. 수암서원지(秀巖書院誌, 秀巖誌) _91
3. 광주향약의 시작 _92
4. 광주향약의 내용 _98
5. 기록상 조선조 최초의 향약 _101
6. 광주향약의 향적 _110
7. 광주향좌목의 역사 _119
8. 광주향약은 향규나 향규약이 아니다 _124
9. 과실상규 조목과 광주향약의 초점 _142
10. 향약의 집회 장소 - 향사당(鄕社堂)과 향사당(鄕射堂) _145
11. 유향소의 치폐(置廢) _154
12. 불혐염치(不嫌廉恥) _163
13. 동건휘 교수의 〈향약은 향규민약과 다르다〉 _164
14. 광주향약의 영향 _170

Ⅳ. 퇴계향약(退溪鄕約) _195

1. 광주향약과의 비교 _197
2. 광주향약과의 연결고리 _202
3. 퇴계향약의 실패 원인 _209
4. 퇴계향약이 향규인가? _213

Ⅴ. 부용정향약(芙蓉亭鄕約) _219

1. 《광주목지(光州牧志)》 _221
2. 《광주목지(光州牧志)》(규 10800) _232
3. 세종조(世宗朝)를 태종조(太宗朝)로 _244
4. 김문발 선생의 족보·읍지·지리지 _246
5. 김문발 선생의 고향 _254
6. 김문발 선생의 향약 공식 명칭 _256
7. 한종수 연구원의「부용 김문발의 생애와 광주향약」_259
8. 유문(遺文)과 후손들 _262
9. 후손 봉현(鳳鉉)의 〈제영(題詠)〉 _265
10. 이종일 원장의「조선시대 광주향약의 성립과정 연구」_270
11. 후손 김일중 교수의「부용정이 양과동 향약에 미친 영향」_274
12. 《광산지(光山誌)》 _280
13. 부용정 건립 연도 _288
14. 박익환 교수의「15세기 광주향약의 향규약적 성격」_291

Ⅵ. 양과동약(良苽洞約) _327

1. 향약이 아니라 동약(洞約)이다 _329
2. 양과동계(良苽洞契)의 규약은 입약범례(立約凡例)다 _330
3. 광주향약과의 관계 _344
4. 양과동(良苽洞) _349

■ 참고문헌 _362

서문

　향약(鄕約)은 조선 시대의 자랑스러운 유산이다. 조선조 내내 마을 공동체를 떠받치는 기둥의 역할을 해왔다. 조선 시대는 지나갔지만, 향약의 정신은 우리의 문화적 유전자 속에 남아 있다. 우리는 그 정신을 이어받아 오늘에 그 의미를 되살려야 한다. 공동체적 기반이 무너진 우리 시대에 더욱 그 의미가 절실하다.

　이런 점을 헤아려볼 때, 향약의 성격과 그 현대적 의의에 대해 무심한 이는 드물 거라 생각한다. 학교에서 누구나 들어봤으리라. 반면 기원과 전개 과정에 대해서는 그렇지 않을 것이다. 언제 어떻게 누구에 의해 형성되고 확장되었는지에 대해서는 아는 이가 많지 않다. 그게 무슨 쓸모가 있다는 건지 의문을 품기 십상이다.

　하지만 정확한 역사를 규명해야 원래의 바른 정신을 구현할 수 있다. 마치 바른 육체에 바른 정신이 깃드는 것과 마찬가지다. 바른 육체 형성에 공을 들이듯 바른 역사 이해를 중시해야 한다. 향약의 역사를 주목해야 할 이유는 바로 여기에 있다.

　필자는 여기서 향약의 역사를 종합 정리하는 작업을 할 의향은 없다. 관련 자료를 확보하고 다시 정리하고 재구성하기 위한 시간과 능력 모두가 부족하다. 설혹 내가 단단히 마음을 먹고 향약의 역사 집필에 손을 댄다 해도 문제다. 도저히 책 한 권으로 온전히 담아낼 수 없기 때문이다.

　나는 그렇게 큰 야심을 갖고 있지 않다. 본고에서 나는 그저 향약의 기원에 집중하고자 한다. 물론 향약의 기원을 단일하게 재단하기는 어렵다. 또한 중국의 영향도 감안해야 할 것이다. 당연히 복잡한 경로를 거쳐 형성된 운동으로 봐야 할 것이다. 그러므로 내가 관심하는 것은 오직 하나다. 바로 우리 가문의 어른이신 필문으로부터 광주향약이 시작되었음을 보여주고자 하는 것이다.

  광주향약의 시작에 대해 부정확한 이야기가 떠돌고 있다. 이제 그 시초를 미루어 살펴봄으로써 향약의 원래 정신을 정밀하게 파악하기 위한 단초로 삼고자 한다. 더욱이 광주향약이야말로 내가 알기로 조선 시대 여러 향약 가운데 가장 최초의 것이다. 그렇기에 더욱 향약의 정신을 오롯이 담고 있다는 것이 나의 판단이다.

  이러한 판단을 따라 광주향약의 시작을 정확하게 규명해야겠다는 문제의식을 가지게 되었다. 이로 인해 나는 오랜 시간 많은 자료를 수집하고, 수도 없이 검토했다. 필요한 자료를 찾아 여기저기 동분서주하고, 이 사람 저 사람 만나러 다녔다. 단 하나의 항목을 확인하기 위해 값비싼 고서를 사기도 했다. 그렇게 해서 끝없이 불어난 자료들이 어느덧 집을 꽉 채워버렸고 발에 치이기 일쑤다.

  이 작업을 위해 가족에게 부담을 주었다. 누구보다 고생한 것이 나의 아내다. 집안에 쌓이기 시작한 자료 더미를 감내하며 원고 완성을 독촉하며 그 누구보다도 더 책의 출간을 기다려준 나의 아내 최승례 여사에게 사랑과 감사를 표하고 싶다. 또한 하나뿐인 아들 원석이도 자료 찾고 정리하는 데에 힘을 보태주었다.

  그리고 이 작업이 끝나기를 오랫동안 기다려준 종친회 분들에게도 고맙다는 말씀을 드린다. 어떤 의미에서 이번 책의 출간은 우리 광산이씨 문중의 공동 작업이나 다름없다. 끝으로 물심양면으로 지원을 해 주시고, 후원을 해 주신 (사) 필문이선제선생기념사업회에도 깊은 감사를 드리는 바이다.

2022년 1월 20일
이문효

신숙주의 〈희경루기(喜慶樓記)〉에 "경술(庚戌, 1430)년에 읍인(邑人) 가운데 어질지 못한 사람이 있어 무진군(茂珍郡)으로 강등되는 불행한 일이 있었다. 그러나 사건의 발단이 애매하여 위로 산천 귀신과 아래로 향촌(鄉村)의 노유(老幼)가 모두 억울함을 품고 있었으면서도 이를 호소하지 못한 지가 여러 해가 되었다."라고 에둘러 기술되어 많은 분들이 사건의 정확한 실상을 모른 채로 억측만 난무한 상태이다. 읍지에서는 구타라고만 기록했지만, 실록에는 "신보안(辛保安) 목사(牧使)가 구타당하여 죽었다"[1]라고 나온다.

《세종실록》을 중심으로 사건을 재구성해보자.

신보안 목사가 무신년(1428) 봄에 반인(伴人, 官人) 오한(吳漢)을 시켜 노흥준[(舊 萬戶), 《금성일기》에는 광주토성(土姓) 전 부만호(副萬戶)]의 기첩 소매(小梅)를 중매하여 간통했는데, 그 후(1429년) 4월에 이르러 고을 사람[《금성일기》에는 토성인 전 사정(司正)] 김전(金專)이 흥준에게 비밀히 말하기를, '밤에 보안이 소매와 함께 방 안에 있더라고 하므로, 흥준이 뒤를 밟아 쫓아가 이르니, 소매는 창을 넘어서 달아나는지라. 흥준이 뛰어 들어가서 보안의 옆구리와 볼기와 무릎을 두서너 번이나 걷어차고 나갔는데, 오한과 반인 김유진(金有進)이 보안을 보니, 보안이 챈 곳을 가리키면서 말하기를, "악인 노흥준이 나를 욕보인 것이 이 지경에 이르렀다. 아예 이 말을 내지 말라.'고 하였습니다. 이튿날 흥준이 소매를 결박하여 끌고 청사에 나아가서 먼저 기생 영백주(詠栢舟)를 보고 말하기를, '어제 목사가 소매와 함께 관방

---

1 세종 11년 11월 13일. 《세종실록》 44권.

에 있기에, 내가 목사를 한 번 걷어찼노라'라고 소리치고, '수령고소금 지법'이 있는데도 불구하고, '목사가 기생을 간통했다고 고발한 것은 실로 난을 선동한 원인이 되었다'고 전라도 감사가 밝혔다. 그뿐 아니라, 자세히 조사해 보니 무진군의 품관(品官)과 아전들이 추국할 당초에는 노흥준의 범한 일을 같은 말로 가리고 숨기다가, 사실이 드러나고 죄가 결정된 뒤로는 도리어 원수가 되어, 패를 지어 집을 헐고 그 죄를 자손에게까지 미치게 하여, 그들을 법대로 죄를 처리할 수 있도록 청원하였으나, 품관과 아전들의 죄는 다스리지 말라는 명을 받았다.

예조 판서 허조는 "속관(屬官)이나 아전의 무리로서, 그 관의 관리와 품관들을 고발하거나, 아전이나 백성으로 그 고을의 수령과 감사를 고발하는 자가 있으면, 비록 죄의 사실이 있다 하더라도 종사(宗社)의 안위에 관한 것이거나, 불법으로 살인한 것이 아니라면, 위에 있는 사람을 논할 것도 없고, 만약 사실이 아니라면, 아래에 있는 자의 받은 죄는 보통 사람의 죄보다 더 중하게 하여야 할 것입니다."[2] 라고 즉 '수령고소금지법'을 상정하여, 상왕(太宗)의 도움으로 윤허를 받았다고 한다.

세종 10년 좌사간 김효정이 계하기를 "요사이 역리(驛吏)가 조관(朝官)을 능욕하고, 상민(常民)이 수령을 구타치상하였습니다. 이것뿐만이 아닙니다. 대상(大相)의 아내가 시골 백성에게 욕을 보고, 옛 관장(官長)의 아들이 향리(鄕吏)에게 굴욕을 당하였습니다. 이것은 작은 사고가 아니고 풍속에 관계되는 일입니다. 지금부터 윗사람을 업

---
2   세종 2년 9월 13일. 《세종실록》 9권.

신여기는 죄를 범한 자가 있으면 죄의 등급을 가중하여 시행함으로써 명분을 엄정하게 하고 풍속을 순후하게 하소서."³라고 한 것을 보면, '수령고소금지법'이 크게 실행되지 못하고 있는 실정이므로 이런 일이 발생했다고 본다. 만약 유향소(留鄕所)가 있었다면 어떻게 되었을까 상상하여 본다. 아마도 일어나지 않거나, 일어났어도 이 지경은 아니었을 것이다. 아전들은 목사의 당부를 따랐고, 무조건 조용히 지나가기만을 기대하였을 것이다. 유향소 없는 경재소가 무슨 일을 할 수 있을까.

1429년 4월에 사건이 발생하고 목사가 7월 22일에 사망하였다. "신임 수령관 경서판관 오치선(吳致善) [7월] 23일 감사일행과 함께 나주에 왔다. [기유 10월] 도관찰사 한혜(韓惠)가 8월에 나주에 왔다가 9월 초일 광주로 행차하였다."⁴ 한혜가 8월에 전라도 관찰사로 부임하여 초도 순시 차 나주, 광주를 다녀왔지만, 광주 신보안 목사는 이질(痢疾)로 사망한 것으로 인식하고 말았다고 추정된다. 그러나《세종실록》세종 11년 11월 13일자 기록을 보면, 우부대언 김종서(金宗瑞)가 광주 목사 신보안과 기생 소매의 간통 사건의 조사를 아뢰기를 "광주 목사 신보안이 고을 기생 소매와 간통하여, 그의 서방 전 호군 노흥준이 그 기생을 결박하고, 보안을 능욕하였다고 지금 암행 찰방 윤형(尹炯)이 그 정유(情由)를 갖추어 보고해 왔습니다. 비단 이것뿐만이 아니오라, 듣사온즉, 흥준이 질투 끝에 보안을 죽게 하였다. […] 사림들이 듣고 개탄한 지가 이미 오래였는데, 이제 흥준을 국문(鞠問)

---

3 세종 10년 6월 6일.《세종실록》40권.
4 《금성일기》(나주문화원 역) 79면.

하여 이미 그 단서를 잡았사오니, 마땅히 추구해 다스려서 중정에 맞도록 하소서" 하니, 명하기를 "사헌부에서 감찰을 파견하여 추국해서 보고하게 하라"하여 드디어 감찰 이안상(李安商)을 보내었다.

임금이 근시한 신하에게 이르기를 "감찰 이안상이 광주 목사 신보안의 사인을 신문하니, 보안의 반인 오한이 말하기를, '아중(衙中)에 있다가 사람을 때리는 소리가 들리므로 가보니, 고을 사람 노홍준이 보안을 때려서 상처를 입혔는데 결국 죽었습니다.' 하였다. 또 그 자세한 사연을 물으니, 오한이 숨기고 대답하지 않기에, 세 번이나 형장을 치며 신문하여도 역시 고백하지 않았다. 다시 장을 치지 않고 물으니, 말하기를, '홍준이 때려서 죽었습니다.'고만 하므로, 드디어 오한을 하옥시켜 두었는데, 오한이 목을 매어 자결하고 만 것이다. 고을 원이 피살당한 것은 고을 사람 다 같이 증오할 일이지만, 오한이 갑자기 목매어 죽었으니 의심스러운 일이다. '헌사(憲司)에서는 벌써 공문을 보내어 다시 추문하도록 하였지만, 또 별도로 사람을 보내어 국문하는 것이 어떻겠는가.' 하니, 모두들 말하기를, '반드시 형조의 낭관(郎官)을 보내야 될 일입니다.' 하므로, 그대로 따랐다."[5]

형조 정랑 정길흥(鄭吉興)과 감찰 이인손(李仁孫) 등이 광주 사람인 전 만호 노홍준이 목사 신보안을 시기하여 구타한 죄를 탄핵하여 아뢰기를 "보안[신보안 목사]이 무신년[1428년] 봄에 반인 오한을 시켜 홍준의 기첩 소매를 중매하여 간통했는데, 그 후[1429년] 4월에 이르러 고을 사람인 전 사정 김전(金專)이 홍준에게 비밀히 말하기

---

5   세종 12년 2월 10일, 《세종실록》 47권.

를, '밤에 보안이 소매와 함께 방 안에 있더라.' 하므로, […] 오한과 반인 김유진이 보안을 보니, 보안이 챈 곳을 가리키면서 말하기를, '악인 노홍준이 나를 욕보인 것이 이 지경에 이르렀다. 아예 이 말을 내지 말라.'고 하였습니다. 이튿날 홍준이 소매를 결박하여 끌고 청사에 나아가서 먼저 기생 영백주를 보고 말하기를, '어제 목사가 소매와 함께 관방에 있기에, 내가 목사를 한 번 걷어찼노라. 목사가 이미 내첩을 간통하였으니 마땅히 이를 목사에게 주어야 하겠다.'고 하면서, 다시 들어가서 때리려고 하니, 영백주가 억지로 말리면서 말하기를, '이것은 사부(士夫)의 의향이 아니며, 또 고을 풍속이 나쁘니 이와 같이 해서는 아니 된다.'고 하여, 홍준은 그제야 돌아갔다. […] 이제 살피옵건대, 보안이 직소(職所)의 기생을 간통한 것은 비록 의롭지 못한 일이오나, 홍준은 부민(部民)으로서 저의 고을 원을 발로 차고 또 온갖 못할 말로 꾸짖었고, 또다시 그가 앉은 곳까지 바로 들어가서 때리려고 하다가 기생의 말림으로 그쳤으며, 또 관기를 제 마음대로 빼앗아 가서 여러 달 동안 구실[공역(供役)]을 못하게 하였사오니, 그처럼 흉폭한 짓을 마음대로 행하여 풍속을 더럽힌 것이 여기에 이르렀사온데, 오히려 사실을 묻는 관리를 모해하고자 하여 거짓으로 말하기를, '감사(監司)와 전의 행대(行臺)에서 두 차례나 신문하여 장 70대까지 때렸다.'고 하였으니 더욱 간악합니다. 다만 홍준이 4월부터 소매의 구실[공역]을 그만두게 하고 제집에 두었다가 8월에 이르러서 그 구실에 돌아오게 하였고, 보안은 7월 22일에 죽었사오니, 그 사이에 날짜의 상거가 먼데 홍준이 어찌하여 다시 시기하는 마음을 내어서 보안을 때려 죽게 하였겠습니까. 또 보안의 병구완하던 기생과 의

원들은 모두 말하기를, '이질로 죽었다.'고 하오나, 그러나 매 맞아 죽게 된 것이 명백합니다. 보안의 아들 사봉(斯鳳)은 흥준이 자기 아버지를 때려서 상처를 입힌 것을 모르지 않지만은 전혀 보복할 뜻이 없사오니, 자식된 도리를 다하지 못하고 있사옵니다. 청컨대, 이를 유사(攸司)에 내리어 '죄를 다스려서 강상(綱常)을 바로잡게 하소서. 그리고 본도(本道)의 감사 한혜·도사 오치선·감찰 이안상 등이 흥준이 보안을 걷어차고 때린 죄를 잘 조사하여 밝히지 못한 죄를 성상께서 재량하셔서 시행하게 하소서.' 하니, 명하여 형조에 내려 의거하게 하되, 다만 사봉(斯鳳)은 논죄하지 말라고 하였다. 형조에서 아뢰기를, "흥준은 부민으로서 제 고을의 수령을 때리고 욕보였사오니, 무릇 수령을 고소한 자도 오히려 곤장 1백 대를 치고 3천 리 밖으로 귀양 보냈거늘, 이제 흥준이야 어찌 고소한 예와 같이 논죄할 수 있겠습니까. 청컨대, 장 1백 대를 치고 먼 변방의 군정으로 충원할 것이옵고, 선덕(宣德) 4년[1429년] 5월의 수교(受敎)에는 '품관(品官)과 인민이 만약 은근히 부추겨서 고소하든지, 혹은 제가 스스로 고소하는 자가 잇달아 끊이지 않는다면, 지관(知官) 이상이거든 칭호를 내리고, 현관(縣官)이거든 속현(屬縣)으로 강등시킨다.'고 하였는데, 흥준이 수령을 구타하고, 모욕한 죄는 잇달아 고소한 죄보다 심하오니, 청컨대 광주의 관호(官號)를 강등시키소서. 김전은 수령의 과실을 폭로하였사오니 장 1백 대를 치고, 한혜·오치선·이안상 등은 흥준의 범한 죄를 조사하여 밝히지 못하였사온바, 오치선은 수령관(首領官)이므로 장 80대를 치고, 한혜와 이안상은 장 70대를 치게 하소서." 하니 명하여 아뢴 바에 의하되 한혜·오치선·이안상은 다만 관직만 파면시키게 하고, 광주목을 강등하여 무진군으로 고치고, 계수관(界首官)을 장흥부(長興府)로 옮기라고 하니, 이후로는 품과 관이 같이 되었다. 홍준과 김전의 처자를 본읍(本邑)에서 내쫓고 그 집을 헐고 그의 밭을 몰수하게 하니, 임금이 명하여 김전의 처자는 내쫓지 말고 집과 전지도 몰수하지 말게 하였다."[6]

"광주토성 전 부만호 노홍준과 그 읍의 목사 신보안이 기생을 가지고 다투다가 매로 인해 목사가 죽는 사건이 발생되어 노홍준은 곤장 100대를 때려 경원(鏡原)으로 유배시키고, 광주는 고을 이름을 바꾸어 무진으로 내리고 지군사(知郡事)로 하였다. 4월 20일 시행."[7]

사건은 백일하에 드러나고, 읍호는 강등되고, 계수관까지 장흥부로 넘어가 어제까지 광주목 산하에 있던 장흥부사 관할 아래 들어갔으니 사족들의 비참한 심정을 미루어 짐작할 수 있을 것이다. 숨죽이고 있던 아전들마저 돌변하여, 임금이 명하여 김전의 처자는 내쫓지 말고 집과 전지도 몰수하지 말게 하였건만, 국법을 어기고 품관들과 함께 노홍준·김전의 집을 마음대로 헐고 강제로 고을에서 내쫓으며, 향교 학생들은 김전의 아들들을 향교에서 내쫓았다고 한다.

"전라도 감사가 상부에 아뢰기를 '이제 자세히 조사하온즉, 본군의 품관과 아전들이 추국할 당초에는 홍준의 범한 일을 같은 말로 가리

6　세종 12년 3월 26일. 《세종실록》 47권.
7　《국역 금성일기》(나주시 문화원. 1989) 80면.

고 숨기다가, 사실이 드러나고 죄가 결정된 뒤에는 도리어 원수가 되어, 패를 지어 위엄을 부리고 제 마음대로 법 밖의 일을 행하여 집을 헐고 고을에서 내치며, 그 죄를 자손에게까지 미치게 하였으니, 국법을 두려워하지 않을 뿐 아니라, 마음이 간흉하여 그 버릇을 기르게 할 수 없사온즉, 청하건대, 위의 사람들은 법대로 죄를 다스리고, 헐은 집은 모두 도로 지어 주게 하옵소서.' 하매, […] '김전과 그 아들을 내쫓지 말도록 하옵소서.' 하므로, 그대로 따르고, 인하여 품관과 아전들의 죄는 다스리지 말도록 하며, 헌 집도 도로 짓지 말라고 하였다.'"[8]

---

8   세종 12년 5월 21일. 《세종실록》 48권.

[補論]
읍호의 의미

　읍호(邑號)는 중요한 의미를 내포한다. 광주향약의 목저 중 하나도 '읍호 복귀'였고, 온 고을 사람들이 기뻐하며 신축루(新築樓)의 명칭을 희경(喜慶)으로 하자고 외쳤다.

　읍호는 '읍명(邑名)'과 '읍격(邑格)'으로 이루어졌다. 광주라는 읍호는 광(光)이 읍명이고 주(州)가 읍격이다. 광산현(光山縣)은 광산(光山)이 읍명이고 현(縣)이 읍격이다.

　신숙주의 '희경루기'에서는 다음과 같이 밝혀놓았다. "光全羅巨邑(광주는 전라 거읍)"[9] 또한 심언광의 '희경루기'에는 이렇게 적혀 있다. "而其中最巨者曰光 光之爲州古也(그중 가장 큰 것이 광주이다. 광주가 주(州)로 된 것은 아주 옛적부터인데)"[10] 그리고 고봉 기대승(奇大升)의 '향교중수기'에서도 이렇게 적시되어 있다.

　"光之學校此他邑爲盛而人材彬彬然輩出先生亦光之裔願記顚末(광주의 향교가 다른 고을에 비하여 창성하는 학교가 될 것이며 인재

9　《누정제영》(광주직할시, 1992) 89면.
10　《광주읍성》(지역문화교류호남재단, 2013) 80~83면.

가 무성하게 배출될 수 있을 것입니다. 선생도 광주출신의 후예이시니 원컨대 전말을 기록하여) […] 則爲光之民豈不幸哉非光民之幸(이 어찌 광주사람들의 즐거움이 아니랴, 아니 광주사람들만의 즐거움이 아니랴?)."[11]

그러나 여러 곳에서 '광산(光山)'으로 번역된 것이 발견된다. 방금 언급한 기대승은 가정(嘉靖) 계해(癸亥)[1563년, 명종 18년] '향교중수기(읍지에서는 흥학비기)'에서 "弘治戊申[1488년, 성종 19년] 年間 斯文權公守平 […] 七十餘年"[12]라고 하였다. 1489-1497년 사이라는 뜻이다.

허백당(虛白堂) 성현(成俔) 선생의 '광산향교중수기(光山鄕校重修記)'에서 "歲在商橫黃鐘之月(세재상횡황종지월) 表弟上舍朴以溫來永(표제상사박이온래영) 光山學記曰縣監權君守平(광산학기왈현감권군수평)"[13]이라고 하였는데, '상횡'이란 고갑자(古甲子)로 '경(庚)'을 의미한다. 따라서 1490년(성종 21년, 경술)을 의미한다. 1489-1501년은 강등되어 광산현(光山縣)이 되어 권수평 목사도 현감이 되었다. '황종'은 간지는 '자(子)', 계절은 '가을'에 해당한다. '황종지월'이므로 '11월'을 의미할 것이다. 《광주향교지》(1987년)에는 허백당 성현의 〈향교이건기〉 중에서 "歲在商橫黃鐘之月(세재상횡황종지월) 表弟上舍朴以溫來永(표제상사박이온래영) 光州學記曰縣監權君守平(광주학기왈현감권군수평) […] 成宗 戊申 虛白堂 成俔(성종 무신 허백당 성현)"이라

---

11 《광주향교지》(편찬위원회, 1987) 521-525면.
12 위의 책, 525면.
13 《허백당문집 2-한국역대문집총서 72》 1973, 399면.

고 기록되어 원문이 조작된 것으로 보인다. 더욱이 연도까지도 잘못됐다. '歲在商橫黃鐘之月(세재상횡황종지월) 表弟上舍朴以溫來永(표제상사박이온래영)'이 앞서 지적한 것처럼 경술년을 뜻하기 때문이다. 그러니까 무신년(1488)이 아니라 경술년(1490)이 옳다. 다시 말해서 '成宗 戊申'을 '成宗 庚戌'로 바꿔야 한다. 무신년이라고 바꿔 쓴 이유는 기대승의 '향교중수기'에서의 언급(弘治戊申)을 보고 오해해서 바꿔 쓴 것이 아닌가 싶다.

성현 선생의 《허백당문집(虛白堂文集)》에 '光州客舍東軒記(광주객사동헌기)'라고 하였는데, 《광주읍지》에는 '客舍光山館(객사광산관)'이라 되어 있다. 첨부된 원문에 '成俔重修記(성현중수기) […] 今薛公順祖僉樞州牧而崔君營(금설공순조첨추주목이최군영) […] 崔君於余友也飛書請記於余(최군어여우야비서청기어여)'라고 되어 있다. 설순조 목사란 그 당시 '광주목'이었다는 뜻이다. 그렇다면 당연히 '광주객사'라고 해야 한다.

부록 1)

① 세종실록 46권. 세종 11년(1429) 명 선덕(宣德) 4년. 11월 13일 을묘

김종서가 광주 목사 신보안과 기생 소매의 간통 사건의 조사를 건의하다.

우부대언 김종서가 아뢰기를 "광주 목사 신보안이 고을 기생 소매와 간통하여, 그의 서방 전 호군 노흥준이 그 기생을 결박하고, 보안을 능욕하였다고 지금 암행 찰방(暗行察訪) 윤형이 그 정유를 갖추어 보고해 왔습니다. 비단 이것뿐만이 아니오라, 듣사온즉, 흥준이 질투 끝에 보안을 죽게 하였다 하는데, 그 처자도 역시 그 정상을 알고 있어 원수를 갚으려고 하지 않는 것이 아니나, 아마 보안이 장오죄(贓汚罪)를 범한 바 없지 않기 때문에 그 사실이 탄로되지나 않을까 두려워하여 감히 보복하지 못하고 있다 합니다. 사림들이 이를 듣고 개탄한 지가 이미 오래였는데, 이제 흥준을 국문하여 이미 그 단서를 잡았사오니, 마땅히 추구해 다스러서 중정(衆情)에 맞도록 하소서." 하니, 명하기를, "헌부에서 감찰을 파견하여 추국해서 보고하게 하라." 하여, 드디어 감찰 이안상을 보내었다.

② 세종실록 47권. 세종 12년(1430) 2월 10일 신사(辛巳). 명 선덕(宣德) 5년

광주 목사 신보안의 사인 심문 도중 용의자 오한이 옥중에서 자결하니 이에 대한 대책을 논의하다.

상참(常參)을 받고, 정사를 보았다. 임금이 근시한 신하에게 이르기를, "감찰 이안상이 광주 목사 신보안의 사인을 신문하니, 보안의 반인 오한이 말하기를, '아중에 있다가 사람을 때리는 소리가 들리므로 가보니, 고을 사람 노흥준이 보안을 때려서 상처를 입혔는데 결국 죽었습니다.' 하였다. 또 그 자세한 사연을 물으니, 오한이 숨기고 대답하기 않기에, 세 번이나 형장을 치며 신문하여도 역시 고백하지 않았다. 다시 장을 치지 않고 물으니, 말하기를, '흥준이 때려서 죽었습니다.'라고만 하여, 드디어 오한을 하옥시켰는데, 오한이 목매서 자결하고 만 것이다. 고을 원이 피살당한 것은 고을 사람 다 같이 증오할 일이지만, 오한이 갑자기 목매어 죽었으니 의심스러운 일이다. 헌사(憲司)에서는 벌써 공문을 보내어 다시 추문하도록 하였지만, 또 별도로 사람을 보내어 국문하는 것이 어떻겠는가." 하니, 모두들 말하기를, "반드시 형조의 낭관을 보내야 될 일입니다."라고 하므로 그대로 따랐다.

③ 세종실록 47권, 세종 12년(1430) 명 선덕(宣德) 5년. 3월 26일 병인(丙寅)

형조 정랑 정길흥(鄭吉興)과 감찰 이인손(李仁孫) 등이 광주 사람인 전 만호 노흥준이 목사 신보안을 시기하여 구타한 죄를 탄핵하여 아뢰기를 "보안이 무신년[1428년] 봄에 반인 오한을 시켜 흥준의 기첩 소매를 중매하여 간통했는데, 그 후[1429년] 4월에 이르러 고을 사람인 전 사정 김전(金專)이 흥준에게 비밀히 말하기를, '밤에 보안이 소매와 함께 방 안에 있더라.'고 하므로, 흥준이 뒤를 밟아 쫓아가 이르느니, 소매는 창을 넘어서 달아나는지라. 홍준이 뛰어 들어가서 보안의 옆구리와 볼기와 무릎을 두서너 번이나 걷어차고 나갔는데, 오한과 반인 김유진이 보안을 보니, 보안이 챈 곳을 가리키면서 말하기를, '악인 노홍준이 나를 욕보인 것이 이 지경에 이르렀다. 아예 이 말을 내지 말라.'고 하였습니다. 이튿날 홍준이 소매를 결박하여 끌고 청사에 나아가서 먼저 기생 영백주를 보고 말하기를, '어제 목사가 소매와 함께 관방에 있기에, 내가 목사를 한 번 걷어찼노라. 목사가 이미 내첩을 간통하였으니 마땅히 이를 목사에게 주어야 하겠다.'고 하면서, 다시 들어가서 때리려고 하니, 영백주가 억지로 말리면서 말하기를, '이것은 사부(士夫)의 의향이 아니며, 또 고을 풍속이 나쁘니 이와 같이 해서는 아니 된다.'고 하여, 홍준은 그제야 돌아갔다. […] 드디어 소매의 머리털을 자르고 데리고 집으로 돌아가서 그 출입을 금지하여, 저의 구실[供役]을 치르지 못하게 한 것이 4개월이 되었으므로, 보안은 어찌 할 수 없이 그 이름을 기적에서 지워버렸던 것입니다. 이제 살피옵건대, 보안이 직소(職所)의 기생을 간통한 것은 비록 의롭지 못한 일이오나, 홍준은 부민(部民)으로서 저의 고을 원을 발로 차고 또 온갖 못할 말로 꾸짖었고, 또다시 그가 앉은 곳까지 바로 들어가서 때리려고 하다가 기생의 말림으로 그쳤으며, 또 관기를 제 마음대로 빼앗아 가서 여러 달 동안 구실을 못하게 하였사오니, 그처럼 흉폭한 짓을 마음대로 행하여 풍속을 더럽힌 것이 여기에 이르렀사온데, 오히려 사실을 묻는 관리를 모해하고자 하여 거짓으로 말하기를, '감사와 전의 행대(行臺)에서 두 차례나 신문하여 장 70대까지 때렸다.'고 하였으니 더욱 간악합니다. 다만 홍준이 4월부터 소매의 구실을 그만두게 하고 제 집에 두었다가 8월에 이르러서 그 구실에 돌아오게 하였고, 보안은 7월 22일에 죽었사오니, 그 사이에 날짜의 상거(相距)가 먼데 홍준이 어찌하여 다시 시기하는 마음을 내어서 보안을 때려 죽게 하였겠습니까. 또 보안의 병구완하던 기생과 의원들은 모두 말하기를, '이질(痢疾)로 죽었다.'고 하오니, 그것이 매 맞아 죽게 된 것이 명백합니다. 보안의 아들 사봉(斯鳳)은 홍준이 자기의 아버지를 때려서 상처를 입힌 것을 모르지 않지만은 전혀 보복할 뜻이 없사오니, 자식된 도리를 다하지 못하고 있사옵니다. 청컨대, 이를 유사(攸司)에 내리어 죄를 다스려서 강상을 바로잡게 하소서. 그리고 본도의 감사 한혜·도사 오치선·감찰 이안상 등이 홍준이 보안을 걸어차고 때린 죄를 잘 조사하여 밝히지 못한 죄를 성상께서 재량하셔서 시행하게 하소서." 하니, 명하여 형조에 내려 의거하게 하되, 다만 사봉(斯鳳)은 논죄하지 말라고 하였다. 형조에서 아뢰기를, "홍준은 부민으로서 제 고을의 수령을 때리고 욕보였사오니, 무릇 수령을 고소한 자도 오히려 곤장 1백 대를 치고 3천 리 밖으로 귀양 보냈거늘, 이제 홍준이야 어찌 고소한 예와 같이 논죄할 수 있겠습니까. 청컨대, 장 1백 대를 치고 먼 변방의 군정으로 충원할 것이옵고, 선덕(宣德) 4년 5월의 수교(受敎)에는 '품관과 인민이 만약 은근히 부추겨서 고소하든지, 혹은 제가 스스로 고소하는 자가 잇달아 끊이지 않는다면, 지관(知官) 이상이거든 칭호를 내리고, 현관(縣官)이거든 속현(屬縣)으로 강등시킨다.'고 하였는데, 홍준이 수령을 구타하고 모욕한 죄는 잇달아 고소한 죄보다 심하오니, 청컨대 광주의 관호를 강등시키소서. 김전은 수령의 과실을 폭로하였사오니 장 1백대를 치고, 한혜·

오치선·이안상 등은 홍준의 범한 죄를 조사하여 밝히지 못하였사온 바, 오치선은 수령관(首領官)이므로 장 80대를 치고, 한혜와 이안상은 장 70대를 치게 하소서." 하니 명하여 아뢴 바에 의하되 한혜·오치선·이안상은 다만 관직만 파면시키게 하고, 광주목을 강등하여 무진군으로 고치고, 계수관(界首官)을 장흥부(長興府)로 옮기라고 하니, 이후로는 품과 관이 같이 되었다. 홍준과 김전의 처자를 본읍에서 내쫓고 그 집을 헐고 그의 밭을 몰수하게 하니, 임금이 명하여 김전의 처자는 내쫓지 말고 집과 전지도 몰수하지 말게 하였다.

④ 세종실록 48권. 세종 12년(1430) 명 先德(선덕) 5년. 5월 21일 경신

전라도 감사가 상부에 아뢰기를 '이제 자세히 조사하온즉, 본군의 품관과 아전들이 추국할 당초에는 홍준의 범한 일을 같은 말로 가리고 숨기다가, 사실이 드러나고 죄가 결정된 뒤에는 도리어 원수가 되어, 패를 지어 위엄을 부리고 제 마음대로 법 밖의 일을 행하여 집을 헐고 고을에서 내치며, 그 죄를 자손에게까지 미치게 하였으니, 국법을 두려워하지 않을 뿐 아니라, 마음이 간휼하여 그 버릇을 기르게 할 수 없사온즉, 청하건대, 위의 사람들은 법대로 죄를 다스리고, 헐은 집은 모두 도로 지어 주게 하옵소서.' 하매, […] 인하여 품관과 아전들의 죄는 다스리지 말도록 하며, 헌 집도 도로 짓지 말라고 하였다.

⑤ 문종실록 8권. 문종 1년 6월 7일 갑술. 명 景泰(경태) 2년.

1451년

이개·황보인 등이 무진군을 광주목으로 회복할 것을 건의하다.

전라도 무진군 경재소(京在所)의 순성군(順城君) 이개(李塏), 좌의정 황보인(皇甫仁) 등이 상언하기를, "신 등의 본관인 무진군은 옛 신라 때에 도독부를 두어 구주(九州)의 수에 끼었고, 고려에 들어와서는 광주목이 되었다가 뒤에 화평부(化平府)가 되고 또 광주목이 되었으니, 토지의 광대함과 인물의 번창함이 서남 여러 주의 으뜸으로서 실로 전라도의 한 도회소(都會所)인데, 예전에 목사 신보안이 숙임을 당한 일로 인하여 군으로 강호되니, 일찍이 상언하여 진소하였으나, 마침내 신리(申理)를 얻지 못하였습니다. 주상께서 새로 보위에 오르시어 크게 홍은(鴻恩)을 펴므로 온 나라의 신민(臣民)이 다 환한(渙汗)의 은택을 입으나, 본군은 한 사람의 애매한 일 때문에 억울함을 참아 온 지 20여 년토록 오래되었으니, 깊이 통민합니다. 엎드려 바라건대, 구호로 회복하도록 허가하여 경신할 길을 열어 주소서." 하고, 본군의 유향품관(留鄕品官) 및 인리(人吏) 등도 또한 모두 상언하니, 아울러서 이조(吏曹)에 내렸다. 본조가 정부(政府)와 함께 의논하여 아뢰기를, "노홍준 한 사람이 범한 일 때문에 강호(降號)한 지 20여 년이 되었으니, 악을 징계함이 이미 오래되었습니다. 청컨대 광주목으로 회복시키소서." 하니, 그대로 따랐다.

전라도는 최초의 도(道)다. 전라도 영역의 윤곽은 통일신라 때 9주(州)가 설치됨으로써 드러나기 시작한다. 그때 9주 가운데 완산주(전주)와 무진주(武珍州. 光州)에 치소(治所)를 두고서 지금의 전북과 전남 지역을 각각 통치하였다.

고려는 후삼국을 통일하고서 처음에 10도(道)로 재편하였다. 그 가운데 강남도와 해양도의 관할유역이 각각 지금의 전북과 전남 지역 일원이었다. 그러다가 현종 9년(1018)에 광역 행정구역 5도 양계 가운데 가장 먼저 강남도와 해양도를 합쳐 '전라도'가 되었다. 150년 뒤에 교주도(交州道, 현재의 강원도), 200년 뒤에 양광도(楊廣道, 현재의 충청도)와 경상도가 탄생하였다. 임진왜란 때 이순신 장군의 '약무호남 시무국가(若無湖南 是無國家)'라고 하신 때문인지는 몰라도 산천을 경계(금강 이남)로 한 '호남'을 선호한다.

그러면 왜 전라도가 5도 가운데 가장 먼저 탄생하였을까? 전라도가 어향(御鄕)이기 때문이다. 골품제 사회를 무너트리고 그보다 한발 앞서 호족 사회를 연 후백제 발상지가 광주이고, 그 도읍지가 전주이다. 후삼국을 통일하여 고려라는 새로운 사회를 건설한 왕건을 권력 반열에 올린 사람이 나주 사람들이다. 거란 침입으로 위기에 처한 현종이 급히 몸을 피한 곳이 또한 나주이다.[14]

2018년, '전라도 정도(定道) 1000년'을 맞아 전통-현대-미래를 아우르는 전라도 천년 청사진을 대내외에 선포하고 범 호남 민중의 상생과 발전을 아우르는 기념사업 추진이 일어났다.

---

14 〈전라도 정도 천년의 역사적 진위와 현대적 의미〉, 《전라천년》(국립광주박물관, 2018).

고려시대 1018년(현종 9)에 강남도(전북)와 해양도(전남)를 합쳐서 '전라도'라 하여 역사 지명 정명(定名)을 배경으로 전북·전남·광주를 주축으로 '전라도 정도 1000년 기념사업 추진단'을 구성하여 역사 고도의 축제와 행사를 연계하여 기념행사, 문화예술, 상징 발굴 타임캡슐, 천년 역사 공원 등을 추진하였다. 그중 '문화유산 복원 사업'으로 ①광주 희경루 중건(2017-2022), ②전라감영 재창조 복원(2016-2018), ③나주목 관아 복원 및 나주 읍성권 재생(2015-2024) 사업을 선정했다.[15] "광주 희경루, 전주 전라감영, 나주목 관아 등 전라도 천년을 대표하는 문화유산을 체계적으로 복원해 역사적 가치를 높이고 관광자원으로 활용하는 사업도 추진된다. 광주시는 1451년 광주 읍성에 건립되었으나 화재로 소실된 광주시 대표 누정인 희경루 중건을 추진한다. 오는 2023년까지 사업비 60억 원을 투입해 광주공원 내에 들어선다.

"희경루는 1451년(조선 문종 1년) 광주가 무진군에서 광주목으로 회복하자 '함께 기뻐하고 서로 축하한다'라는 뜻으로 이름을 지었다."[16]

"광주광역시에서는 2015년도 하계유니버시아드 대회를 개최 하면서 광주공원에 희경루를 복원할 계획을 세웠으나 여의치 않아 지연되고 있다. 조감도를 보니 웅장하고 화려하기 그지없다. 복원에 앞서 '복원의 진정성', 즉 원형의 담보가 무엇보다 더 우선으로 고려되어야

15　김희태, 〈"전라도 천년", 회상과 전망〉, 《문화금당》 18호(광주광역시남구문화원, 2018).
16　〈전라도 천년사업, 웅대한 막〉, 《예향》 267호(2018년 1월), 34-36면.

할 것이다.

 한 도시의 정체성은 그 도시가 가지고 있는 역사적인 장소나 오래된 흔적과 이야기들 즉, 문화자원에 의해서 형성된다. 원형의 문화유산들이 얼마나 잘 보존되고 있는가에 달려있다고 해도 과언은 아닐 것이다. 새로 복원될 희경루가 '예향 광주'의 품격과 정체성을 높여주고, 진정으로 '기쁨과 경축의 누각'이 되길 바라며, 훗날 우리 후손들에게 '아름다운 광주의 문화 코드'로 길이길이 남기를 정유년 새해를 맞아 소망한다."[17]

 임영열 시민기자는 이렇듯 희경루에 대하여 관심을 갖게 된 동기를 밝혔다. 2015년 국립 광주박물관에서 개최한 '아름다운 광주의 문화코드'라는 주제로 당시 조현종 관장의 특강을 듣고, '전설과도 같은 희경루의 이야기'를 접하게 되었다고 그는 말한다.

 또한 조현종 박사는 2012년 2월 24일 신문에 '희경루 난간에 기대어'라는 주제로 다음과 같이 발표하였다. "[1451년] 상소로써 백성의 힘으로 광주목이라는 옛 이름을 다시 찾게 된 것은 고을의 경사인 동시에 분명 잃어버린 자존심의 회복이다. 가슴을 치며 통곡한 세월의 20년, 얼마나 기다린 명예 회복인가? 당시 널따란 광목 차일이 둘러진 광주목의 도심에는 명예를 되찾은 고을 사람들로 가득하였으리라. 기꺼움의 어깨동무와 음주 가무는 물론 끊임없이 계속되었으리

---

17 임영열, 〈기쁨과 경축의 누각, 광주 한 복판에 '희경루(喜慶樓)'있었다〉, 《대동문화》 98호(2017), 129면.

라고 추정한다.

  그리고 마침 태수 안철석이 옛 공북루(拱北樓) 터에 광주를 대표할 누각을 세우게 된다. 고을 사람들이 이를 경축하고 희경으로써 누의 이름을 지어 기쁨을 함께 누리자고 태수에게 청한다. 이어 태수가 승낙하고 신숙주는 그 유래를 희경루기에 기록한다. 실로 드라마 같은 역사를 기록하며 희경루는 다시 찾은 광주의 상징이자 명예회복의 증거물로 등장한다. […] 희경루에 대한 깊은 연구와 시민적 공감을 바란다면 '광주학'의 우선 실천과제로 설정되어도 좋다.

  광주하면 대표적으로 떠올리는 이미지가 '무등산'또는 '5·18 광주민주화운동'이다. 이는 광주의 문화적 이미지를 한정시키는 단점이 있다. 이를 좀 더 확장시켜 광주의 문화와 역사를 보여줄 수 있는 다양한 콘텐츠를 개발해야할 필요성이 있으며, 그 중심에 희경루를 복원하여 광주의 대표적인 브랜드가 될 수 있을 것으로 본다."[18]

1.
신숙주의 〈희경루기〉

  〈희경루기〉에 "太守曰諾于以叔舟在鄕籍之末命又記"라는 표현이 나온다. 여기서 향적(鄕籍)은 광주향약의 가입자 명단이다. 그 향적에 신숙주 선생이 가입되어 있어 광주향약의 목적 가운데 하나인 복호(復號)가 성취되고, 때마침 루가 완공되자 향인들이 기뻐서 희경루

---

18 임준성, 《광주읍지》 및 문헌 소재 희경루 제영시와 누정문화 콘텐츠 활용〉, 《동방학》 37집(2017), 303면.

로 하자는 건의를 목사는 승낙하고, 광주향약 동참자로 머나먼 한양에서 오신 신숙주 선생에게 〈희경루기〉를 부탁하였다.

신숙주 선생은 이 뜻깊은 현장에 함께 하였기에 그 깊은 의미가 녹아들어 있다. 우선 《보한재집(保閑齋集)》 권 14지 12-13면에 수록된 〈희경루기〉와 《신증 동국여지승람》 〈광산현〉에 수록된 〈희경루기〉가 약간 차이가 있는 것을 이해할 필요가 있다. 차이점은 오직 하나뿐이다.

《보한재집》에 수록된 〈희경루기〉 일부분인 '上之元年辛未夏鄕人順城君개前中樞李公孟畛田公興右參贊安公崇善吏曹判書權公孟孫仁順府尹金公聽前同知中樞院事柳公孟聞藝文提學李公先齊等'을 '전국 지리지: 신증 동국여지승람' 특성상 함축하여 실질적인 책임자만 기록하여 '上之元年辛未夏鄕人李先齊等'이라 했다. 이후 모든 지리지와 읍지들은 그대로 수록하여, 〈희경루기〉 원안인 것처럼 인식되었다. 그러나 《광주읍성》(재단법인 지역문화교류호남재단) 76면의 98번 주에 보면 "신숙주, 보한제집 권 14. 신증 동국여지승람 제35권 전라도 광산현 누정"이라고 서술하여 오해의 소지를 가져왔다. 심지어는 "1451년 문종 신미에 다시 광주목으로 승격되었다. 이때 승격을 건의한 인물들은 양령대군의 아들 순성군 이개와 좌의정 황보인으로 〈동국여지승람〉에 신숙주의 '희경루기'의 내용과 약간 차이가 있다."[19]라고 하였다. 문제는 다음 면에 '조선왕조실록 문종 1년(1451 신미) 6월 7일 기사 "이개·황보인 등이 무진군을 광주목으로 회복할 것을 건의하다. […] 하고, 본군의 유향품관 및 인리(人吏)등도 또한 모두 상언하

---

19 《길(路) 위에 길(道) 있으니》(동양문헌학회, 2011), 20면.

니[…]"를 실었다. 그러나 《길(路) 위에 길(道) 있으니》에서는 '이때 승격을 건의한 인물들은 양령대군의 아들 순성군 이개와 좌의정 황보인으로'라고 밑줄 친 '등'을 생략 하고 서술하여, 오해를 불러일으켰다. 경재소 고문격으로 모신 고위층 인사를 나열하였다고 본다. '이때 승격을 건의한 인물들은 양령대군의 아들 순성군 이개와 좌의정 황보인으로'는 잘못된 표현이다.

황보인(皇甫仁) 부친이 광주목 고내상면(古內廂面)에 있던 '전라병영성(全羅兵營城)'의 책임자로 계셨다. 그러나 태종 17년(1417)에 강진병영으로 옮겼다. 황보인은 광주 읍지류에 언급된 적이 없다. "경재소의 주요 임무 중에 읍호승강(昇降)이 있다. 고관이 경재소가 된 경우는 무진(광주)·강진 양군의 경재소를 겸직한 좌의정 황보인이 저예(著例)이다."[20] 순성군 이개(李塏)는 모친이 광산 김씨(광산군 김한로의 딸)인 연고로 왕족임에도 불구하고 경재소에 나오신 걸로 추정한다. 순성군 이개, 좌의정 황보인 등이 상언하기를, "신들의 본관인 무진군[구 광주목]은[…]"이라고 하였는데, 순성군 이개, 좌의정 황보인 두 분들의 본관은 무진[광주]이 아니다. 물론 여기서는 경재소 임원을 향인 대우를 한 것처럼 같은 본관으로 예우했겠지만, 그러나 많은 토성 사족들과 함께 상언하였다는 반증이라고 본다.[21]

짐작컨대 필문(蓽門) 이선제(李先齊) 선생은 무진군 경재소 임원이다. 당시 무진군 출신 최고위직이었고, '광주향약'을 실행했다는

---

20 김용덕, 〈경재소론〉, 《한국제도사연구》(1983), 104면.
21 《문종실록》 문종 1년 6월 7일.

사실에 대해서 최종택 교수와[22] 이종범 조선대 명예교수가 밝힌 바 있다.[23]

"신숙주는 〈희경루기〉에 광주가 군으로 강등되었다가 다시 목으로 회복되었던 연유와 과정을 밝히며 이공 선제와 뜻을 같이하였다는 향인, 즉 경재소 임원을 적었다. 여기에 양녕대군의 장자인 순성군 이개를 비롯하여 이색의 손자로 중추부사를 지낸 이맹진, 고려 왕족의 후예로 태종 잠저 때의 서리로 전락하였다가 정사·좌명원종공신에 책봉되며 중추부사에 올랐던 전흥, 고려 명신 안축의 후손인 우참찬 안승선, 이조판서 권맹손, 인순부윤 김청, 세종의 우의정이며 청백리인 유관의 아들인 동지중추부사 류맹문 그리고 신숙주였다. 이들은 부·모·처의 내외향이거나, 조·증조의 외향이었던 당대의 고위 관료들이었다."[24]

〈희경루기〉에는 다음과 같이 기록되어 있다.
"현재 이 고을의 태수로 있는 죽산 안공 철석이 부임한지 1년이 채 못 되었으나 […] 고을의 부노(父老)들을 모아 묻기를 '읍의 위치에 있는 고을로서 이 지역의 경관을 즐길 수 있는 관유(觀遊)의 장소가 없을 수 없다. 더구나 이 고을이 한 도의 요충지가 되어 중앙의 사객이나 지방의 귀빈들이 자주 왕래하는 지역적 특성이 있다. 그럼에도 이들을 원만히 접대할만한 고상한 장소가 없기 때문에 우울하고 답답

22　최종택, 〈여말선초 지방품관의 성장 과정〉, 《학림》 15권(연세사학연구회, 1993).
23　이종범 교수의 호남인물 열전-4. 이선제, 〈조선일보〉 2011년 4월 28일 기사.
24　《이선제 묘지 귀향 이야기》(국외소재문화재단, 2018), 129-130면.

한 막힌 회포를 해소할 길이 없다. 장차 이 일을 어떻게 하였으면 좋겠느냐'고 하였다.

이 말을 들은 부노들이 모두 함께 이르기를 '높고 밝으며 상쾌하고 시원한 곳을 골라 말한다면 옛 공북루의 자리보다 더 좋은 터가 없다'라고 하면서 이곳에 이 고을의 관유소를 짓기로 찬동하였다. 이러한 관민간의 결의에 따라 재목을 구하여 새로운 건물을 착공하였다.

그의 규모가 옛날보다 더 증대하였음에도 몇 달이 채 안되어 그 공역을 마치었다. 남북 5칸 동서 4칸의 방대한 건물로 그 웅장하고 화려한 모습이 동방에 으뜸가는 제일의 누각이 되었다."[25]

그렇다면 왜 서둘러 신축했을까? 아마도 복호를 예상해서였을 것이다. '재목을 모아'란 표현을 보면, 부로들의 협조로 지었다고 보인다. 읍호는 강등되어 20여 년이 지났어도 여전히 회복되지 않은 암울한 상태에서 대형 누각을 짓는데, 부로들은 왜 자진해 협조하였을까? 기적 같이 낭보가 전해지면서 누가 마침 낙성된 것이 과연 우연일까?

2.
광주목 복호(復號)

마침 주상께서 새로 보위에 오르시어, 이개·황보인 등이 무진군을 광주목으로 회복해 주실 것을 상소하고, 본군의 유향 품관 및 인리

---
25 《누정제영》 앞의 책. 892면.

등도 상소하여, 이조가 정부와 협의하여 아뢰기를, "노흥준 한 사람이 범한 일 때문에 강호한 지 20여 년이 되었으니, 악을 징계함이 이미 오래 되었습니다. 청컨대 광주목으로 회복시키소서"[26]하니, 그대로 따랐다.

〈희경루기〉에 "지금의 주상이신 문종 원년 신미(辛未, 1451) 여름에 고을 사람 이선제 등이 서로 모의하여 이르기를 '현재의 주상께서 왕위를 이어 유신(維新)의 은덕을 크게 베풀며 오직 하나의 생물이라 할지라도 그의 적소를 얻지 못함이 있을까 두려워하고 있다. 하물며 우리 고을의 부로인리(父老人吏) 등을 거느리고 이의 사실을 갖추어 억울함을 상청하였다.

이를 본 주상이 특명을 내려 옛 이름을 복구케 하고 광주목으로 그 위치를 승격케 하였다."[27]고 기록되었다. 이는 이선제 공이 선봉이 되어 상소를 추진하였음을 의미한다.

낙성식이 21년 동안 고대했던 광주목 복호 낭보가 겹쳐서 부로들이 모두 모여 태수와 함께 경축하면서 희경으로서 누의 이름을 지어 온 고을 사람들의 기쁨을 새겨 주도록 청하니 태수가 승낙하고 또한 숙주(叔舟)가 향적의 끝에 기록되어 있으므로 기(記)를 짓도록 명하였다고 〈희경루기〉에 기록되어 있다.

---

26 《문종실록》 8권. 문종 1년 6월 7일 갑술. 1451년 명(明) 경태(景泰) 2년).
27 《누정제영》 앞의 책. 893면.

3.
안철수 목사의 요청

　신숙주 선생 〈희경루기〉에 "太守曰諾于以叔舟在鄕籍之末命又記(태수왈락우이숙주재향적지말명우기)"라 했다. 여기서 향적은 광주향약의 가입자 명단이다. 여기에 신숙주 선생이 가입되어 있다.

　광주향약 목적 중 하나인 복호가 달성되고, 때마침 루가 완공되자 향인들이 기뻐서 '희경루'로 하자는 건의를 목사는 승낙하고, 광주향약 동참자로 머나먼 한양에서 오신 신숙주 선생에게 희경루기를 부탁하였다.

　그가 한양에서 먼 광주 지방의 누각 낙성식에 참석하게 된 사연은 과연 무엇일까?

　심언광의 〈희경루기〉에 의하면, "우리 문종 임금 원년 신미(辛未, 1451)에 태수 안철석 공이 옛터에 새로이 고쳐 세우고 이름을 희경이라 하였다. 이에 앞서 세종 12년(1430)에 고을의 거칠고 사나운 한 백성이 목사를 때린 일이 있어 무진군으로 강등되었다. 누가 완성될 때 조정으로부터 이와 같은 소식이 전해지자 읍인들이 함께 기뻐하고 서로 축하하여 이것[喜慶]으로 새롭게 이름을 고쳐 달았다.

　가정(嘉靖) 신묘년(辛卯年, 중종 26, 1531) 가을, 신한(申瀚)이 이곳의 목사가 되어오니 정사가 더욱 엄명하게 되었다. 2년이 지난 계사년(癸巳年, 중종 28, 1533)에 누에 불이 나 타버렸다. 목사와 향대부, 선비들이 새로 짓기 위해 계획하였고 이에 강진현 완도에서 목재를 구하고자 여분의 곡식과 배를 내어 이를 사서 모아 옮겨왔다. 갑오년(甲

午年, 중종 29, 1534) 봄에 이르러 힘을 헤아려 공사를 제도하니 구획함이 매우 상세하였다. 독촉하지 않고 다그치지 않아 백성으로하여금 수고로움을 잊게 하였으니 수개월이 되지 않아 일이 이루어졌다. […] 신한은 나와 사마시(司馬試)에 함께 합격하였는데, 고령(高靈) 문충공(文忠公) 신숙주의 후손이다. 일찍이 고을 사람인 정만종을 통해 나에게 기(記)를 청하였다. 나는 관동(關東)사람으로 평생에 한 번도 호남에 온 적이 없었다. 강산과 누정의 승경을 일찍이 올라가서 그 빼어남을 본 바가 없으니 참으로 감히 그 일을 서술할 수는 없다. 다만 비유컨대 한창려(韓昌黎, 韓愈)가 등왕각(滕王閣)을 기한 것처럼 내 이름도 그 위에 올리니 영화로울 따름이다"[28]

희경루 역사가 담긴 자료가 그나마 두 기라도 남아있다는 것은 다행스러운 일이다. 그러나 그 외에는 사라진 흔적조차 없으니 안타깝다.

28　《광주읍성》(지역문화교류호남재단 부설 지역문화콘텐츠연구소, 2013), 82-83면. 부록 2. ③ 참조.

4.
이선제 선생의 〈희경루 원운(原韻)〉

김영국 교수는 희경루의 원운이 없는 것을 처음으로 지적했다.

"문헌 소재 희경루 제영으로 맨 처음의 것은 전라도관찰사 李石亨(1415-1477)의 제영이다. 맨 처음의 제영인데도 차운(次韻)한 것으로 보아 희경루를 지은 뒤 이 시보다 앞에(1451-1456년 사이) 원운(原韻)이 있었을 것이지만 찾을 수 없다. '次光州喜慶樓韻(차광주희경루운)'"[29]

광주직할시에서 1992년 '광주 고전 국영총서'로 《누정제영(樓亭題詠)》을 발간하였는데, 여기 891면에 이선제 선생 원운이 있다. 조선호남지 2권에도 첨부되어 있다. 희경루 낙성식에 원운이 없다는 것은 있을 수 없는 일이다. 당연히 원운 뿐 아니라 차운도 여러 편 있었으리라고 생각된다. 하지만 앞서 지적 한 대로 정여립 사건으로 광산 이씨 문중은 거의 멸족 상태에 이르렀다. 그러니 무얼 기대할 수 있었을까 싶다.

하지만 1934년 《조선호남지》를 간행할 때, 제본까지 마쳤는데, 희경루 원운을 발견하였다. 심사숙고 끝에 부전지를 제작하여 누정(樓亭)이 수록된 2권 표지 뒷면에 부착했다.[30]

---

29 김영국 〈광주목 희경루와 그 제영〉, 《한국언어문학》 93집, (2015), 163면.
30 국립중앙도서관, 전남대학교 도서관, 조선대학교 도서관, 광주시립 무등도서관에 소장된 《조선호남지》 권 2에도 같은 위치에 부착되어 있다. 부록 2 ⑤ 참조.

'희경루 원운(喜慶樓原韻)'

단비의 화한 바람 이 해가 풍년인데,
뚜렷한 밝은 일월 하늘에 솟았도다,
위 아래 임금 신하 서로가 즐거워하고,
동남의 어진 빈주 떼지어 모였도다,
의관의 좋은 문물 이제야 갖췄으나,
규약의 깊은 계정 이 앞에 있었도다,
노소가 기뻐하여 잔치를 마련하니,
오늘의 즐거움이 년년이 이어지길.[31]

희경루 원운에는 희경루 정보가 함축되어 있다.
낙성식은 접어두고, 임금님께서 내리신 광주목 복호 축하 분위기와 그동안 힘써온 광주향약 약인들을 비롯한 향인들의 고마움이 묻어 나온다. [規約契情旣在前] 이를 미루어 보면 누의 축성 이유를 짐작해 볼 수 있다. 희경루기에 기록된 대로, 부임한 지 일 년도 못 된 태수가 서둘러 신축하여, 광주목 복호에 맞추어 완공한 사연이 이해된다.

---

31 33) 《광산선현시/문선집》 3집. (광산문화원. 1995). 325면.

5.
희경루와 그 제영(題詠)

"《신증동국여지승람》에 실린 전라도 주요지역 대표 누정 제영을 살펴보면 전주 진남루기(鎭南樓記) 1편 시 2편, 나주 무이루(撫夷樓) 시 1편, 남원 광한루(廣寒樓) 시 3편, 제주 관덕정(觀德亭) 기 2편 시 1편인데 희경루는 기 1편 시 3편으로 가장 많다. 이는 문풍(文風)이 성하였던 이 고장 문화를 반영한 단편으로 볼 수 있다."[32]

"논자[김영국]가 찾아낸 문집 소재 희경루 기(記)·발(跋)은 기(記) 2편(2인), 발문 1편이 있고, 제영은 5언율시 3편(3인), 7언 율시 13편 16수(12인) 7언 절구 3편(3인)으로 모두 17명이 19편의 제영을 남겼다. 시기별로는 1451년(문종 1)부터 1487년(성종 18)까지 36년간에 지어진 것이 7편, 1530년(중종 25)부터 1604년(선조 37)까지 74년간에 지어진 것이 15편이다."[33]

문헌 소재 희경루 제영으로 맨 처음의 것은 전라도 관찰사 이석영(李石亨, 1415-1477)의 제영으로 1455년 관찰사로 제수받고 지방 순회하면서 썼다.

"古號復今日 옛 이름 오늘에 다시 찾았으니
新樓鎭一鄕 새 누정 온 고을 에워싸는구나
遙連山翠色 멀리서 이어진 산 빛이 푸르고

---
32   김영국. 앞의 책. 175면
33   김영국. 앞의 책. 161면.

俯捉水淸光 구부려서는 맑은 물빛을 쥐겠구나
花蘂娟娟淨 꽃잎은 해맑아 연하디 연하고
杯心灔灔香 술잔은 향기롭게 찰랑 거리네
少年行樂處 소년들 서로 모여 즐기는 곳에
歌舞袖垂長 춤과 노래에 소매 자락 휘날리네."[34]

"이 기쁜 소식[광주목 복호]에 고을 사람들은 남녀노소 할 것 없이 모두들 희경루에 몰려나와 술 마시고 노래하며 기쁨의 춤을 추면서 서로 경축했다. 이날의 풍경을 조선 전기의 문신이며 전라도 관찰사를 지낸 저헌 이석형(李石亨, 1415-1477)은 다음과 같이 묘사하고 있다.

옛 이름 되찾은 오늘
새로 지은 누각이 유독 우득하네
멀리 산들은 푸른빛으로 빛나고
허리를 구부리면 잡힐 듯 물빛은 맑기만 하네
꽃들은 청초하고 어여쁘니
술 향기마저 잔 위에서 춤을 추네
아이들도 기쁨에 겨워 달음박질치고
노래하고 춤추는 이들의 옷소매가 하늘 높이 치솟네.

---
34 〈차희경루운〉, 《한국문집총간 9. 저헌집(樗軒集)》 권 상. (이석형 저, 한국고전번역원). 394면.

이후로도 희경루는 광주에 좋은 일이 있으면 늘 연회를 베풀고 그 경사의 기쁨을 고을 사람들과 함께 나누는 '풍류의 장'인 동시에 '소통의 장'이었다."[35]

희경루가 건축 된지 4년이 지났지만, 그날의 기쁨이 생생히 머금었다. 희경루 건축의 목적이 '광주목 복호'에 있었음을 또렷이 보여주고 있다. 어느 분의 시를 차운했는지 밝혀져 있지 않지만 그날의 기쁨을 전하여주고 있어 감사한 마음을 금할 수 없다.

'次松川 先生 喜慶樓韻'

三年南雪隔皇州 頭白從敎百事休 樓閣入天絲管迴 江湖滿地水雪悠
將軍義烈猶生氣 學士風流有古丘 相得腰貌耆舊內 淸歡不下晚香候

'송천 선생의 희경루운에 차운함'

삼년 동아 남쪽의 눈비가 황주를 막았는데
머리가 희여지니 온갖 일 그만이로다
누각이 높았으니 관악소리 멀리 드리고
강호가 가득하니 물구름만 유유 하도다
장군의 기백은 오히려 생기가 있는데
학사의 풍류는 옛 언덕으로 돌아 갔도다

---

35 이영렬 〈기쁨과 경축의 누각. 광주의 한복판에 '희경루' 있었다〉, 《대동문화》 98호(2017). 126-127면.

수척한 얼굴은 아마도 육칠십 전후인데
깨끗한 정신은 젊은 시절에 내리지

    옥봉집(玉峯集) 편집위원회에서 간행한 '옥봉집'에서 송천(양응정) 선생의 희경루운을 보고 느낀 바가 있어서 그대로 이기(移記)하였다. 누가 역주했는지는 확인하지 못했다.
    한시를 연구한 많은 학자들은 한시를 해석한다고 하지 않고 시해(詩解), 신석(新釋), 역주(譯註), 통역(通譯) 등이라고 하는가 하면 그저 우리말로 뜻을 알도록 하고자 제의(題意), 통역(通譯), 어역(語譯), 주(註)라던가 작자의 연대, 생애, 사우(師友), 여행 등을 부기하여 해설을 써서 그 시를 이해할 수 있게 하였다.
    옥봉집에서 희경루에 관한 시를 보고 반가운 마음으로 음미하였는데 해의(解義)가 너무 어려워서 다음과 같이 풀었다.

삼년 동안 남쪽 눈은 서울 길을 막았네
내 머리칼도 희어져 스승의 가르침에 따르려는 모든 일 다 그만이로구나
높은 누각에서 울려나오는 관현악 소리 멀리에서도 들리고
온 세상에 산천초목이 가득하고 물과 구름만 유유히 흘러 평화롭네
장군들의 뛰어난 충의는 생기(生氣)같고
학사 선비들의 풍류는 옛 우리나라 그대로 말쑥하고 멋스럽구나
늙은이에게서는 지난 젊은 얼굴을 짐작할 수 있나니

그(李先齊)의 만년 좋은 벼슬자리보다는
더 높고 깨끗한 후대(厚待)와 희락이 가득하였드라네

"조선과 명의 외교는 통사를 제도화한 관계였는데, 명이 환관 외교관을 고급 문관으로 대체하여 조선에 보낸 1450년 반등극조사 예겸(倪謙) 이래 허종(許琮)을 포함한 많은 희경루 제영자들이 제영 전후에 명의 사신들과 수창한 기록을 《황화집》에서 찾아볼 수 있다. […] 명의 사신과 창화했던 관료들이 지방에 와서는 반대의 입장이 되어 수창시를 통해 그들이 생각하는 고등 문화를 지방에 전달하고 창화시를 통해서는 조선의 미풍양속을 明에 알리고자 하였는데, 희경루 제영들은 이러한 문화 현상을 충실히 반영하고 있다."[36]

1450년 반등극조사 예겸이 내방했을 때 "1450년 윤정월 17일(임술). 오후에 중추원사 이선제가 와서 설연(設宴)하였다. (예겸) 한강유기(漢江遊記)를 지었다."[37]

같은 책 324면 59번 주에 "'요해편' 권지사(卷之四) 조선증언. 이 때 예겸(倪謙)이 받아간 증행시축(贈行詩軸)에 수록된 내용은 서 2수·시 27수·발 1수이다. 필자는 서(신숙주)와 시(진 하연·진양 정척·하양 허후·하동 정인지 백휴·대구 서거정 강중(剛中)·서원 한계희·진산 강맹경·광산 이선제"[38]라고 나온다. 이선제의 수록된 시를 소개하면,

---

36 김영국. 앞의 책. 166–168면.
37 신승운. 〈예겸의 '봉사조선창화시권(奉使朝鮮唱和詩卷)에 대한 연구〉. 《서지학 연구》 28집. 319면.
38 신승운. 위의 책. 324면.

"황명(皇明)은 사해에 배와 수레 통행케 하고,
마음껏 부리는 많은 사인 모두가 영웅이다.
그 가운데에 학사 있어 기운이 무지개 같고,
선계에 높이 올라 섬궁(蟾宮)에 들어갔다.
젊은 나이에 조서 받들고 해동으로 건너오니,
우내(宇內)가 안정되고 밝아져서 해가 다시 가운데에 떠올랐다.
임금과 신하가 절하고 춤추며 황제의 공덕 노래하고,
모두들 만세 부르니 그 소리 숭호(嵩呼) 같다.
시를 논하면 멀리 적선옹(謫仙翁)을 따라가고,
필치의 오묘함은 정말 종왕(鍾王(종왕)과 다를 바 없다.
용과 뱀이 경주하여 푸른 하늘에서 내려오니,
잠깐 동안에 신기루가 청색과 홍색을 띠운다.
시인의 진영에 굉장한 전차 있음을 일찍부터 들었는데,
날카로운 끝이 가리키는 것이라면 무엇인들 공격하기 어렵겠나
천자의 군대가 만약 공동(崆峒)을 정벌하면,
급하게 격문 보내 명공(明公)을 기다리리.
돌아가는 수레에 말씀 전해 서둘지 말라 하고,
북쪽으로 연산(燕山) 바라보며 내 속마음 괴롭힌다.
필진(筆陣)에 알려 주려 천둥과 바람 몰아가서,
요사스런 기운 재빨리 제거하고 붉은 충심 바치리라.
광산(光山)의 이선제.

'광산의 이선제'에 대하여 이해를 돕기 위해 간략히 설명하고자 한다. "有明朝鮮嘉善大夫藝文官提學同知春秋館事世子右部賓客 李先齊之墓. 公本光州"[39]라고 묘지(墓誌)에 기록되어 있다.《국조문과방목》[40]에도 '光州人'이라고 기록되어 있는 것과 상반된다.《한국민족문화대백과사전》에는 '이선제: 조선 초기 문신으로, 본관은 광산'이라고 기록되어 있다. 광주 토성 13개 전체 본관이 정확한 시기는 알 수 없지만, 조선 중기부터 '광산'으로 바뀌었다. 지금은 아무도 그 이유를 모른다. 읍호가 강등되어 광산현(光山縣)이 된 것은 조선 500년 동안 총 네 번이다. 그것도 딱 30년간에 걸쳐서다. 조선조 이전에 '광산'은 한 번도 등장한 적 없었다.

"2003년에 은몽하와 간호 등이 공용경의 '사조선록(使朝鮮錄)' 등 18종의 사행록을 모아《중조관계사료총간(中朝關係史料叢刊)》으로 북경도서관출판사에서 출판하면서 총서의 이름을 '사조선록'이라 했다."[41]라고 했다. 이 때에 이선제의 본관을 현실에 맞추어 광산(光山)으로 바꾼 것으로 추정한다.

---

39 《이선제 묘지 귀향 이야기》(국외소재문화재재단. 2018). 54면.
40 《국조문과방목》(태학사. 1984). 135면.
41 《사조선록 연구》(김한규 저. 서강대학교출판부. 2011). 6면.

6.
희경루의 위치 추정

"희경루의 위치에 대해서는 문헌마다 상이하여 객사의 동쪽에 있었다는 기록도 있고, 또 북쪽에 있었다는 기록도 있다. 그리고 지금의 광주우체국 자리라는 설도 있고, 지금의 관덕정(觀德亭) 자리라는 설도 있다. 어느 설(設)이 옳은지 정확한 판단을 내리기는 어려우나 신숙주의 기문(記文)에 '舊有樓在州治之北曰拱北(구유루재주치지북왈공북)'이라는 내용으로 보아 공북루의 옛 자리에 있는 이 다락[누각]이 주치(州治)의 북쪽에 있음은 분명하다. 다만 그의 자리가 지금의 우체국 근방이냐 아니냐는 문제이다.

《전남도지》[大正 15년(1926년) 발간]이나 《전선명승고적(全鮮名勝古蹟)》[[昭和 4년(1929년) 발간] 등의 문헌에 의하면 이 다락의 후속 명칭을 모두 '在客舍北今觀德亭(객사 북쪽에 있고, 지금의 관덕정)'또는 '今觀德亭(지금의 관덕정)'등으로 표시하였다. 이러한 점을 살펴볼 때 이 다락의 명칭이 후대에 와서 관덕정으로 불리었다는 사실을 느낄 수 있다. 그러나 여기에서 말한 관덕정은 지금의 공원에 있는 사장(射場)이 아닌 옛날 객사의 바로 옆에 있었던 당시의 관덕정을 가리킨 말이다. 일명 관덕정으로 불리우기도 한 이 다락의 정확한 소재가 어디인지는 확인할 수 없으나 지금의 광주우체국 자리로 추정한 설이 우세하다."[42]

현재 희경루 위치는 '지금의 광주 우체국(충장로 2가)'이라는 것이

---

42 《누정제영》(광주직할시 기획담당관실 편. 태양사. 1992). 889면.

거의 정설이다. 저자가 알기로는 유일하게 김동수 교수가 "희경루 위치에 대해서는 지금의 광주우체국 자리라는 주장도 있어《누정제영》그 위치 추정에는 좀 더 정밀한 고증이 필요하다."[43]라고 주장했다.

"〈희경루방회도(喜慶樓榜會圖)〉는 이러한 방회의 현장에서 볼 수 있는 연회 장면과 주변경관의 묘사라는 두 가지 요건에 비중을 두고 그려진 것이다. 이 두 요소는 구체적인 계회 모습과 그 현장의 장소를 암시해주는 단서가 계회도의 화면 구성에 있어서 중요한 관건으로 적용되고 있음을 보여주는 것이라 하겠다."[44]라고 했다. "필자[윤진영]는 문헌기록을 확인하기에 앞서 방회가 열렸던 희경루를 전라도 광주 인근에 있는 누정으로 추정하였다."[45] 즉 성곽 외각의 위치로 추정 하셨다.

"화면의 우측 가장자리에 성곽과 연결된 성문이 그려져 있어 그 경계를 암시해 주는데, 이것은 〈희경루방회도〉에서도 동일하다."[46] 성곽 바깥에 희경루가 그려져 있는 것은, 누정이 성곽 밖의 위치임을 암시하기 위함으로 이해된다.

"신숙주의 〈희경루기〉에서 살펴본 대로 희경루의 규모는 정면 4칸과 측면 5칸의 구조였다. 그런데 그림에 나타난 누정은 앞쪽에 3개의 기둥으로 2칸만을 그렸고, 뒤쪽은 4칸으로 되어 있다. 이는 정면의 기둥을 있는 데로 많이 그리게 되면, 연회 장면을 그려야 할 화면의 공간이 분할됨으로써 효과적인 묘사가 이루어지지 못함을 고려한 결

---

43 《광주 읍성 유허 지표 조사 보고서》(전대 박물관. 광주 동구청. 2002). 45면.
44 윤진영 〈동국대학교박물관 소장의 '희경루방회도' 고찰〉, 《동악미술사학》 3호. (2002). 161면.
45 윤진영. 위의 책. 149면.
46 윤진영. 위의 책. 160면.

과로 생각된다."⁴⁷

"《신증동국여지승람》[1530]과 《여지도서》[1765] 등의 누정조에서 희경루를 확인한 결과 그 위치는 광주의 객관 근처로 나와 있어 앞의 추정을 입증 할 수 있었다. 그런데 1879년 [고종 16]에 간행된《광주읍지》에는 '희경루는 객사 북쪽에 있었으니 지금의 관덕정이다.'라고 되어 있다. 이 기록은 19세기에 가서 희경루의 이름이 관덕정으로 바뀌었음을 알려준다. 그 이후 정확한 시점을 알 수 없지만, 관덕정은 일제시대 이후 훼절된 것으로 주정된다."⁴⁸라고 결론지었다. "관덕정은 신숙주의 희경루기에 의하면 조선 문종(文宗) 1년 [1451]에 희경루의 건립과 함께 사장으로서 세워졌다."⁴⁹라고 하였지만, 희경루기에 관덕정에 대한 언급이 없다.

'방회도' 자체만 검토하고, 희경루는 '광주 근처[외곽] 누정'이라고 판단했는데, 이어서 문헌 기록을 비교 검토하여 서로 상이하더라도 '방회도' 자체만 검토한 안으로 그대로 제시해 마무리해야 하지 않을까? 앞서 지적한 것처럼 다른 많은 분들과 같이 '지리지·읍지'의 해석을 믿고, '객관 근처'로 판단하여 '방회도 묘사 검토 안'을 포기하는 처사는 이해하기 어렵다.

"계회도에서의 그림은 계회의 장소와 장면을 묘사하여 계회가 '어

---

47 윤진영. 위의 책. 155면.
48 윤진영. 위의 책. 149-150면.
49 김동수 〈전남지방 누정 조사 보고서 (1)〉, 《호남문화연구》 14집 (1958) 67면.

디에서', '어떻게' 열렸는가를 시각적으로 전달해주다."⁵⁰라고 하였는데, 희경루 위치는 '계회도(契會圖, 榜會圖)'가 그 당시 현장의 표현이므로 믿어야 하지 않을까?

"〈희경루방회도〉는 이러한 만남의 상징물이었다. 먼 훗날 이날의 방회(榜會)를 다시 기억하게하고, 후세에 전하기 위한 기록물이기도 하다."⁵¹라고 하였다. 그렇다면 장소에 대하여 보다 정확한 정보를 남겨 주어야 될 것이다.

"광주 읍성 북쪽 이미 허무러진 공북루가 있던 자리에 남북으로 5칸, 동서로 4칸 규모의 누각이 새롭게 완공 되었다."⁵²라고 했다.

〈표 1〉 희경루와 공북루(절양루)을 보면, 1792년 간행 읍지를 1801년 백영태가 필사하여 간행한 《광산읍지》에 '喜慶樓:在客舍北今觀德亭(희경루는 객사 북쪽에 있는 현 관덕정)'이라 하고 신숙주 희경루기를 수록하였다. 문제는 원본이 현재 존재하지 않는다는 것이다. 그런데 '在客舍北今觀德亭'이라고 하여 '희경루'가 '관덕정'으로 바뀌었다. 그 당시 '루'와 '정(亭)'은 엄연히 구분되었다.《신증 동국여지승람》〈루정조〉에 '루(樓), 정(亭), 당(堂), 대(臺), 각(閣), 헌(軒)' 등으로 구분하였다. 더불어 '관덕정'은 읍성안의 관아였다.

〈표 1〉 희경루와 공북루를 보면, 희경루는 1759년 《여지도서》에 마지막으로 기록되었고, 1799년 《광주목지》, 1864년 《대동지지》, 1871년 《호남읍지》(규 12175)에는 '희경루'기록 자체가 없고, "1604년 이후로

---

50 윤진영 〈안동 지역 문중소장 계회도의 내용과 성격〉,《국학연구》4집. 242면.
51 윤진영 〈희경루에서의 방회〉,《국악누리》79집 (2006) 45면.
52 《이선제 묘지 귀향 이야기》앞의 책. 129면.

희경루 제영이 없었다."⁵³ 그뿐만이 아니라 1801년(1792년 간행) 필사본 《광산읍지》부터 '관덕정'으로 기록된 것으로 보아, 희경루는 1792년 이전에 원인 불명으로 훼손된 것으로 보인다. 희경루 훼손에 대한 기록이 없다는 사실도 이해가 되지 않지만, '관덕정'을 '희경루'라고 표현한 것은 더욱 이해하기 어렵다.

"1792년(정조 16) 간본의 《광주목읍지》에 공식적으로 관덕정이라 기록된 것으로 보인다."⁵⁴라고 기록되었으나, 《광주복읍지》를 접하지 못하여 참고하지 못 했고, '광주목지'·'광주읍지'가 아니라 '광주목읍지'란 흔히 접하지 못 한 어휘다. 1792년(정조 16) 간본의 《광주목읍지》가 《광산읍지》의 필사 원본과 동일한 1792년 간행본이고, '관덕정'도 동일하다. "광산지 초안본은 1792년에 김효일과 기학경이 편찬한 광주읍지로 원본은 없고 초안본이 유일하게 남아있는 광주읍지 중의 하나이다."⁵⁵을 보면, 1792년 간행 읍지가 광주읍지(원본 없음)·광산읍지(필사본)·광주목읍지·광산지 초안본 등 4가지가 된다. 《광주목읍지》와 《광산지 초안본》을 아쉽게도 저자는 아직 접하지 못하였다.

《광주목지 전》은 《호남읍지 광주목지(규 12175)》을 기저로 필사한 것 같다(인물란만 차이가 난다). 희경루, 절양루(공북루)도 수록되지 않았으나, 공해조(公廨條)에 '관덕정-재객사북'이라고 되어 있다. 앞편 지도에는 공북루가 표시되어 있다.

---

53 《한국언어문학》 93집. 앞의 책. 161면.
54 천득염·김민주 〈광주목 희경루의 복원 연구〉, 《건축역사연구》 19권 6호 (2010) 28면.
55 이종일 〈초고본 광산지 논고〉, 《향토문화》 32집 (향토문화개발협의회·광주광역시·광주문화재단. 2013) 104면 주 77.

저자는 오리정(五里亭)·광주읍성 내에 연못 존재 여부·희경루 연혁을 중심으로 검토하여 의견을 제시 하고자 한다. 광주 오리정은 "관문에서 북쪽으로 5리 되는 지점, 즉 현재의 광주제일고등학교 부근에 수령이 손님을 맞이하고 보내는 절양루라는 누각을 만들었다. […] 절양루 구조는 1층은 사람이 통하는 문이고, 2층은 높은 누각이다. […] 이 이름을 1669년에 광주목사로 부임해온 오두인(吳斗寅)이 공북루로 개칭했다."[56]

여기에서 '관문'은 '북문'을 지칭했다면, 현재 '충장로 파출소(충장로 4가 시작점)'부근이다. '현재의 광주제일고등학교 부근'이라 했는데, '공북루 터'모형 광고물이 제일고등학교 남쪽 '독립로 인도변(광주학생독립운동 탑 부근) 충장로 5가 종점 부근'에 설치되어 있다. 김덕진 교수는 '북쪽 5리'라고 했지만, 2리도 채 못 되는 거리이다. "북문 공북문에서 약 1리를 걸어가면 2층 웅장한 공북루가 나온다. 본래 절양루였으나, 1669년 광주목사 오두인이 공북루로 개칭했다."[57]

〈표 1〉 '희경루와 공북루'에 의하면, 절양루는 1656년《동국여지지》에 "在州北三里(북쪽 3리)"라고 했다. 1759년《여지도서》에는 '在州北五里(북쪽 5리)'라 했고, 이후 발간된 모든 읍지는 동일하게 '北五里(북5리)'라 했다. '동국여지지'에서 '在州北三里(북쪽 3리)'라고 한 것은, 읍치(邑治. 客舍)에서부터 거리임으로 대략 일치하는 수준이다. 《여지도서》이후로는 왜 '在州北五里(북쪽 5리)'라 했을까?

'희경루'는 맨 처음 1528년《신증 동국여지승람》에 '재객관북(在客

---

56 김덕진 〈광주읍성과 나주읍성〉,《금당문화》18호.130면.
57 〈굿뉴스피플〉 2017년 6월 27일자 기사.

舘北)'이라 하고, 연이어 신숙주 선생의 〈희경루기〉를 기록하여 구 공북루 터임을 밝혀 거리를 암시했다.

1656년《동국여지지도》'在客舘北舊拱北樓基(객관 북쪽 옛 공북루 터)'라고 방향과 거리를 표시했다. 1759년《여지도서》는 '재객사북(在客舍北)'이라고 기록하여 방향만 표시하고, '위치' 표시가 없어 혼동을 일으키게 되는 요인이 된 것 같다.

1528년《신증 동국여시승람》〈驛院條(역원조)〉에 '樓門院(누문원)-在縣北五里(재현북5리), 普通院(보통원)-在縣北二里(재현북2리), 景陽驛(경양역)-在縣東八里(재현북8리)'라고 기록되었다. 1656년《동국여지지》에 '樓門院-在州北五里, 普通院-在州北二里'라고 기록되었다. 《신증 동국여지승람》에 원(院)이 '北五里(북5리)', '北二里(북2리)' 지점에 있었을까?

"'공북루(拱北樓)'란 '북'은 임금이 신하를 대할 때 남면(君南面)하고, 신하는 임금을 대할 때 북면한다(臣北面)는 당시의 군신간의 대하는 규정에서 비롯된 것이다. '공(拱)'은 가슴 높이에서 두 손을 맞잡고 한다는 뜻이다. 조정으로부터 조칙이나 사명이 있을 때 부윤(府尹)이 직접 임금을 북면하여 그 명을 받았으며, 경사가 있을 때 부, 주 관원들이 임금을 향한 망궐(望闕)의 례를 올린 장소가 '공북루'이다."[58]

---

58 〈한국매일뉴스〉 2014년 9월 2일자 기사.

〈표 1〉 희경루와 공북루(절양루)

지리지/읍지		내용	년도	저자	
신증동국여지승람	누정	喜慶樓:在客舘北 喜慶樓記	1528	이행등	관찬
	역원	樓門院:在縣北五里			
		普通院:在縣北二里			
동국여지지	궁실	喜慶樓:在客舘北舊拱北樓基	1656	유형원 추정 필사본	사찬
	궁실	折楊樓:在州北三里			
	우역	樓門院:在州北五里			
	우역	普通院:在州北二里			
여지도서	누정	喜慶樓:在客舍北. (喜慶樓記 없음)	1759	영조 명찬	관찬
		拱北樓:在州北五里			
광산읍지	누정	喜慶樓:在客舍北今觀德亭. 喜慶樓記	1801 (1792)	백영태 등초. 원본 무	사찬
		拱北樓:在州北五里舊稱折楊樓 吳斗寅牧使改今名耳			
광주목지 (규10800)	누정	拱北樓:在州北五里舊稱折楊樓 吳斗寅牧使時改舊名	1799?	미상. 필사본. 원본 무	사찬
대동지지	누정	拱北樓:北五里	1864	김정호	사찬
호남읍지 (규12175)	누정	拱北樓:在州北五里舊稱折楊樓	1871	필사본	관찬
		觀德亭:在客舍北			
광주읍지	누정	拱北樓:在州北五里舊稱折楊樓	1879	필사본 (박제방서)	사찬
		喜慶樓:在客舍北今觀德亭. 喜慶樓記			
호남읍지 (규12181)	누정	拱北樓:在州北五里舊稱折楊樓	1895	편자미상 필사본 원본무	관찬
		喜慶樓:在客舍北又名觀德亭.			
호남지	누정	拱北樓:在州北五里	1934	김용순 서	사찬
		喜慶樓:在客舍東今廢			
광주읍지	누정	喜慶樓:在客舍東今廢 .喜慶樓記 객사의 북, 지금의 관덕정이다	1924 2003 국역	정공원 서 광주 민속 박물관.	사찬
		拱北樓:在州北五里舊稱折楊樓 今廢			
	역원	普通院:在州北二里 今廢			

* 희경루가: 舊有樓在州治之北曰拱北毀已久(전에 공북루라는 루가 주치[州治]의 북쪽에 있었는데 허물어진지가 이미 오래되었다)
* 절양루를 광주 목사 오두인이 1669년 공북루라 개칭하였다.

1450년(세종 32) 정월에 명의 정사 예겸이 개성부에 이르렀을 때 조선국왕이 한성부윤을 보내어 "세자가 교외에서 영접하는 것을 면해서 병을 간호하게 하고, 례를 갖추어 조서를 받게 해주시면, 천만다행이다."[59]라고 했다.

광주목에서도 한양에서 고위 관료가 조칙을 가지고 올 때 부윤이 5리 정도까지는 가서 영접해야 바람직했으리라 믿어, '공북루'와 '누문원'을 5리 떨어진 곳에 설치하여 주빈은 객사로 모시나 남은 분들은 누문원에서 유숙하고, 보통 문서는 파발 등에 의해 선하 보로 북문 건너편 '보통원(普通院)'에 유숙했으리라 추정된다.

'세종대왕 기념 사업회'에서 간행한 책자 《문화유적총람 2》에 "공북루 터:공북루는 고려말기 또는 조선 초기 광주 객사의 북쪽 5리에 세워졌던 누각인 뜻인 듯 하나 확실치 않다."라고 했다.

신숙주의 〈희경루기〉에 따르면 '문종 원년 (1451)에 태수 안철석이 옛 공북루 터에 새로 누각을 지었다. […] 이름을 희경루라 하였다.'라고 했다. 따라서 희경루 터는 객사 북쪽 5리 즉 2 km 되는 지점으로 북구 임동 92번지 구 농업고등학교 [1912년 땅 5정(町), 즉 15,000평을 매입하여 이전][60] 부근으로 추정된다.

전라도관찰사를 지낸 송인수(宋麟壽, 1499-1547)가 1543년 가을 〈차광주희경루운〉 중에서 '서쪽 시냇가[지금의 광주천] 그물로 신선한 붕어 올리고'[61]를 상기해볼 때, 임동 구 농업고등학교 부근으로 추정된다.

59 《사조선록연구》 앞의 책. 149면.
60 《광주북구지》(1994) 475면.
61 임준성. 앞의 책. 290면.

"광주시립민속박물관 앞마당에 놓인 십신사지(十信寺址, 구 농고 터) 석불과 석비는 원래 구 전남도청 부근에 있었다는 대황사(大皇寺)에 세워졌으나 북구 임동 구 농고 터에 있던 것을 학교 이전 [1976년]과 더불어 현재의 자리에 놓이게 됐다."[62] 그렇다면 북구 임동 구 농고터로 왜, 그리고 언제 옮겨졌을까?

조선조 초기부터 억불 정책으로 광주읍성 안에 있던 대황사를 철거하였으리라고 추정된다. 석불과 석비는 보존 가치를 인정하여, 희경루 터에 이전했을 가능성을 추정하여 본다.

두 번째로 광주읍성 안에 연못의 존재 여부다.

'신숙주 희경루기'에 따르면 '누의 북쪽에 못을 파 연꽃을 심고, 동쪽에 사장을 만들어 관덕(觀德)의 장소로 만들었다'고 했다. 따라서 희경루 터를 광주 우체국 자리라고 주장하려면, 광주읍성 안에 연못이 있어야 한다.

광주광역시립민속박물관은 "광주읍성의 문헌기록은 조선시대의 지리지류에 간단하게 언급되어 있을 뿐이다."[63]하고 연이어 10가지 기록을 소개하였는데, 단 한 곳도 연못이 있다는 기록은 없다. 그러나 결과 해석에 따르면, "본래는 못이 있었으나, 조선 말기 고종대에는 없어졌다고 한다."[64] 또 원장 발간사에서도 "읍성 안에는 연못과 우물이 반드시 갖추어져 있습니다"고 한 것을 보면 확실한 근거를 확보했으리라고 본다. 그렇다면 반드시 그 근거를 공개해야 한다. "2장(광주

---

62 박준수 〈광주 구도심 역사를 복원하자〉 '광주매일신문' 21015년 3월 2일자 기사.
63 〈광주 읍성의 연혁〉, 《광주읍성》(광주민속박물관. 1997) 14년.
64 《광주읍성》 위의 책. 7면.

읍성의 연혁)은 이계표(광주시사편찬실) 담당"[65]이라고 하였는데 지금이라도 밝혀주기를 촉구하는 바이다.

1801년 《광산읍지》는 '喜慶樓-在客舍北今觀德亭' 즉 광주읍성 안에 존재한다고 했다.

2003년 광주민속박물관에서 《광주읍지》[광주관련 국역 고서 제1집. 국역 光州邑誌(1924년. 갑자지) 광주민속박물관. 2004년 발행]를 국역하였는데, 15면 성지조(城池條)에 '못이 있었다.'고 했다. 그러나 같은 책 뒤편 '원눈 3면 성지조에 '연못은 없다(池無)'라고 기록되어 있다. 앞에서 지적한 대로 주석이 필요했다.

《광주읍성 유허 지표 조사 보고서》에 "광주읍성의 시설과 규모에 관해서는 여러 지리지에 간단하게 있을 뿐이다. […] 11가지의 지리지 내용을 소개 […] 이상의 지리지 자료에서 보듯이 […] 못은 없고 […] 있었다는 사실을 전해주고 있다."[66]

"《여지도서》에서 '[성]안에 우물 100개가 있고, 연못은 없다'고 하여 성 안에 물이 귀했음을 전하고 있다. 실제로 우물이 100개 있었던 것이 아니고, 31개 정도 있었던 것 같은데, 면적에 비하여 우물의 개수가 많은 편이다."[67]

앞서 지적한 것처럼 광주읍성 안에 못(池)이 없었다면, 희경루는 광주읍성 안에 존재하지 않았다는 것이 된다.

---

65 《광주읍성》 위의 책. 12면
66 《광주읍성 유허 지표 조사 보고소》 앞의 책. 38-39면.
67 한예원 《광주향교 관련 문헌자료를 통해서 본 광주읍성의 교육과 교화》, 《한국고시가문화연구》 34집.

이어서 희경루는 언제 훼손되었는지 정확한 기록이 없다. 〈표 1〉 희경루와 공북루(절양루)을 중심으로 연혁을 먼저 더듬어 본다.

"신수주가 남긴 기(記, 1451년)를 통해 건립 시기를 확인 할 수 있다. 이에 따르면 1451년 광주목사(지무진군사[知茂珍郡事]의 오기]로 부임한 안철석이 부임한지 1년이 채 안 된 시점에 관유할 장소가 없어 지역 부노들과 논의한 후 공북루의 옛 터에 지었다. 안철석 목사 때 새로 지은 희경루는 불에 타[1533년 신한 목사 당시] 1534년 신한 때 다시 지어졌고, 1686년 이항(李恒)과 1866년 안응수에 의해 중수 되었다."[68]

"이항: 1686년에 음사 당하관으로 부임하여 희경루를 중수하였다. 선정비와 마애비가 있다."[69]고 되어 있으나 현재는 중수문이 남아 있지 않다.

이항 목사의 선정비와 마애비가 있다고 하지만, 현재 소재지를 알 수가 없다. 1960년경에 시에서 관계 비를 광주공원에 모두 이전하였다. 그러나 애석하게도 유실되어 모시지 못한 작품이 많았다고 한다.

이항 선생을 인터넷으로 검색해보니 단 한 분 일제 이항 선생만 확인된다. 1499년 출생하여 1576년에 돌아가셨으니 해당이 안 된다. 현 상태에서는 '이항: 1686년에 음사 당하관으로 부임하여 희경루를 중수하였다.'는 것은 단정하기가 어렵다. "희경루: 재객사북(在客舍北)하니 금관덕정(今觀德亭)이라 병인[1866년]에 목사 안응수 중수하다."[70] 기묘지(己卯誌, 1879년)·갑자지(甲子誌, 1924년)을 기저본으로 출간

68 《광주읍성》위의 책. 75면.
69 《광주읍성》위의 책. 175면.
70 《광주지 전》(광주향교. 1924년. 역주) 56면.

했는데, 희경루가 아니고 금관덕정이라고 하였다. 동일한 갑자지를 기저본으로 번역한《광주읍지》에 "안응수(安膺壽): 1866년에 음사로 당하관으로서 부임하였다."[71] 희경루를 중수하였다는 기록이 없다. '1686년 이항과 1866년 안응수에 의해 중수되었다'는 주장은 믿을 수가 없다.

《미암일기》제 9권 선조 4년(1571) 7월 28일. 오시(午時) 초에 4사(四使, 병사·좌수사·우수사·관찰사)가 희경부에 모였다는 기사를 보면, 그때까지는 현존했다는 뜻일 게다. 여기에 희경루 훼손의 기록은 없다. "조선 문종 원년(1451) 태수 안철석(安哲石)이 창건하였으며, 그 뒤 1866년 목사 안응수가 중수하였다."[72] 이것이 희경루에 대한 마지막 기록으로 남아있다.

"문종 1년(1451) 군수 안철석이 부임해와 고을에 루가 없을 수 없다 하고 옛 공북루터에 새로이 루를 이루고, 이름을 희경이라 했다. [⋯] 후일 1866년에 목사 안응수가 다시 중수하였다. 광주성이 헐릴 때 함께 없어졌으며, 그 터의 이름이 지금 누문동의 이름으로 남아 있을 따름이다."[73] 1914년《일제행정구역 대개편》〈부령 제111호·도령 제2호〉의거 '광주면 누문리'(기례방의 누항(陋巷), 공수방의 상촌(上村) 각 일부) 지정 함. "1916년 일제에 의해 공북루가 철거되고 광주읍성도 헐려졌다."[74] "순종 즉위 직후(1907년)인 7월 30일에 내각령 제

71　《광주읍지》(광주민속박물관. 1924년 갑자지 역. 2003) 184면.
72　《광주읍성》앞의 책. 19면.
73　《광주읍성 유허 지표 조사 보고소》앞의 책. 44-45면.
74　《지방연혁연구》(김정호 편. 1988) 538면.

1호로 [성벽처리위원회]를 설치하고 이 위원회에서 성벽을 허무는 일 등을 맡도록하는 조처가 취해짐으로서 전국의 읍성들이 철거되기 시작하였다. 광주 읍성도 이때부터 성벽의 철거가 시작되었을 것으로 보인다."[75] 직접적인 증거가 제시되었어야 한다. 실제로는 증명할 자료가 없는 추정일 뿐이다. 또 1799년경 간행《광주목지》·1864년 간행《대동지지》·1871년 간행《호남읍지》에 '희경루 누락' 사실을 설명했다면 좋았을 것이다.

"공북문[북문]는 충장로 파출소 부근이라고 한다. 외각문으로는 광주제일고등학교 옆의 독립로 네거리에 루문[공북루, 희경루]이 있었다고 전해진다."[76] '루문[공북루, 희경루]'가 아니라 '루문[공북루·절양루]'를 의미함으로 '희경루' 훼손 설명은 아니다. 〈표 1〉에 의하면 '樓門(공북루)'가 '희경루'라고 언급한 지리지·읍지가 없다. 1656년 간행된 〈동국여지 궁실조〉에 '희경루'와 '절양루'가 동시에 수록되어 있다. 앞서 지적한 대로 1916년 철거된 것은 '공북루 즉, 절양루'이다. 이 부분을 많은 논문에서 인용한다는 점에서 문제가 발생한다.

"구례 운조루(雲鳥樓)를 지어 지킨 오석 유형업(柳瑩業, 1886-1944)이 쓴 일기에 공북루의 현존한 기록이 남아있다. 1916년 10월 5일/ […] 북문을 누문(樓門)이라 한다."[77] "광주읍성의 북문 밖에 공북루의 이름을 따서 누문이라 했다."[78] 두 가지 설 중 유형업 일기에 신뢰가 앞선다.

---

75 《광주북구지》앞의 책. 462면.
76 《광주읍성 유허 지표 조사 보고소》앞의 책. 47면.
77 《기어(紀語) 구례 유씨가의 일기》하. (농촌경제연구원 역. 1991) 438면.
78 《광주북구지리지》앞의 책. 203면.

앞으로 정확한 고증이 절실히 요망된다. '루문'을 '공북루·절양루·희경루'로 동일 누각으로 인식하는데 문제가 있다. '공북루 옛 터의 희경루'와 '공북루[절양루]'는 별개 인데, 앞서 지적한 대로 '공북루'하면 어느 것을 의미하는지 혼돈의 여지가 많다. 광주 시사 편찬위원회는 "공북루는 그 뒤[구 공북루 터에 희경루 신축 후] 위치를 바꾸어 중건하고 절양루라 했었는데, 광주 목사 오두인(吳斗寅, 재임 1669-1672)이 다시 공북루라 개칭하였다. 그 뒤 목사 신석유(申錫遊, 재임 1870-1872)가 중수하섰는데, 한·일 합병 후 일본 사람들에 의해 절회되었다."[79] "본디 절양루라고 부르다가 북문 밖 한양 가는 길목에 있어서 목사 오두인이 공북루라 바꿔 불렀다."[80]라고 광주 시사 편찬위원회 의견과 다른 견해를 피력했다. '공북루는 그 뒤[구 공북루 터에 희경루 신축 후] 위치를 바꾸어 중건하고 절양루라 했다'라는 기록 근거를 제시하는 것이 바람직하다고 생각한다. 절양루는 언제·누가 건립하였다는 기록이 없는 것으로 알고 있다. 다만 1656년 간행된 동국여지지 궁실조에 처음 수록되었다. 고종후 의병장이 본주(本州, 光州) 절양루 아래서 군사(義兵)를 조련하고 있을 때, 배위 이 부인(고성이씨 부인)이 두 아들을 거느리고 안동 본가에 피난해 있다가 공(公)이 장차 의병을 일으켜 왜적을 토벌하려 떠난다는 말을 듣고서 죽음을 무릅쓰고 달려 왔다는 기사가 남구만(南九萬) 선생의 '고종후 시장(高從厚 諡狀)'에 수록되어 있다."

이[공북루.《동국여지지》에는 절양루로 북쪽 3리에 있다고 기록되

---

79 《광주시사》1·2·3권 합본. (광주시사편찬위원회) 712면.
80 《광주북구지리지》앞의 책. 462면.

었다]는 1760년에 편찬한 '여지도서'에 '在州北五里(재주북5리)'라 하여 고을의 북쪽 5리에 위치하였다고 나온다. 1879년에 간행한 '광주읍지'에 공북루는 '고을의 북쪽 5리에 있는데 옛날에는 절양루라 칭하였다. 목사 오두인(吳斗寅, 1669-1672년 재임) 때에 '공북'으로 고쳤다. 고종(高宗) 을해년(1875)에 목사 신석유가 중수하였다는 누정기(樓亭記)가 있다'라 한 기록이 전한다. (주 6. 拱北樓在州北五里 舊稱折楊樓 牧使吳斗寅時改拱北 今上乙亥牧使申錫遊重修有記) 이들 문헌의 기록과 신숙주의 희경루기 기문 등의 내용을 종합해 보면 이 누정[구 공북루]는 원래 객사의 북쪽에 있었으나 어떤 연유로 없어지고, 1451년 당시의 태수 안철석에 의해 희경루가 세워졌음을 알 수 있다. 그러나 어느 때인가 공북루가 다시 세워졌고, 그 이름을 절양루로 고쳤다. 절양루의 창건 시기는 자세히 알 수가 없다. 그러나 1669년에 부임했던 목사 오두인이 그 이름을 원래의 공북루로 되 고쳤음을 고려하면 이는 적어도 1669년 이전부터 경영되어왔던 누정임을 짐작할 수 있다. 그 위치는 현재 광주제일고등학교 광주학생독립운동기념탑 부근으로 추정한다.'[81]라고 했다.

i. '절양루의 창건 시기는 자세히 알 수가 없다'고 하면서도 '어느 때인가 공북루가 다시 세워졌고, 그 이름을 절양루로 고쳤다'는 결론은 이해하기 어렵다. 앞서 지적한 대로 광주광역시사편찬위원회는 정확한 증거를 제시해야 한다.

1792년 간행한 읍지를 백영태가 필사하여 《광산읍지》라고 1801년

---
81 《광주시사》 1·2·3권 합본. 앞의 책. 249면.

에 간행하였는데, '拱北樓:在州北五里舊稱折楊樓吳斗寅牧使改今名耳'라고 기록되어 있다. 1799년경에 《광주목지》(규 10800)가 누군가에 의해 간행되었는데, '拱北樓:在州北五里舊稱折楊樓吳斗寅牧使時改舊名' 이라고 기록되어 있다. 광주광역시사편찬위원회가 '改舊名(옛 이름을 고침)'을 보고 '1669년에 부임했던 목사 오두인이 그 이름을 원래의 공북루로 되 고쳤음'이라고 표현한 것 같다. 앞서 제시한 '주,6. 拱北樓在州北五里 舊 稱折楊樓 牧使吳斗寅時改拱北 今上乙亥 牧使申錫遊重修有記'를 《광주목시》를 인용한 섯 같다. 《광수복지》(규 10800)에 관하여 많은 문제가 있는 것으로 '5장 부용정향약' 편에서 지적하고 있는 입장에서 이해가 안 된다. "현재 규장각에 전하는 정조대(正祖代. 1777년-1800년) 읍지들은 대부분 일제시대에 필사한 것으로 보이는데, 원본의 소재는 확인되지 않는다."[82]라고 지적했다. 원본의 소재는 확인되지 않고, 정조대(正祖代) 간행이라고 주장하는 필사본인 《광주목지》도 해당되리라고 조심스레 추정한다.

ii. '목사 신석유(申錫遊. 재임 1870-1872)는 이를 다시 중수하였다' '고종 을해년(1875)에 목사 신석유가 중수하였다는 누정기가 있다' 두 문장을 대비하여 보면, 목사 신석유는 광주 목사 퇴임 후 3년이 지나서 공북루를 중수하였다는 뜻이다. 이 점에 대하여 설명이 없다. 1879년에 간행한 '광주읍지'에 목사 신석유는 1872년에 객사를 중수하였다는 기록도 있다. '객사 중수'를 '공북루 중수'로 착각했을 가능성도 있지 않을까?

---
82 《한국지리지총서 읍지 4 전라도①》(한국학문헌연구소 편. 1992) 22면.

ⅲ. '1669년에 부임했던 목사 오두인이 그 이름을 원래의 공북루로 되 고쳤음을 고려하면 이는 적어도 1669년 이전부터 경영되어왔던 누정임을 짐작할 수 있다.'라는 표현으로 보건대 1656년 간행《동국여지지》에 '절양루: 在州北三里'라는 기록을 간과한 것 같다. 1760년에 편찬한 '여지도서'에 거리를 고쳐서 '在州北五里'이라고 기록한 이후로 그대로 전해졌다.

"공북루의 '공(拱)'은 '두 손을 마주 잡고 공손한 자세를 취한다.'는 의미이고, '북(北)'은 '임금을 모시는 신하가 그를 섬기어 앉은 자리'라는 뜻이다. 그러므로 이 다락은 임금을 향한 례(禮)를 갖추기 위한 곳이었음을 알 수 있다. 이 같은 누정 건립의 목적으로 보아 그[절양루·공북루] 창건 연대는 조선 초기까지 소급해 볼 수도 있다.'[83] 앞서 지적한 것처럼 공북루는 고려시대 때 흔적이고, 조선조에서 건립은 없었던 걸로 이해하고 있다. 1451년 당시의 태수 안철석에 의해 구 공북루 터에 희경루가 세워졌다. 《신증동국여지승람[1528년 간. 관찬]》에는 희경루만 수록이 되었고, 《동국여지[1656년 간. 사찬 필사본]》에 희경루와 함께 절양루[在州北三里]가 수록되었다. '절양(折楊)'의 의미를 연인들이 이별할 때, 버들강아지 잎을 따서 나눈다는 뜻을 가진다고 보는 분들도 있다.

"[공북루/절양루] 조선후기에 다시 되었음에도 불구하고 제영시가 남아 있지 않은 까닭은 여러 가지 요인이 있겠지만 또 다른 관아 누정인 공북루가 희경루를 대신한 것이 가장 큰 요인으로 볼 수 있을

---

83 《광주시사부록 제1권》 249-250면.

것이다."⁸⁴라고 하여, 희경루를 관덕정 또는 공북루[절양루]라는 두 설이 쌍벽을 이룰 것 같다. 그러나 여기서 '공북루가 희경루를 대신'이란 표현은 이미 희경루는 사라졌다는 것을 의미한다. '제영시가 남아 있지 않은'이라고 하였는데, 《광주읍성》 277면에 3수가 수록되어 있다. 남효언(1452-1492)의 '등공북정(登拱北亭)'은 1669년에 부임했던 목사 오두인이 절양루 이름을 공북루로 고쳤음을 고려하면 '북문'을 지칭한 것 같고, 기언관(1706-1784)의 '송사행과광주공북루(送使行過光州拱北樓)'와 최태신(1804-1867)의 '광주 공북루'가 있다.

'신숙주 〈희경루기〉에 따르면 1451년에 희경루가 창건 되었고, '심원광(沈彦光) 〈희경루기〉'에 따르면 1533년 목사 신한 재임 시에 불의의 화재로 누각이 소실되었고, 1534년에 새롭게 완공 되었다는 것만 기록으로 현재도 남아 있지만, 그 외 1686년 이항, 1866년 안응수, 1870-1872년 신석유에 의해 중수되었다는 읍지 기록만 있지, 현재 증거물이 전해지지 않아 믿을 수가 없다.

---

84 임준성 《광주읍지》 및 문헌 소재 희경루 제영시와 누정문화 콘텐츠 활용〉, 《동방학》 37집 (2017) 28면.

부록 2)

① 희경루기- 신숙주. 보한재집

광주는 전라도의 거읍(巨邑)이다. 옛날에는 누각이 이 고을 치소의 북쪽에 있었는데, 이름은 공북루라 했으나 허물어진지 오래되었다. 이번에 태수 죽산 안철석이 부임하여 1년도 되지 않았는데, 정사를 다스리는 바쁜 가운데 틈을 내어 고을의 부노들을 모아 놓고 물었다. '고을에 유람할 장소가 없어서는 안 되는 것이 사실이요. 옛날에는 더욱이 광주는 이 도의 요충지로 사객(使客)이 별 모이듯 하는데, 막히고 답답하고 깊이 가려져서 시원하게 해 줄 길이 없으니, 이를 어떻게 하면 좋겠는가' 하니 모든 부노들이 말하기를, '높고 밝고 시원스러운 땅으로는 공북루의 옛터만 한 곳이 없습니다' 라고 하였다.

그리하여 재목을 모아다가 집을 짓되 옛 건물보다 더 크게 지었는데, 몇 달이 안 되어 완성되었다. 그 칸수를 세어 보면 남북이 5칸이고, 동서가 4칸이니, 넓고 훌륭한 것이 우리나라에서 제일이었다. 동쪽으로는 큰 길에 닿았고 서쪽으로는 긴 대밭을 굽어보며, 북쪽에는 연못을 파서 연꽃을 심고 동쪽에는 사장(射場)을 만들어 덕을 보는(觀德) 장소로 삼으니, 손님과 주인이 이제야 비로소 올라 쉬는 즐거움을 누리게 되었다. 이는 태수의 뜻을 고을의 백성들이 이루어 놓은 것이다. 그러나 경술년(1430년, 세종12년)에 이 고을 사람 중에 지혜롭지 못한 자가 있어 강등되어 무진군이 되었다. 사건은 애매한 데서 생겨서 위로는 산천 귀신으로부터 아래로는 향곡(鄕曲)의 노소에 이르기까지 모두 억울함을 참고 말하지 못한 지가 수 년(有年)이 넘었는데, 지금 임금 원년 신미년(1415년, 문종 1) 여름에 비로소 고을 사람 순성군개(順城君誡), 전 중추 이맹진(李公孟畛), 전흥(田公興), 우참찬 안숭선(安公崇善), 이조판서 권맹손(權公孟孫), 인순부윤 김청(金公聽), 전 동지춘추원사 유맹문(柳公孟聞), 예문제학 이선제 등이 꾀하여 말하기를, '상감께서 대통을 이어 등극하시어 유신의 은택을 베푸시는데, 하나라도 알맞은 자리를 얻지 못할까 염려하시거든, 하물며 우리 광주의 오래도록 억울한 것이 있는가' 하고, 드디어 이 고을의 부노와 관리들을 이끌고 함께 상소를 올려 간청했다. 그리하여 상감께서 특별히 옛 칭호로 회복하도록 명하시어 광주목이 되었다. 이러한 소식이 전해지고 마침 이 누각마저 낙성되자, 부노들은 모두 모여 태수에게 치하를 드리고 '희경루'라 이름을 짓자고 요청하니, 이는 고을 모든 사람의 기쁜 경사를 뜻하는 것이다. 태수가 좋다고 하고 또한 신숙주가 향적 말미에 있으므로 기문을 지을 것을 청했다.

대저 물건이 성취되고 허물어짐에는 운수가 있고 일이 흥하고 폐함에도 때가 있으나, 그 물건과 일에 있어서 물건에 합치되는 것에 이르러서는 사람의 힘으로 할 수 있는 일이 아니다. 광주는 백제 때는 무진주 도독부(武珍州都督府)가 되었고, 신라에 들어와서는 무주가 되었으며, 고려 태조 때는 광주로 고쳐졌고, 성종 때에는 해양현(海陽縣)이 되었다가 고종 때 다시 광주로 승격되었고, 충선왕 때에는 화평부(化平府)가 되었으며 공민왕 때 다시 광주목이 되었다. 이조 때 와서는 강등되었다가 또 승격되었다. 한번 승격되고 한번 강등되어 흥하고 폐하는 것이 잇달았는데, 역시 각기 그 때가 있었다. 하물며 이 누각을 지음에 있어서도 오랫동안 허물어져 있다가 기공하여 낙성하였으니, 그 시기와 만남이 반드시 운수가 있었던 것이다.

광주는 무등산으로 진산을 삼았으니, 이 산은 남방의 거악(巨嶽)으로 정기를 모으고 길상(吉祥)을 내려 우리의 모든 위인을 낳았고 또 우리의 어진 태수를 얻었으니, 오늘에 이르러 폐했던 것이 흥하고 허물어졌던 것이 이루어진 것이 어찌 이 누각뿐이며, 어찌 한 고을뿐이겠는가." 하였다.

경태(景泰) 2년 신미(1451년) 겨울 12월에 중직대부, 집현전 직제학, 지제교, 세자우보덕 겸 춘추관기주관, 지승문원사를 역임한 고양 신숙주 범옹이 기록하였다.

② 《신증동국여지승람》35권. 전라도 광산현 누정조〈희경루기〉 신숙주 찬.
《광주 관련 국역 고서 제1집 광주읍지》2003년, 광주민속박물관. 66-67면.

"광주는 전라도의 큰 고을이다. 전에 공북루라는 누가 주의 북쪽에 있었는데 허물어진 지가 오래되었다. 이번에 태수 죽산 안공 철석이 부임한지 1년이 채 못 되어 고을의 정사가 잘 이루어짐으로써 일이 한가하매 고을의 부노들을 모아놓고 묻기를 고을에는 진실로 관유의 장소가 없을 수 없소. 본주가 일도의 요충이 되어 사객이 빈번히 왕래하는데 막히고 담담하고 깊고 가리어 시원하게 해줄 길이 없으니 장차 어떻게 도모했으면 좋겠소 하였다. 많은 분들이 모두 이르기를 높고 밝으며 상쾌한 곳으로는 공북의 옛터만한 것이 없소, 하매 이에 재목을 모아 집을 짓되 옛 건물보다 더 크게 하여 몇 달이 채 안되어 준공을 하였다. 건물의 칸수는 남북이 5칸 동서가 4칸인데 넓고 밝으며 장엄하여 동방에서 으뜸가는 누가 되었다. 동쪽으로는 큰 길에 임하고 서쪽으로는 대숲이 내려다보이는데 누의 북쪽에 못을 파 연꽃을 심고 따로 동쪽에 사장(射場)을 만들어 관덕(觀德)의 장소를 만들었다. 이에 비로소 손님과 주인이 누에 올라 휴식하는 즐거움을 갖게 되있는데 이는 태수의 뜻을 고을 사람들이 이룬 것이다.

그런데 경술(1430)년에 읍인 가운데 어질지 못한 사람이 있어 무진군으로 강등되는 불행한 일이 있었다. 그러나 사건의 발단이 애매하여 위로는 산천의 귀신과 아래로 향촌의 노유가 모두 억울함을 품고 있었으면서도 이를 호소하지 못한 지가 여러 해가 되었다.

그러던 중 상(文宗)의 원년 신미(1451) 여름에 고을 사람 이선제 등이 논의하여 이르기를 상이 왕위를 이어 유신의 은택을 크게 폄에 있어 한 사람이라도 소원을 이루지 못한 사람이 있을까 두려워하는 터에 하물며 우리 고을의 오랜 억울함을 어찌 이대로 안고 있을 수 있겠소 하고 드디어 고을의 부로와 아전을 거느림으로써 사실을 갖추어 적어 상소하니 상의 특명으로 옛 이름을 회복하여 광주목으로 하였다. 이와 같은 소식이 전해지고 누가 마침 낙성되니 부로들이 모여 태수에게 경축하고 희경으로써 누의 이름을 지어 온 고을 사람들의 기쁨을 새겨주도록 청하니 태수가 승낙하고 또한 숙주가 향적의 끝에 있으므로 하여 기를 짓도록 명하였다.

무릇 물(物)이 이루어지고 헐어짐에는 수(數)가 있고 일이 일어나고 폐함에는 때가 있는 것이니 일과 물이 부합하고 수와 물이 일치하는 것은 사람의 힘으로 미칠 수 없는 바가 있는 것이다. 본 고을이 백제 때에는 무진주도독부(武珍州都督府)가 되었고 신라에 들어 와서는 무주가 되었다. 고려 태조가 광주로 고쳤고 성종 때 해양현(海陽縣)이 되었다가 고종 때 다시 주로 승격하였다. 충선왕 때 화평부(化平府)가 되었다가 공민왕 때 다시 광주목으로 승격하였고 우리 조선조에 이르러서는 강등되었다가 다시 승격하였다. 한번 승격하고 한번 강등하매 흥하고 폐함이 서로 따르는데 이 모두가 각각 그 시기가 있는 것이다.

하물며 이 누의 건립이 헐어진 지 오랜만에 기공하여 이루어졌으니 그 시기와 만남이 그간에 반드시 운수가 있었던 것이다. 본주가 무등(無等)으로 진산(鎭山)을 삼은 남주(南州)의 큰 고을로서 쌓인 정기가 상서로움을 내려 우리 어진 태수를 탄생시킴으로써 오늘이 있게 되었으니 그 폐(廢)를 인하여 일어나고 헐어짐을 인하여 이루어짐이 어찌 특별히 이 한 채의 희경루 뿐이랴.

③ 희경루기- 심언광. 어촌집.
《광주읍성》(재) 지역문화교류호남재단. 2013. 81-83면.

남쪽의 산들 중에서 무등산이 가장 높다. 산 아래 있는 읍이 수십이 되는데, 그 중 가장 큰 것이 광주이다. 광주가 주(州)로 된 것은 아주 옛적부터인데, 고려사에서 '전라도의 거읍' 이라 하였다. 이집

(李集)의 시에는 '남쪽의 웅번(雄藩)'이라 말하였다. 토지가 넓고 사람과 물산이 성대하여 나주, 전주 두 주와 더불어 서로 첫째 둘째를 다투었다. 사객들이 빈번히 왕래하는데 실로 한 도의 요충이라 하겠다. 주치(州治)의 북쪽에 예전에 공북루가 있었는데 세월이 오래되니 무너져버려 둘러보고 노닐 장소가 없어져 버렸다. 우리 문종 임금 원년 신미에 태수 안철석 공이 옛 터에 새로이 고쳐 세우고 이름을 희경이라 하였다. 이에 앞서 세종 12년(1430)에 고을의 거칠고 사나운 한 백성이 목사를 때린 일이 있어 무진군으로 강등되었다. 20여 년이 지나 지금에 이르러서 옛 이름을 회복하여 다시 광주목이 되었다. 누가 완성될 때 조정으로부터 이와 같은 소식이 전해지자 읍인들이 함께 기뻐하고 서로 축하하여 누가 이것으로 새롭게 이름을 고쳐 달았다.

가정(嘉靖) 신묘년(중종 26, 1531) 가을, 신한이 이곳의 목사가 되어 오니 정사가 더욱 엄명하게 되었다. 2년이 지나 계사년(중종 28, 1533)에 루에 불이 나 타버렸다. 모사와 향대부가 새로 짓기 위해 계획하였고 이에 강진현의 완도에서 목재를 구하고자 여분의 곡식과 베를 내어 이를 사서 모아 왔다. 갑오년(주종 29, 1534) 봄에 이르러 힘을 헤아려 공사를 제도하니 구획함이 매우 상세하였다. 독촉하지 않고 다그치지 않아 백성으로 하여금 수고로움을 잊게 하였으니 수개월이 지나지 않아 일이 이루어졌다. 높이는 수장으로 뛰어남이 있으며 모양새와 방위는 옛 제도를 따르되 덜고 보태었다. 낮은 것은 높게 하고 좁은 것은 넓게 하고, 마당은 평평하게 하고, 담장을 두르고 계단은 잘 가다듬었다. 우뚝하게 누각을 쌓으니 예전보다 더욱 장엄하게 보였다. 시원스럽게 툭 터져 티 없이 맑게 허공에 의지하는 것 같다. 누각에 올라서 바라보면 향하는 곳에 엎드려 있던 것이 일어나고 감추어진 것은 나타나고 먼 곳은 가까워지며, 산의 자태와 물빛, 아침의 반짝임과 저녁 그림자, 사시의 변천과 만상의 아름다움 등 무릇 한 고을의 뛰어난 경치를 앉아서 볼 수 있다. 누각이 일신되고 단청이 또 칠해지니 수많은 사람들이 다시 보고 놀라워한다. 아전들이 관아에서 경하드리고 선비들은 향교에서 칭송하며 백성들은 들에서 노래한다. 모두가 그 공이 이루어졌음을 다행으로 여기고 목사의 어진 것을 칭송하며 입을 가만두지 않으니 어찌 이 고을의 옛 이름을 회복하여서만 그랬겠는가? 읍의 백성들이 어진 수령을 만났음을 기뻐하며 서로 경하하여서이다.

　고을은 고려 태조 때부터 광주라 칭하였는데, 그 후에 승격하여 익주, 무진주가 되었다가 또 강등되어 해양현, 화평부가 되었고 고려 말에 다시 광주에 승격되었다. 우리 세종 12년(1430)에는 무진군으로 강등되었다가 문종 원년(1451)에 옛 이름이 회복하였다. 성종 20년(1489)에는 목사가 화살에 맞아 또 광산현으로 강등되었다가, 연산군 7년(1501)에 다시 주가 되었다. 위 아래로 수백 년간에 한 번 승격하고 한번 강등할 때마다 백성들의 편안과 힘듦, 풍송 타락과 융성을 가히 상상할 수 있을 것이다. 승격하면 읍이 펴게 되고, 강등하면 읍이 구부러진다. 구부리면 백성이 부끄럽게 되고, 펴면 백성이 기쁘게 된다. 기쁨이 오래지 않아 부끄러움이 돌아오고 부끄러움이 이미 오래되면 기쁨이 다시 는다. 이 때는 바야흐로 기쁨이 올 때이다. 누가 지어지는 것이 바로 때를 잘 만났으니, 참으로 일읍의 기쁨과 경사라 하겠다. 기쁘고 기쁜 것으로도 부족해 또 누의 이름으로 하여 후세에 보이고자 하겠다. 그러나 누가 불에 탄 즉 반드시 옛 것을 고쳐지어 그 희경이라는 이름을 오래 남기고자 하였다.

대개 선을 좋아하고 악을 싫어하는 마음이나 풍속을 좋은 방향으로 바꾸고자하는 것은 예로부터 지금까지 선후가 한가지인데, 신후(申候, 申瀚)에 이르러 더욱 길을 밝혔다. 옛날에 소매에 벽돌을 품어 가는 풍속이 있었는데 먼저 그 읍의 수령에게 당부하는 것은 관이 백성을 어루만지는 것에 힘쓰게 하고 세금 거두는 것을 졸렬하게 하여 황금이 좁쌀만큼 많고 말이 양떼처럼 많아도 개가 짖지 않고, 양이 새벽에 먹지 않게 하라는 것이다. 그런 뒤에 누각을 지은 뜻에 부합되어 능히 백성들에게 기쁘고 경사스럽게 할 수 있다. 나는 신후의 이름이 장차 희경이라는 이름과 함께 나란히 전해지는데 덕이 사람에게 남아 있어서 이 누각과 더불어 모두 새로울 것을 안다.

신한은 나와 사마시에 함께 합격하였는데, 고령 문충공 신숙주의 후손이다. 일찍이 고을 사람인 집의 정만종을 통해 나에게 기(記)를 청하였다. 나는 관동 사람으로 평생에 발자취가 한 번도 호남에 온 적이 없었다. 강상과 누정의 승경을 일찍이 올라가서 그 빼어남을 본 바가 없으니 참으로 감히 그 일을 서술할 수가 없다. 다만 비유컨대 한창려(韓昌黎, 호는 한유[韓愈])가 등왕각을 기한 것처럼 내 이름을 그곳에 올리니 영화로울 따름이다. 이에 기록하여 둔다.

가정 병신(1536) 중추(仲秋) 상순에 자헌대부 이조판서 겸 예문관 제학 오위도총부 도총관 심언광(沈彦光)이 기록하다.

④ 희경루 복원도

1.
광주향약의 동기

"세종은 즉위 초부터 부왕(태종)이 이룩해 놓은 지방통치의 궤도를 지키면서 태종이 미처 실행하지 못한 부민고소금지법(部民告訴禁止法)과 수령육기법(守令六期法)을 실시하였다. 왕권의 대행자인 수령으로 하여금 권위를 세워주고 상관의 부당한 간섭을 배세하며, 새 지세력(在地勢力)의 고자질로부터 보호를 해주며 안심하고 소신껏 치민에 전념하게끔 보장해 주는 동시에 감사와 사헌부로 하여금 수령의 비행을 감찰·규핵케 하는 한편, 수시로 행대·경차관 등을 특파하여 수령의 탐오(貪污)·침학(侵虐)에서 주민의 원억(冤抑)이 해소되게끔 외관(外官)의 감독체제를 강화하였다."[85]

세종 12년(1430) 고을 사족의 잘못으로 읍호가 강등되었다. 목사는 임금님을 대리하여 내려오신 외관인데, 읍인에게 구타당해 오래지 않아 사망했기 때문이다. 이는 강상죄(綱常罪)에 해당하는 중죄인데다가, 마침 수령고소금지법이 반포된 상태였다. 무릇 교화는 위에서 아래로 내려가야 하는 법인데, 사족이 모범을 보이기는커녕 잘못한 것이다. 이에 읍호가 광주목에서 무진군으로 강등되었다.

"고소를 당한 수령은 물론하고, 몰래 사주한 품관과 이민(吏民)은 모두 장 1백 대에, 도(徒) 3년에 처하게 할 것이며, 만약 고소하기를 몰래 사주하거나 자신이 스스로 고소하는 사람이 연속부절(連

---
85 이수건, 〈세종조의 지방통치체제〉, 《세종조문화연구(1)》(한국정신문화연구원, 1982), 191면.

續不絶)하면, 지관 이상은 현관(縣官)으로 칭호를 낮추어 강등하여 속현(屬縣)으로 삼을 것이며,"[86] 수령고소금지법은 점차 강화되어가고, "의정부에서 아뢰기를 '근년에도 전라도 무진 사람 노흥준과 평안도 강동 사람 곽만흥(郭萬興)이 모두 고을 백성으로 수령을 업신여기고 범하였다하여 집을 부수고 동네에서 내친 일이 있고, 이것은 성문된 법규이오니, 청하건데, 이제부터는 감사나 수령을 능욕하여 강상을 무너뜨린 자는 일체 고려의 고사에 의하여 밝게 일러서 거행하게 하소서' 하니, 그대로 따랐다."[87] "중앙정부에서 파견하는 지방관에 대한 상해사건을 지방민의 조정에 대한 반역 행위와 동일하게 취급함으로써, 동왕[세종] 11년(1429)에 지방 군현민에 대한 통치정책으로 제정된 '부민고소금지법'과 함께 강읍호제(降邑號制)를 재지세력에 대한 저항과 반기를 사전에 철저히 봉쇄하는 장치로 활용하려는 의도가 있음을 짐작케 한다."[88] 이를 보면, 중앙 정부에서 무진군을 본보기로 삼았기에 쉽게 용서하지 않았던 것 같다.

"대부분의 읍호 승강제는 지역민에게 사회적 통념상의 손익과 함께 과거응시 대상자의 증감 및 정거조치(停擧措置)에 따른 정치적 손익과 특히 서민층에게 영향을 미치는 호구(戶口)·토지·조세·부역의 증감 등의 경제적 손익 및 관노비나 아전의 증감, 행정처리의 이해(利害), 군역 번상의 이해 등 행정적 손익이 전제된다."[89]

---

86 《세종실록》 44권, 세종 11년 5월 11일 병진.
87 《세종실록》 84권, 세종 21년(1439) 2월 21일 庚午.
88 임승표, 〈조선시대 읍호승강에 관한 연구 (하)〉, 《민족문화》 15집(1992), 221면.
89 임승표, 〈조선시대 상벌적 읍호승강제 연구〉 박사학위 청구논문(2001), 131면.

고려시대 이래 본관을 둘러싼 읍격(邑格)·읍호 문제가 그 성관(性貫)의 출신성분과 밀접한 관련이 있었던 과거의 유제(遺制) 내지는 관념이 존속하고 있던 당시로는, '난신지향(亂臣之鄕)'·'적자지향(賊子之鄕)'으로 불리는 집단적 불명예와 함께 사회적으로 상당한 불이익이 된다. 읍호가 승강된다는 사실은 해당 지역 구성민 가운데서도 특히 본관에 대한 관심과 인식이 강하였던 유향 품관 사족층이 승강에 밀접한 관련이 있었다. 승강되는 읍호란 본관을 의미하는데 본관이란 성의 출사처(出自處)로서 성과 밀접한 관련을 갖는 것이다. 이렇게 볼 때 읍호승강이란 바로 본관의 격을 올리고 내리는 조치이다. 이를 통하여 볼 때 읍호승강의 의미는 개인의 공과를 그 지역 출신 인물의 공과로 보는 것이고, 이에 따라 이에 대한 상벌 조치도 그 지역을 대상으로 내려졌던 것이다.

"본관과 신분의 문제에 대한 견해를 살펴보자. 기전외(旗田巍) 씨는 앞의 논문[〈고려왕조성립기의 부(府)와 호족(豪族)〉] 32-33면에서 본관은 주민의 신분을 나타내는 것으로 본관의 고하에 따라 신분이 결정된다고 하며, 부곡(部曲)이나 역(驛)을 본관으로 하는 사람은 천민 신분임을 나타내는 것이며, 현(縣)보다 군(郡), 군보다 부(府), 주(州)가 높은 지위를 나타낸다고 하고 있다."[90]

"군현부곡의 구별은 호구의 대소를 기준한 것이 아니고 신분에 의

---

90 김수태 〈고려 본관제도의 성립〉, 《진단학보》 52호, 51면.

한 구별, 군현이 양민이 사는 구역이라면 부곡은 천민들이 사는 지역이었을 것이라는 것이다."[91]

특히 주목되는 것은 조선 초기 읍호승강 과정에 경재소가 상당한 영향력을 행사하고 있었으며, 읍호 강등 조치에 민감한 사족층은 읍호 승격의 원인만 제공되면 읍호를 승격시키기 위해 집단적인 상소나 뇌물도 서슴지 않았다.[92]

그 당시 무진군 출신으로 중앙 관료로 근무하던 이선제(李先齊) 선생이 경재소에 관여하였다. 최종택 교수(《여말 년 초의 지방 품관의 성장 과정》)와 이종범 조선대 명예교수(《호남사림 열전》)도 밝혔다.[93]

이에 필문(蓽門) 이선제 선생은 어리석은 지방 사족 하나의 잘못으로 온 고을 사람들이 고통을 겪게 한 것에 대한 최선의 해법으로 사족들이 스스로 수신하여 올바른 표양(表樣)을 보이는 향약을 선택하고, 반성의 의지를 보이고자 하는 마음으로 규약을 세우고, 이에 찬동하는 고을 사족 90분과 함께 한 마음으로 솔선수범하여 향풍이 바로 서고, 읍호가 복귀되기를 기약하면서 약조를 지켜 고을 풍속을 선양하였다.

오늘날에도 광주시민들 가슴에 맺힌 심정을 헤아리게 하는 단면을 "광주시민들의 정신적 고통이 1980년 5월 항쟁이라면, 수백 년 전 광주 읍민들의 가장 큰 아픔은 세종대에 일어난 읍호 강등이었다."[94]를 통해

91　김용덕 〈'향약'의 주체적 재검토〉, 《자유》 101호. (1989), 101면.
92　임승표 〈조선시대 읍호 승강제 운영의 제 영향〉, 《실학사상연구》 17·18 합본(2000), 230-251면.
93　부록 3) ⑤를 참조하라.
94　노성태, 《광주의 기억을 걷다》(2016), 100면.

엿볼 수 있다. 금년 착공한 '희경루 복원' 공사를 환호하는 모습을 이해하게 된다.

2.
수암서원지(秀巖書院誌, 秀巖誌)

고경명 선생은 필문공 서원 실지를 호소[95]하였으나 전란 등으로 이루어지지 못했다. 그러나 1790년 광주 유생 77인 청원서로 성균관에 호소하였고, 1819년 도산서원 원장 이재복(李載福), 이시백(李時白), 권상하(權尙夏) 등 30인의 통(通) 각도 열읍문(各道列邑文)을 비롯하여 도내 유림들의 발의로 태학(太學)의 인준을 받아 1820년(순조 20) 필문 이선제, 청심당 이조원(李調元), 이소재 이중호(李仲虎), 동암 이발(李潑), 남계 이길(李洁)을 제향하는 수암서원[96]을 건립했다. 《수암지》(규 15735호)는 건립 당시 간행되었다.

〈광주향약조목〉이 기축옥사 이후 혼란 속에서도 후손 중에 목숨을 걸고 소장하여, 다행스럽게도 《수암지》에 처음으로 수록되었다. 《두산백과》의 이선제 항에 보면, "1589년(선조 22년) 기축옥사가 일어나자 정철에 의해 관직을 삭탈 당하였다."라고 나온다. 또한 "단종 즉위년(1452)에 올린 상소에 '천식으로 고생하고 있다.'"는 내용이 실려 있어, 지병이 있음을 알게 해 준다. 그러나 그보다는 집현전 학

---

95 〈李先齊 遺事(이선제 유사)〉, 《儒林考(유림고)》 규 1360호, 권 1.
96 전라남도 강진군 성전면 수양리. 전라남도 지방문화재 제39호.

자들의 정치 세력화로 인한 수양대군 측의 정치적 박해가 그의 죽음을 앞당긴 한 요인일 가능성이 높다. 그가 박해받았을 가능성은 30년 넘게 주요 관직에 종사했음에도 《왕조실록》에 '졸기'가 남아 있지 못함을 통해서도 확인된다."[97]는 부분을 보면 만감이 교차하게 된다.

3. 광주향약의 시작

박익환 선생(국사편찬위원회 교육연구사)은 1989년 〈15세기 광주향약의 향규약적 성격〉 논문을 《용암 차문섭 교수 화갑 기념 논총 조선 시대사 연구》에 게재했다. 기존 자료라고는 《수암지》 하나뿐인 상황에서 처음으로 연구 논문을 학계에 제출한 것이다. 개인적 바람은 '광주향약'이 학계에서 더 주목을 받아 연구가 활성화되는 것이다.

《수암지》에 〈광주향약조목〉만 있고, 서문이 유실되어 후손들이 주석을 덧붙여 수록하였다. "경태 2년 신미년은 곧 우리 문종대왕 1년(서기 1451년)이니, 필문 이선제 선생과 본읍 안철석이 임금님께 상소문을 올려, 현을 승격시켜 주목으로 하였으니, 인하여 희경당을 창립하고, 경내 선비의 자제로서, 문장·덕행·문벌이 현저한 자 90명을 가려 뽑아서 따로 문적에 써 두고, 향리의 기강을 바르도록 하였고 또 향약을 시행하였다."[98]

---

97 노성태, 《광주의 기억을 걷다》(2016), 160면.
98 〈광주향약조목〉, 《광주향교문헌지》(광주향교재단, 2012), 231면.

주석(註釋)은 후손들이 잘못 알고 있던 어설픈 기록이다. 기축옥사로 인하여, 문적(文籍)이 대부분 사라져 버렸기 때문이다. 후손들의 주석 중 잘못된 것을 바로잡고자 한다.

① 현감(縣監)→지군사(知郡事), 태수(太守), 수령: "문관 외관직 통계표. '부윤(府尹)·목사·도호부사(都護府使)·지군사(知郡事)·현령(縣令)·현감'"[99]. "(1430년) 광주는 고을 이름을 바꾸어 무진(茂珍)으로 내리고 지군사로 하였다."[100] "[매헌(梅軒) 권우(權遇)]셋째 아들 권기(權奇)가 유고를 몇 권으로 편차(編次)하고 문인 이선세의 교정을 받아두었다. 1452년에 권기가 지금산군사(知錦山郡事)가 되어 비로소 문집 간행이 착수되었다."[101]

② 升縣爲州牧(승현위주목)→陞郡爲州牧(승군위주목): 무진군에서 광주목으로 복호되었다. "광주목을 강등하여 무진군으로 고치고, 계수관(界首官)을 장흥부(長興府)로 옮기라고 하니, 이후로는 품과 관이 같이 되었다."[102] "《세종실록》 오례에는 '升(승)'자로 되어있는 것이 《국조오례의(國朝五禮儀)》에는 '陞(승)'자"[103]로 기록되었다. 신숙주 〈희경루기〉와 같이 '陞'을 추천한다.

③ 因剏立喜慶堂(인창립희경당)→剏立喜慶樓(창립희경루): 복호(復號)를 기원하면서 건립했다. 복호 결정 소식이 루(樓) 낙성식과 겹쳤다. "상(上, 왕)의 특명으로 옛 이름을 회복하여 광주목으로 하였다.

---

99 《한국고전용어사전》(세종대왕기념사업회, 1991), 1019면.
100 세종 12년(1451년) 4월 20일의 기록. 《국역 금성일기》(나주시 문화원, 1989), 80면.
101 《梅軒集(매헌집)》 서(序).
102 세종실록 47권, 세종 12년(1430) 3월 26일 병인.
103 《조선향촌자치사회사》(박익환 저, 삼영사, 1995), 62면.

이와 같은 소식이 전해지고 누가 낙성되니"[104] 〈희경루 원운〉에도 '규약(광주향약)'은 희경루 낙성식 이전부터 있었다고 합니다. (規約契情旣在前) '당'과 '루'는 건립목적이 전혀 다르다. 구 공북루 터에 연회(宴會)할 목적으로 건립하였으나, 낙성날 복호 소식을 접하여 주민들이 기쁨을 표현하기 위하여 누의 명칭을 '희경(喜慶)'으로 정하기를 청원하니 태수가 이를 흔쾌히 받아준 사실이 《희경루기》에 전한다. 광주향약의 목적 중 하나인 복호가 되었으므로, 광주향약의 향원(鄕員, 구성원)인 신숙주 선생에게 태수가 기(記)를 찬(撰)하기를 청하는 구절이 〈희경루기〉에 나온다. "太守曰諾于以叔舟在鄕籍之末命又記(태수왈락우이숙주재향적지말명우기)"[105]

"임금께 상소를 올려 현(縣)을 주목으로 승격시켰다. 인하여[복호가 되었기 때문에] 희경당[희경루]을 세우고, 지역 내 선비들 중(中)에서 문장과 덕행과 문벌이 뛰어난 90명을 선발하고, 별적[향적]를 두어서 고을의 기강을 바로잡고 또 향약을 시행하였다"는 표현은 후손들이 역사적 사실을 전혀 몰랐다는 증거이다. 또한 '희경루기' 자체도 몰랐다는 뜻이다.

당과 루는 건물 규모와 목적이 다르다. 그 당시에 희경루에 대하여 모르기 때문에 발생한 일이라고 생각한다. 희경루가 기록도, 흔적도 없이 사라졌기 때문에 오늘날까지도 언제, 왜 사라졌는지 뿐만 아니라, 장소도 확실히 모르고 있는 실정이다. "정호(亭號)에 당(堂)이나 각(閣), 태(台) 등의 문자가 따른 건물이라고 해도 마루가 주로 되어

---

104 〈희경루 제영〉, 《광주읍지》(광주민속박물관, 2003), 67면.
105 향적편을 참조하라.

사방으로 트인 건물은 누정이라고 보아야 할 것이며"[106]

④ 초선(抄選)→강호후초선(降號後抄選): 신숙주 선생은 희경루 낙성식 전 이미 향적에 등록되어 있었다. '희경루기'에 '太守曰諾于以叔舟在鄕籍之末命又記(태수왈락우이숙주재향적지말명우기)'라 했다. 신숙주 선생은 '희경루' 낙성식 이전부터 광주향약에 동참하여 활동하셨다.

⑤ 별적→향적: '신숙주 희경루기'와 동일하게 '향적'이라고 하는 것이 바람직하다. 같은 책에 수록된 '필문선생사실'에는 '유안(儒案)'으로 기록되어있다. '희경루기' 자체도 몰랐다는 것이 거의 확실해 보인다.

박익환 교수는 선구적 연구에 따르게 마련인 난관, 즉 자료 미비와 《수암지》 편집자들에 대한 신뢰로 인하여 주석을 서문으로 이해하여 '광주향약'이 1451년 '광주목'으로 복호 후 시행된 것으로 발표했다.[107] 아마 당시에는 누구라도 같은 결론에 도달하였을 것으로 보인다.

'광주향약 주석'을 새롭게 만들어 보면, 1429년(세종 11) 봄(4월)에 읍인 노흥준이 광주 목사를 구타하여 사망한 사건(7월)이 일어나, 1430년(세종 12)에 무진군으로 강등되었다. 이에 필문 공 이선제 선생은 반성의 의지를 보이고자하는 마음으로 규약을 세우고, 이에 찬동하는 고을 사족 90분과 함께 한 마음으로 솔선수범하여 향풍이 바로 서고, 읍호가 복귀되기를 기약하면서 약조를 지켜나갔다. 1451년

---

106 최재율, 〈전남지방 누정의 성격과 기능〉, 《호남문화연구》 24집(1996), 74면.
107 박익환, 〈15세기 '광주향약'의 향규약적 성격〉, 《용암차문섭교수화갑기념논총조선시대사연구》(1989), 461면, 주 25.

(문종 원년) 이선제 선생은 고을 분들과 함께 '읍호 복귀'를 상소하니, 임금님께서 허락 하시고, 때마침 새 누각도 완성되자 온 고을 분들이 기쁨을 감추지 못하고, 고을 분들이 새로운 누각의 명칭을 '희경루'라 하자고 건의하여 작명되었다.

"광주지방에 이렇게 빨리 향약이 실시된 원인이 여러 가지 있겠지만 하나의 계기가 될 만한 사건이 있었으니 《읍지》의 기록에 의하면 광주는 조선왕조로 넘어오면서 본래 목으로서 목사가 다스렸으나, 세종 22년(1440)[세종 12년(1430)의 오기]에 읍인 노흥준이 목사 신보안을 구타한 사건이 있어 흥준을 장형으로 다스리고 변경으로 도민(徒民)시킨 뒤 읍호를 광주목으로부터 무진군(武珍郡, 武는 茂의 오기)으로 하였다는 기록을 보아 이 사건에 자극을 받아 이 지방 유력인사들이 서둘러 향약을 입조(立條)하여 실시했을 가능성을 미루어 살필 수 있겠다.《호남읍지》'광주건치연혁조' 참조)"[108]

"이선제가 향약을 입안한 계기는 1429년(세종 11)에 광주 사람인 노흥준이 광주 목사인 신보안을 구타한 사건이 일어나 광주목이 광산군[무진군의 오기]으로 강등된 사건에서 비롯되는 것 같다."[109]라고 하여 1430년 읍호강등 후 머지않은 시점에 '광주향약'은 시작되었다고 보고 있는 것 같다.

신숙주 선생의 '희경루기'에 "太守曰諾于以叔舟在鄉籍之末命又記

---

108 박익환, 〈15세기 광주향약의 향규약적 성격〉, 《조선시대사연구》(신서원, 1989), 461면, 주 24.
109 《광주역사》(광주광역시사편찬위원회, 1998), 143면.

(태수가 이르되, 숙주가 향적 말미에 등재되어 있으므로 기를 찬하기를 허락[청]하노라 하였다.)"라 했다. 향적이란 향약에 자유의사로 찬동하여 가입자들의 명단이다. 따라서 1451년 이전에 향약이 시행되었음을 뜻한다.

다각도로 살펴볼 때, '광주향약'은 세종 12년(1430) 읍호강등 후 세종 24년(1442) 집현전직제학첨사원동첨사(集賢殿直提學詹事院同詹事)로 세자를 보필할 때부터 시작된 것으로 보인다.

"아들 형제[시원(始元)·조원(調元)]가 삼년 시묘를 지낼 때 정국은 덧없는 격랑에 휩쓸렸다. 이선제가 타계하기 한 달 전, 황보인과 김종서 등을 제거하고 정권을 장악하였던 수양대군은 머지않아 왕위에 올라 상왕의 복귀를 꾀하던 사육신 등에 철퇴를 내렸다. 그리고 급기야는 '노산군'으로 강등한 상왕을 죽음으로 몰아넣고 그의 생모 현덕왕후의 신주를 종묘에서 철거하고 문종의 능침 현능에 합장한 관곽까지 파헤쳐버린 것이다. 이런 중에 사간원 우헌납으로 복귀하였던 장남 이시원(1410-1471)은 고향에 내려와 광주향약을 운영하였는데, 성종 즉위(1470년) 직후 보성군수로 있다가 곧바로 세상을 떠났다."[110] 광주향약은 1430-1470년까지 약 40년 동안 시행되었을 것으로 추정된다.

---

110 《이선제 묘지 귀향 이야기》, 135면. 이종범, 앞의 책, 22면.

4.
광주향약의 내용

호남고문헌연구원이 제시하는 역주(譯註) 〈광주향약 원문〉을 소개한다.

"'광주향약'은 인륜 향풍에 저촉되는 21[19의 오기로 등외 5개를 포함하면 총 24개]개 벌칙을 적시하였다. 벌칙은 상, 중, 하 3등으로 나누었는데, 상등벌은 집강(執綱)이 관아에 품의하여 단죄하고, 중등벌은 집강이 통문을 돌리어 향사당(鄕社堂)에서 조치하며, 하등벌은 좌중에서 즉각 질책 시정하도록 하였다. 구체적 내용은 다음과 같다.

상등벌 (6 항목): 부모에게 불순하고, 형제가 서로 싸우며, 집안의 법도를 어지럽히고, 향풍과 관련하여 관부의 일에 간섭하고, 위세를 부리며 관청에서 소란을 피우고 사욕을 채우고, 향정을 능멸하는 자.

중등벌(11 항목): 친척 간에 불목하고, 정처를 소박하고, 친구끼리 싸우고 욕하며, 염치없이 사풍(士風)을 허물고 더럽히며, 강함을 믿고 약자를 업신여기며 행실이 도리에 어긋나거나, 공사가 모인 자리에서 정법을 시비하고, 환란을 당하여 힘이 미침에도 좌시하며 구원하지 않고, 관에서 임무를 받고 공을 빙자하여 사리를 취하거나, 집강이 없을 때 향령을 따르지 않고, 인호를 숨기며 관을 내지 않으며, 부세(賦稅)를 힘쓰지 않고 요역(徭役)을 면제받으려고 하는 자.

하등벌(2 항목): 정기 향회에 불참하고, 자리를 어지럽히고 예의를 갖추지 않으며, 좌중에서 큰 소리로 소란을 피우는 자.

이로써 보면 광주향약은 사족부터 솔선수범하여 인륜 도덕을 지키자는 측면에서 기득권 지키기와는 거리가 멀었다. 오히려 약자에 관대하고 환란을 구제하여 세금 납부와 같은 공적 의무를 충실히 이행하겠다는 다짐을 하였다는 점에서 공동체적 상부상조와 도덕사회를 유지하기 위한 사회책임 운동이었다.

또한 수령, 관청과 백성 사이의 중간적 지위를 이용하여 민생을 침학(侵虐)하기 일쑤이던 간악 향리와 토호 품관에게는 더 엄격하였으니, '수령에 아첨하여 백성을 해롭게 하고, 괸령을 받들고 마을에 가서 민폐를 끼치며, 공물을 사들여 납부하며 물가보다 많이 함부로 징수하며, 공채를 많이 받고서 갚지 않거나, 수령의 신임을 믿고 사족을 능멸하는' 5개 항에 저촉되는 향리와 토호는 집강이 수령에게 품의하여 법에 따라 가차 없이 단죄하도록 하였다. 이처럼 광주향약은 백성을 보호하기 위한 억강부약의 민생 보호 장치의 역할을 자임 하였던 것이다. 광주향약은 우리나라 최초의 가사 작품인 〈상춘곡(賞春曲)〉으로 유명한 정극인(丁克仁, 1401-1481)의 《태인고현동향약(泰仁古縣洞鄉約)》[보물 제1181호]과 더불어 민풍 개선과 민생 안정을 통한 공동체 도덕 사회 운동의 선구로서 여러 고을의 모범이 되었다.

1988년 광주광역시 북구와 남구를 잇고 동구를 가로지르는 제1순환도로 중에서 전남대학교 의대와 조선대학교로부터 광주교육대학교가 있는 구간을 이선제의 호를 따서 필문대로(篳門大路)라 이름을 지은 연유도 그의 경륜과 학덕을 기림과 동시에 고을의 안정과 성숙한 사회윤리의 확립에 대한 그의 발의를 높이 평가했기 때문이다."[111]

---

111 이종범, 〈필문 이선제의 생애와 경륜〉, 《이선제 묘지 귀향 이야기》(국외소재문화재재단, 2018), 130-132면.

"필문 이선제의 유고로 전해오다가 《수암지》에 수록되어진 이 '광주향약조목'은 15세기 중엽 세종·문종 연간부터 보급·실시되기 시작한 향약 조목으로 현대까지 그 원형이 전해지는 자료로는 가장 오래된 귀중한 것이다. 지금까지 필자[박익환]가 조사·검토한 바로는 15세기 중·후반 세종과 성종 연간에 향규나 향규약·향약이 실시된 것으로 밝혀진 지역은 이곳 광주 외에 함흥·안동·태인 등이 있다.

이 중 함흥은 이태조가 즉위 7년째인 1398년에 친제향헌(親製鄕憲)을 영하(領下)하여 실시를 명했다 하나 향사들에 의해 향좌목(鄕座目)이 조직되어 본격적으로 실시되기 시작한 것은 기축향록안(己丑鄕錄案)이 작성되는 1469년(예종 1)부터 본격화되는 것으로 보이고, 안동지방은 세종 20년 전후에 벌써 향회(鄕會)가 열리고 향규가 마련되었던 기록이 확인되었다. 그러나 《영가지》에 실려 전해오는 향규 조목들은 선조 연간에 입정(立定) 실시되던 것이었다. 태인 지방은 세종 말년에 향규계를 닦았다고 하나 기록으로 보일 뿐이고 정극인이 치사낙향(致仕落鄕)하여 실시한 고현동약계(古縣洞約契)는 1476년(성종 6)에 조직 실시하였다는 서문만 전하여 오고 있을 뿐이다."[112]

"전하는 자료 가운데 초기 향약이라고 할 수 있는 15세기 중엽 '광

---

112 박익환, 〈15세기 광주향약의 향규약적 성격〉, 《한국사의 이해(조선시대 1)》(신서원, 1991), 461–462면.
〈15세기의 광주향약〉, 《조선향촌자치사회사》, (박익환 저) 177–178면.

주향약'이 경내 선비들 가운데 문장 덕행이 있고 문벌이 현저한 이들 90인의 모임이었다는 점이 시사적이다. 즉, 초기 향약은 일반민의 교화를 위한 후기의 그것과는 거리가 있었다. 초기 단계에서는 그것이 오히려 '소학'이나 '가례'의 부수적인 형태로 이해되고 있었으니, 이는 향사례나 향음주례가 선비들의 모임으로 되고 있었던 것 외에 '향례: 거향지도(居鄕之道)'라는 것 역시 사족들 사이의 관계를 다룬 것이라는 정도로 이해되고 있었던 데서도 알 수 있다."[113]

"초기 단계[향약]에서는 그것이 오히려 '소학'이나 '가례'의 부수적인 형태로 이해되고 있었다"는 표현을 통해 '광주향약'은 특수 목적 때문에 실시되었다는 것을 새삼 확인하게 된다.

5.
기록상 조선조 최초의 향약

우리의 논의에 있어서 특히 아이케마이어(D. Eikemeier) 교수의 기록을 눈여겨봐야 한다.

"퇴계 이황과 율곡은 지금까지 일반적으로 1557년과 1571년에 그들 자신의 향약을 초안했던 최초의 한국인들로 간주되어 왔다. 그러

---

113 김인묵, 〈16, 17세기 재지 사족의 '거향관(居鄕觀)'〉, 《한국문화》 19호(1997), 134면.

나 사실은 이보다 시기적으로 앞섰던 광주향약조목(1451-1452)이 있었다."[114]

"향약은 이미 고려 말에 그 내용이 알려졌을 것으로 여겨진다. '여씨향약'이 '소학'에 실려 있는데 신흥 사대부들이 성리학을 수용하면서 이 책을 다른 성리서들과 함께 들여왔을 가능성이 크기 때문이다. 실제로 '소학'에 관한 기록은 14세기 충목왕대에 이 책을 거쳐야만 과거시험을 볼 수 있도록 한 규정에 처음 보인다. […] 향약은 향음주례·향사례와 마찬가지로 15세기에는 제대로 시행되지 않았다. 함흥·안동·광주·태인 등의 지역에서 시행되었을 뿐이다."[115]

유홍렬 교수는 "향약은 중종 12년(1517)에 주자증손여씨향약을 채용한데서 일어나기 시작하였다."[116]고 주장했고, 일반적으로 그렇게 믿는 것 같다. 하나 김용덕 교수는 중국에서 전해진 것으로 알려진 잘못된 상식을 비판하며 유홍렬 교수의 이론을 반박한다. 주자학과 함께 주자증손여씨향약이 같이 전래되어 유교적 예속의 일환으로 조선에 뿌리를 내렸고 특히 퇴계와 율곡이 여씨향약을 다듬어서 '조선적 향약'으로 간소화시켜서 널리 보급시켰다고 보는 통설이 유홍렬 교수가 50여 년 전에 천명한 데에서 계속 답보 상태라고 비판한다.[117]

---

114 〈한국 계취에 관한 기록을 보고〉, 《영남의 향약》(김택규· D. 아이케마이어 편저, 사단법인 향토문화연구회, 1994), 32면.
115 〈조선 중기 항례에 대한 인식의 변화〉《조선시대 사상사를 어떻게 볼 것인가》(고영진 저, 1999), 357-358면.
116 유홍렬, 〈조선향약의 성립〉, 《진단학보》 9권(1938), 112면.
117 김용덕, 〈총설: 향약신론〉, 《조선후기향약연구》(민음사, 1990), 13-14면.

"우리 향촌의 미풍양속이 향약의 수용과 그 영향으로 이루어진 것 같이 생각하는 것은 마치 조선시대에 있어서 미풍양속이라고 간주되는 것은 모두 저 '기자팔조교(箕子八條敎)'의 유풍여속이라고 부회(府會)되듯이 모화사상이나 사대주의적 관념의 소산이라고 할 것이다."[118]

지부일(池富一) 교수는 "조선(1392–1897)에 있어서 향촌 질서 확립을 위해 향약이 처음 거행된 것은 중종(1488 1544) 12년[1517] 6월에 '여씨향약'을 도입할 것을 주장한 함양 유생 김인범(金仁範)의 상소로 시작된다."[119]라고 주장한다. 그렇다면 그 이전에 향촌에서 '여씨향약(주자증손여씨향약)'이 거행된 적 없었다는 의미가 된다. '중종실록'에는 이렇게 나온다.

"중종은 김인범의 의견에 찬성하였으나, 주관소인 예조(禮曹)에서는 '소학'·'정속(正俗)'은 이미 다수 인출하여 중외에 광포하였는데, 여씨향약은 바로 소학 중의 하나로 반드시 따로 거행할 필요가 없으니 '청컨대 거행치 마십시오'라고 하여 반대하였다. 이에 대해 의정부(議政府)는 '여씨향약은 비록 소학에 실려 있지만 들어내어 따로 거행치 않으면 보고서도 대수롭지 않게 여겨 한갓 법령만 갖추는 것이 되고 말 것이니, 각 도의 감사로 하여금 광포함이 어떻겠습니까'라고 하여 '왕의 윤허를 얻어 내었다.'"라고 했다. 그러나 "중종대 향약 보급운동

---

118 김용덕, 〈향약과 촌회〉, 《신한국사의 탐구》(범우사), 19면.
119 지부일(池富一), 〈주자학의 조선초 향촌 정책〉, 《동서사학》 14호, 157면에서 재인용. '중종실록' 28 중종 12년 6월 갑술조.

에서 주도적 역할을 수용한 김안국(金安國)이 바로 그[김종직]의 문인일 뿐더러, 당시 사림계의 구심이던 조광조 또한 그러하였다. 조광조의 학문 역시 '소학을 독신(篤信)하고 근사록을 존상(尊尙)하여 여러 경전에 발휘한' 것으로 지적된다."[120]라고 했다. 향약이 처음 거행된 것이 아니라 '명대처럼 변형된 향약'이 처음 시작되었다는 의미로 이해한다.

"지나(支那)에 있어서의 향약은 명나라에 이르러 비로소 국령으로써 실시를 명하게 되어 가장 이상적으로 실시케 되었던 것이니, 이것은 후계국이든 청나라에는 말할 것도 없고 당시 형제국으로 친교가 두텁던 조선국에도 영향을 끼치게 되어 종래 이 땅에 없던 향약을 하로 밥비[하루 바삐] 실시하게 하였던 것이다."[121] 이로 미루어 보면, '하로 밥비'를 이조 건국 후 1세기가 지난 중종조에서야 향약이 처음으로 실시되었다 보는 것이 타당한지 의문스럽다.

박성봉 교수는 전화위웅(田花爲雄)의 《조선향약교화사의 연구》에 대한 서평에서 이렇게 지적한다. "'소학'에 수록되어 있는 여씨향약을 따로 강조하여 전국적으로 준행시키자는 향약교화론이 한국사상 최초(중종 12년)로 등장하였으니 함양 유생 김인범의 상소는 그 발단이 되었다."[122]

"'김안국은 반행(頒行)의 점에서, 즉 실천적으로 최초이었던 것. 김인범은 상소로 국왕 및 조정을 자극(刺激, 戟)한 점에서, 즉 계몽적

120　이태진, 〈사림파의 향약 보급운동〉, 《한국문화》 4호, 20면.
121　유홍렬, 〈조선향약의 성립〉, 《진단학보》 7-9권 합본(1975), 475면.
122　박성봉, 〈전화위웅 저 '조선향약교화사의 연구'의 서평〉, 《아세아연구》 49호, 230면.

으로 최초이었던 것'(p.105)".**¹²³**

같은 책[《조선향약교화사의 연구》] '조선시대 향약교화 관계 연표' (238면)에 15세기말 안음현(安陰縣)에서 '안음향약설(安陰鄕約說)'이 순암집(順菴集) 권18-4에 수록되어 있다고 나온다. 전화위웅도 중종 12년(1517) 김인범(金仁範)의 상소 이전에 주자증손여씨향약이 산발적으로 실시되었음을 인지한 것으로 보인다.

"안정복(安鼎福)의 순암집에 정여창(鄭汝昌)이 향약을 시행한 사실이 언급되어 있다."**¹²⁴** 김인범의 상소는 '여씨향약을 전국적으로 준행시키자는 그 발단이 되었다'는 의미이다.

"그[김인범]는 이 상소문에서 향약을 준행함으로써 풍속을 교화할 수 있다고 하여 향약을 시행할 것을 주장하게 되었다. 이리하여 려말선초에 수입되었던 향약은 이때에 비로소 조정에서의 논의의 대상으로 등장하게 되었다. 그러나 이 향약이 이때[중종 12년]까지 전혀 시행을 보지 않았던 것은 아니다. 그것은 우선 상기의 상소문으로써도 알 수 있다. 즉 조정의 대신이나 정신(廷臣)들 사이에서 향약 시행을 주장한 것이 아니라 지방의 일개 유생에 의하여 그 시행을 상소하게 된 것으로 보아 지방에 따라서는 이미 향리민간에 자치적으로 향약을 시행하고 있었음을 추측할 수 있다."**¹²⁵**

---

123 박성봉, 앞의 책, 231면.
124 이해준, 〈향촌자치의 발달〉, 《신편 한국사》 31집(국사편찬위원회), 41면.
125 신정희, 〈조선조 향약시행에 대한 일고찰〉, 《대구사학》 2-3면.

"중종대의 보급운동은 중종 12년 함양인 김인범의 상소로부터 보급운동이 일어나 김안국이 향약의 한글 주해본을 만들어 보급한 중종 13년부터 본격화되었다."[126]

여기에 더불어 박순 교수(중앙대)의 언급도 살펴보자.
"향촌사회의 구성과 관련된 향약류에 대한 연구는 '향촌사회사'란 이름으로 비교적 많은 연구자들에 의하여 1970년대 후반부터 진행되고 상당한 부분에 성과를 올리고 있지만 아직까지 향약 시행의 초기 단계에 대한 연구는 전혀 이루어지지 못하고 있는 현실이다."[127]

김용덕 교수는 1983년 중앙대 대학원 박사과정 학생을 중심으로 '향약연구회'를 조직하여 연구 활동을 시작했다. 이후 '향촌사회사연구회'로 개명하였다.[128] 향촌사회사연구회 회원이었으리라고 추정되는 박순 교수가 지적한 '아직까지[1996년] 향약 시행의 초기 단계에 대한 연구는 전혀 이루어지지 못하고 있는 현실이다'라는 평가를 주목할 필요가 있다.

"조선에 있어서 향약이 실시하게 된 것은 보통 이조 중엽에 이르러, 조광조의 창설에 비롯하여, 이황, 이이 등 명유(名儒)의 실천궁행에서 거의 완성하였다고 본다. 그러나 그 이전 이미 이러한 향약이

126　박익환, 앞의 책, 253면.
127　박순, 〈조선전기 광주지방의 향약과 동계〉, 《동서사학》 5호(1996), 36면.
128　김용덕, 〈향약신론〉, 《조선후기 향약연구》(향촌사회사연구회, 1990), 12–13면.

세워질 만한 터전은 닦여서 있었으며 씨는 뿌려져 싹은 움트기 시작하였던 것이다. 즉 진작 이조 국초부터 이미 일종의 지방자치단체로써 유향소와 같은 것이 설치되어 있었으며, 또 향약의 근원이라고 할 송나라의 여씨향약이 주자학에 휩쓸리어 조선 안에 들어와 있었던 것이다."[129]

"유향소의 설립 본의는 지방의 악리(惡吏)를 규찰하여서 향풍을 바르게 함에 있었던 것이다. [⋯] 이조 국초 아직 법전이 완성되기 전에는 지방의 품관 수명으로 하여금 유향소를 조직하게 하여, 원악향리(元惡鄕吏)의 발악에 비(備)하는 일방 향간 풍속을 돈후하게 하야 행정 규찰급 지방자치의 임무를 띠게 하였다."[130]

"유향소는 국가 정부로부터 국령으로써 설치된 명한 것이 아니라, 지방군 현의 유지인사들이 자발적으로 조직한 단체인 듯하다."[131]

"유향소는 이조 상반기를 통하여 행정 규찰 급[및] 자치단체로서의 면목을 표면적으로라도 유지하여 왔으나, 끝으로 결론적으로 한 마디 말하여 둘 것은 이조 중기 초에 이르러 유향소가 부진상태에 빠지자 그를 회복하야 풍속 규정의 임무를 완전히 하게 하고자, 그로 하여금 여씨향약을 준봉하야 실시하게 한 일이다."[132]

---

129 유홍렬, 앞의 책, 451면.
130 유홍렬, 앞의 책, 452-453면.
131 유홍렬, 앞의 책, 455면.
132 유홍렬, 앞의 책, 468면.

이로 미루어 보자면, 유향소가 처음부터 풍속 규정을 하지 않고 성종조부터 시작된 것 같다.

"성종 19년(1488)에 유향소가 복립 되면서 경재소에서 유향소 품관을 택정하고, 만일 유향소가 작폐하는 경우에는 수령과 함께 경재소에서 이를 규제(하도록 한 조치와 연관되는 것으로 보인다. 즉 유향소의 인사권이 경재소에 주어짐으로써 훈구세력이 경재소를 장악, 복립된 유향소를 지배할 수 있는 길이 마련되었기 때문이다."[133]

이에 비추어 본다면, 경재소가 유향소를 장악하게 된 것은 성종 19년 유향소가 처음으로 중앙정부로부터 인정을 받으면서 시작된 것이다. 따라서 유향소 조직은 성종 19년에 처음 편집된 《대전속록(大典續錄)》에서 확인된다.

"성종대에 사림세력이 유향소를 통해 실시하고자 했던 향사례·향음주례 보급 운동은 중종 대에 이르면 향약 보급 운동으로 바뀌게 된다. 그런데 사림파에 의하여 주장된 여씨향약 보급운동은 본질적으로 경재소·유향소 체제 아래 빚어지고 있는 지방사회의 여러 가지 모순을 지양하는 방안으로 제시된 것이었으므로, 그 시행의 논의 과정에서 자연히 경재소·유향소의 혁파 문제가 함께 논의될 수밖에 없었다. (『중종실록』, 중종 12년 12월 무오·중종 14년 6월 을해). 성종대에 복립된 유향소의 주도권을 훈구파에 빼앗긴 사림파들은 향약으

---

133   이해준, 〈향촌자치조직의 발달〉, 《한국사 31》(국사편찬위원회), 37면.

로써 유향소의 기능을 대신하고자 했던 것이다."¹³⁴

"향약을 전국적인 규모로 조직화하여 시행할 방법을 향음주례·향사례의 전국적 시행을 가능하게 한 주대의 제도에서 찾고 있는 것이 흥미롭다. 또한 이들은 경재소·유향소를 중심으로 벌어지는 훈척의 향촌 침탈을 저지하기 위해 경재소와 유향소를 혁파하고 향약으로 하여금 유향소의 기능을 대신하게 할 것을 주장하였다. 유향소는 사림에 의해 성종대 이미 향삼물(鄕三物)로써 만민을 교화하고 향팔형(鄕八刑)으로써 만민을 규찰했던 주대 향대부의 고제(古制)로 인식되기도 하였다. 따라서 향약을 유향소의 기능을 대신한 제도로 생각했던 것은 향약을 단순히 송대의 제도가 아니라 주대의 제도를 계승한 것으로 이해하기 시작하였음을 의미한다."¹³⁵

---

134 이해준, 앞의 책, 37면.
135 고영진, 〈조선중기 향례에 대한 인식의 변화〉, 《조선시대 사상사를 어떻게 볼 것인가》(풀빛, 1999), 373-374면. 여기서 말하는 향삼물은 고대 향학의 교육 과정, 곧 육덕·육행·육예를 가리킨다. 육덕은 지(知)·인(仁)·성(聖)·의(義)·충(忠)·화(和)이고, 육행은 효(孝)·우(友)·목(睦)·인(婣)·임(任)·휼(恤)이고, 육예는 예(禮)·악(樂)·사(射)·어(御)·서(書)·수(數)이다. 향팔형은 주대(周代)에 있었던 여덟 가지 형벌, 곧 불효지형(不孝之刑)·불목지형(不睦之刑)·불인지형(不婣之刑)·부제지형(不齊之刑)·불임지형(不任之刑)·불휼지형(不恤之刑)·조언지형(造言之刑)·난민지형(亂民之刑) 등을 가리킨다.

6.
광주향약의 향적

향적은 무엇인가? "향약 삼적 중 하나이다."[136] "다만 여기서 다시 확인해 두고 싶은 것은 주자증손여씨향약에서는 삼적을 따로 따로 두고 있었다는 사실이다. 동약자명단(同約者名單)·선적(善籍)·악적(惡籍)이 그것이다."[137] 단체에 구성인의 명단 즉, 향적은 당연히 있어야 할 필수 장부임에 확실하다.

"〈해주일향약속〉은 여타 향약과는 달리 향안을 작성하고, 여기에 등재된 사족들에게만 참여 자격이 부여 되는 순전히 사족만의 규약이다."[138] 〈해주일향약속〉은 여타 향약과는 달리 향안을 작성한 것이 아니다. 모든 향약에는 향적(향안)이 있었다. 자유의사에 의해 가입한 가입자 명단 즉 향적(鄕籍·鄕案)은 필수 조건이다.

향약에서는 향적이라고 했었고, 향규에서는 향안, 향적, 유향좌목(留鄕座目), 향중좌목(鄕中座目), 향좌목(鄕座目), 향사록(鄕射錄) 등 여러 가지로 표현했다. 특히 향규와 향안은 동의어로 사용하기도 했다. 예를 들면 다음과 같다.

"현종 8년(1667)에 닦여진 정미신향안(丁未新鄕案)의 향안 규식 27개조의 내용을 분류하여 본 결과, 향안 입록에 관한 규식이 12개조, 제록(除錄)에 관한 규식이 5개조, 향임 차정에 관한 규식이 6개

---

136 〈주자증손여씨향약〉, 《조선시대 사회사연구 자료총서1》(김인묵·한상권(편), 1986) 3면: '置三籍 凡源 入約者書又一籍'
137 이성무, 〈여씨향약과 주자증손여씨향약〉, 《진단학보》 71-72 합본호(1991), 71면.
138 이근명, 〈주희의 '증손여씨향약〉, 《중국학보》 45집, 289면.

조, 나머지 4개조는 향회좌차규식(鄕會座次規式)과 향안 작성 순서 및 보관 규식들이다."[139] 즉 정미신향안(丁未新鄕案)은 정미신향규(丁未新鄕規)를 의미한다. 아이케마이어 교수는 "여태껏 조사해 보았지만, 향안은 중국과의 어떠한 명백한 관계도 지니고 있지 않다. 향안이라는 용어는 어떤 중국 사전에도 없으며, 어떤 명칭으로든지 향안의 목적을 추구한 계취들이 중국에 존재했다는 어떤 증거도 접해보지 못했다."[140]

여기에서 '향안의 목적을 추구한 계취'는 향규를 의미한다고 본다. 즉 중국에서는 향안이나 향규라는 용어를 찾지 못했다는 의미로 이해한다.

전천효삼(田川孝三)은 "향안에 입록된 향원을 모집단으로 하여 좌수와 별감(別監)으로 구성된 유향소(혹은 향소, 향청)조직을 향안조직이라고 한다."[141] 여기에서 '유향소 조직을 향안조직이라 한다'는 표현은 이해가 안 된다. '향안 조직은 향회이고, 유향소는 향회의 실행기관'으로 본다. "향회를 움직이는 간부는 향선생 등 향집강(鄕執綱)들이었으니 향청이 향중의 최고기관이 아니라 향집강, 넓게는 향회의 감독 아래 있는 사무기구라 하겠다."[142]

"17세기 전반에 성립된 남원의 사족지배체제는 향안조직을 중심으로하여 운영되었다. 향안조직을 흔히 향약으로도 이해되고 있었지만

---

139 《조선향촌사회사》(박익환 저, 1995), 111면.
140 〈한국 계취에 관한 기록을 보고〉, 《영남의 향약》(김택규·D. Eikemeier 편, 1994), 33면.
141 김현영, 〈17세기 후반 남원향안(南原鄕案)의 작성과 파치(罷置)〉, 《한국사론》 21, 국사편찬위원회 (1991), 110면: 전천효삼(田川孝三) 〈이조의 향규에 대하여〉《조선학보》 76-79면 주 20에서 재인용.
142 〈조선후기의 지방자치-향청과 촌계〉, 《신한국사의 탐구》(김용덕, 1992), 113-114면.

실제는 주자가 증손한 여씨향약과는 상당한 거리가 있는 것이다."[143] 라고 서술되어 있다. 앞서 지적한 대로 '향안 조직'은 향회이고, 향회에서 좌수 등 유향소 조직을 선출하고 감독한다. 이에 대한 규약 즉, 향원들 간의 규약을 '향규'라고 한다. 향규의 한 축이 교화이고, 중종조 향약 시행에 주도적 역할을 하여 향규를 향약으로 이해하기도 하였다. 또 '향안조직을 흔히 향약으로도 이해되고 있었지만'이란 표현은 향안조직을 향규로 이해한 것 같다.

"퇴계의 〈향립약조서〉에도 일향(一鄕) 풍속을 바로잡는 교화의 책임이 향청[향소·유향소]에 있음을 역설하고 있거니와 그것은 도덕면에 있어서의 표방이고 향청의 일상적인 업무는 구체적으로 구명되어야 할 것이다. 향청에 관한 1차적인 자료는 안동 향청의 내규라 할《향청사례등록》이 유일한 것이고"[144] 즉 향청의 내규는《향청사례등록》이고 향안조직(鄕會)의 내규는 '향규'라고 할 때, 교화의 책임이 향청(향소·留鄕所)에 있다면, '향안조직을 흔히 향약으로도 이해되고 있었지만'이란 표현은 문제가 된다고 본다.

천도등야(川島藤也)는 "교과서에서는 흔히 향안과 향규를 동의어라고 말하지만 사실은 전혀 그렇지 않다는 것이다."[145]라고 지적했다. 따라서 앞으로 용어에 대한 재정립이 요청된다. 그는 향규에서 향안의 목적에 대해 "향안의 첫 번째 목적은 지방 명문의 가게와 이익을

---

143 김현영, 앞의 책 110–112면: (전천효삼의 주장을 재인용). 인용문에 소개되는 향안조직에 대해 달린 각주는 다음과 같다. "향안에 입록된 향원을 모집단으로하여 좌수와 별감으로 구성된 유향소 조직을 향안 조직이라 한다."
144 〈조선후기의 지방자치-향청과 촌계〉《신한국사의 탐구》(김용덕 저, 범우사. 1992), 127면.
145 천도등야(川島藤也), 〈조선중기 지방 양반 계급의 협의체〉, 《영남향약》(경상북도·영남대학교, 1994), 87면.

유지, 보존하는 것이다."¹⁴⁶라고 하여, 향청에 소중히 보관하였다. 더군다나 "향안에 오르면 그 자손질제(子孫弟姪)에 이르기까지 군역 등을 면하게 되므로 가산(家産)이 있는 자는 백계행뇌(百計行賂)를 도모하게 되는 것은 막기 어려운 형세였다."¹⁴⁷ 그러나 향규 향안과는 달리 향약을 해체할 때, 향적을 보관할 필요성을 느끼지 못 했던 것 같다. 따라서 향약의 향적이 현존하는 것을 아직까지 보지 못하였다. 장동표 교수는 이렇게 말한다.

"향안이란 명칭이 경재소(京在所)에 비치되고 있었던 '경안(京案)' 과 대비되어 쓰였던 데에서 아닌가 하는 사실"¹⁴⁸이라 했는데, 경안도 역시 현존한 것을 못 보았다. 김현영은 다음과 같이 말한다. "현존하는 향안의 대부분은 17세기에 작성된 것이고, 17세기에 작성된 향안의 대부분은 임난 이후 불타거나 훼손된 난전 향안의 중수를 표방하고 있다."¹⁴⁹

중종조부터 향약이 정부의 관리 아래 전 주민이 의무적으로 참여하게 되었다. 따라서 향적(향안)의 필요성을 느끼지 못하여, 선적, 악적만 보존하게 되었다. 결국 향적(향안)이 있다면, 향규라고 주장한다고 추정된다.

'광주향약'에는 90인의 향적이 있었다. "세종시대 무진군[광주] 인

---

146 천도등야(川島藤也), 위의 책, 86면.
147 〈향청연혁고〉 《향청연구 - 한국연구총서 36집》(김용덕 저, 한국연구원, 1978) 58면.
148 장동표, 〈17세기 영남지역 재지사족의 동향과 향촌사회〉, 《역사와 경계》 68호, 528면.
149 김현영 〈조선 중기의 사회와 문화 - 신편 한국사 31〉(국사편찬위원회, 2002), 57면.

구수는 4182구(口)였다."[150] 90인이면, 사족들의 절대적인 지원일 것으로 보인다.

"1589년(선조 22)에 작성된 안동부의 〈향안〉(일명 유향소좌목)에는 16세기 후반 안동부 관내에 거주하였던 각성·각문의 사족 인사가 거의 망라되어 있다. 본 향안 소재 인물 289명이란 숫자가 말해 주듯이 당시 안동지방 향촌사회를 영도하던 인물이 거의 기재되었다."[151]

"세종시대 안동 인구수는 3320구였다."[152] 16세기 후반 안동부 289명과 비교해 보면 무진군(광주)에서 세종대 90명이란 거의 모든 사족들의 자제라고 추정된다. "조선왕조 초기에는 대략 인구의 10% 미만 정도만 성이 있었던 것으로 추정된다. [⋯] 성(姓)이 생긴 것은 그 고을의 호적대장에서 확인된다."[153]

앞에서 말한 것처럼, 1429년(세종 11)에 읍인 노홍준이 광주 목사를 구타한 사건이 일어나, 1430년(세종 12)에 무진군으로 강등되었다. 이에 필문공 이선제 선생은 한 마음으로 솔선수범하여 향풍이 바로 서고, 읍호가 복귀되기를 기원하며 광주향약조목(광주향약)를 세웠다. 또한 이에 찬동하는 고을 사족들 가운데 선별하여 향적을 꾸미고, 어려운 환경 속에서도 약조를 충실히 이행하였다.

고향도 아니고, 평생 거주한 적도 없는 신숙주 선생이 향적에 포함

150 〈세종시대 호구비교〉《한국고전용어사전 1》(세종대왕기념사업회, 1991).
151 《경상도 칠백년사 1권》(경상북도, 편찬위원회) 637면.
152 〈세종시대 호구비교〉《한국고전용어사전 1》앞의 책.
153 김남, 《노컷 조선왕조 실록》(어젠다, 2012), 17면.

되어 있는 것은, 부친 신장(申檣) 선생이 집현전에서 이선제 선생과 함께 계셨고, 한때 처가인 나주에서 신숙주 선생 5세까지 거주하신 연고로 가까운 사이일 것으로 추론된다. 광주향약이 성공하기를 기원하는 뜻에서 동참했으리라 본다.

신숙주 선생은 〈희경루기〉에 "太守曰諾于以叔舟在鄕籍之末命又記 (태수가 이르되, 숙주가 향적 말미에 등재되어 있으므로 기를 찬하기를 허락[청]하노라 하였다)"라 했다.

광주향약 목적 중 하나인 복호가 되었고, 때마침 루기 원공되자 향인들이 기뻐서 희경루로 이름하자고 건의하고 목사는 승낙했다. 또한 향적에 신숙주 선생이 가입되어 있었기에 광주향약 동참자로 머나먼 한양에서 오신 신숙주 선생에게 희경루기를 부탁했다.《신증 동국여지승람》에는 "京都七百二十五里(한양에서 725리)"라고 했고, 〈여지도〉 광주편에 "自京八日程(한양에서 8일 정도 소요되는 거리)"이라고 했다. 한양에서 광주까지 오는데 8일 정도 소요된다는 뜻이다. 〈해동여지도〉 광주편에서는 "自京七日半程(한양에서 7일 하고 반나절 정도)"[154]이라 했지만 도보이기에 거의 같다. 물론 말을 타고 온다면 단축되겠지만, 공직자가 사적으로 내려오기에는 꽤 먼 거리다. 그러나 앞서 지적한 대로 복호가 되었고, 마침 루도 완공되었기에 이미 향적에 가입해 활동 중이던 신숙주 선생이 향인들과 기쁨을 함께 하고자 큰맘 먹고 이선제 선생과 동행하였으리라고 본다. 그러나 '향적'에 전후 사정이 자세히 공개되지 않은 탓으로 오해가 생겼다. 김현영

---

154 《고지도를 통해 본 전라도지명연구(1)》.

은 "〈신증 동국여지승람〉에는 신숙주가 광주의 향적에 입록되었다는 단편적인 기사도 볼 수 있다. 이 기사는 신숙주가 광주의 향안에 들어있어서 광주에 있는 희경루의 기문을 짓게 하였다는 것인데, 신숙주가 광주를 본향으로 갖고 있었던가, 아니면 경재소의 겸인 방식에 따라서 광주가 신숙주의 8향 또는 6향 중의 하나였는지는 알 수 없다."[155] 신숙주는 고령신씨(高靈申氏)이다. 따라서 광주향약의 향적을 경재소 겸인 방식으로 판단하는 것은 바람직하지 못하다고 본다.

청사 고용후(高用厚) 선생이 서문을 쓴 '향안좌목서'에 보면, 유경심 목사가 명종조에 처음으로 30안 향안을 작성했는데, 여기에 신숙주 선생이 등재되어 있다. 그 후 1795년 광주읍지 인물조에 처음으로 등재된 후부터 계속적으로 이어졌다. 신정희 교수는 "초기의 향안은 […] 그 고을과 조금이라도 관련이 있는 자는 모두 향안에 기록함으로써, 그들의 향촌사회에서의 권위와 신분적 우위를 과시하였다."[156] 라고 했다. 유경심 목사는 신숙주 선생이 광주향약에 참여해 복호에 지대한 영향을 미친 것으로 판단한 듯하다.

박순은 "신숙주는 이웃 나주 출신이므로 향적에 올랐다."[157]고 했는데, 이는 이해하기 어려운 판단이다. 여기서 향적은 광주향약의 가입자 명단이라고 했다. 1934년 간행《호남지》에는 신숙주 선생이 '광주' 편에는 실리지 않고, '나주' 편에 실려 있다. 그러나 1934년 간행《조선호남지》에는 '광주'·'나주'가 각각 수록되었다. 김현영은 〈17세기 후

---

155 〈남원지방 사족지배질서의 확립〉,《조선시대의 양반과 향촌사회》(김현영 저. 집문당. 1991) 68면.
156 신정희 〈향안연구〉,《대구사학》 26집. 30면.
157 박순 〈조선전기 광주지방의 향약과 동계〉,《동서사학》 5호. 44면 주 20.

반 남원향안의 작성과 파치(罷置)〉에서 다음과 같이 소개한다.

"〈을미적(乙未籍)〉에는 219원[명]이 입록되어 있고, 〈을미적〉을 작성할 때 적용되었으리라고 생각되는 〈을미완의〉와 〈치서류〉 및 〈참적원〉 같은 〈을미적〉 작성의 초고가 남아있어 향안 작성의 과정을 잘 볼 수 있다. 〈을미완의〉에서는 서문에서 〈계해적(癸亥籍)〉 이후 향적이 완성되지 못하고 [...] (9개 항의 서술 중) 다섯째, 앞으로는 구례(舊例)에 따라 매년 강신(講信)하고 매 식년(式年)마다 향적을 작성 할 것."[158]

원문에 '향안'이란 어휘는 보이지 않고, '향적'이란 어휘로 서술되어 있다. 〈표 2〉 남원의 향안과 향안관련 고문서에도 '1601년(선조 34) 유향좌목' 하나 만 있고, 나머지는 '향적'이라고 기록되어 있다.

---

158 김현영 〈17세기 후반 남원향안의 작성과 파치〉, 《한국사론》 21집. (국사편찬위원회, 1991) 112면.

<표 2> 남원의 향안과 향안관련 고문서

번호	연도	입록인원	관련문서
1	?	41員	- 만력 29년(1601, 선조 34) 유향좌목
2	?	43員	- 만력 44년(1616, 광해군 8) 유향좌목
3	계묘적(癸卯籍) (선조 36, 1603)	43員	- 만력 29년(1601, 선조 34) 유향좌목 - 만력 44년(1616, 광해군 8) 유향좌목
4	정미적(丁未籍) (선조 40, 1607)	53員	- 만력 29년(1601, 선조 34) 유향좌목 - 만력 44년(1616, 광해군 8) 유향좌목
5	계해적(癸亥籍) (인조 1, 1623)	145員	- 만력 29년(1601, 선조 34) 유향좌목 - 만력 44년(1616, 광해군 8) 유향좌목 - 만력 29년(1601, 선조 34) 유향좌목 - 만력 44년(1616, 광해군 8) 유향좌목
6	기묘적(己卯籍) (이조 17, 1639)	160員	- 완의 및 약속조목 - 기묘향적치서질 - 기묘향회권점입법 - 기묘향적치권점계획 - 기묘적계획기 - 통문(1640년 7월) - (경진)조약 - 통문(1640, 1643년) 2통
7	갑신적(甲申籍) (인조 22, 1644)		- (갑신)입의 - (원적, 분적 참여 조사기) - 단자(1644년 2월)
8	을유적(乙酉籍) (인조 23, 1645)		- 을유향회절목 - 을유 10월 흑백사취점 - 을유 10월 정단자 - 통문(1645년 10월, 풍헌유사개체문제) 2통 - 소지 및 단자(향회불참사유) 8통
9	을미적(乙未籍) (효종 6,1655)	219員	- (을미)안의 - 을미 11월 향회시 제원 - 직서류 - 참적원
10	기미적(己未籍) (숙종 5, 1679)	437員	- 무오 윤3월 완의 - 무오 윤3월 시도기 - 무오 윤3월 직서초 - 무오 윤3월 계획기 - 무오적 후기(장업) - 무오 10월 단자(향적개수,준점 문제) 3통 - 무오 11월 단자(향적, 직월천 문제) 1통 - 기미적 본부 2향 - 기미적 본부 2향내외향
11	경진적(庚辰籍) (숙종 26,1700)	620員	-2향권점 - 권점 - 경진적추록안

※ 김현영, 〈17세기 후반 남원 향안의 작성과 파치〉,《한국사론》21, (국사편찬위원회. 1991), 111면.

7.
광주향좌목의 역사

청사 고용후 선생이 서문을 작성한 광해 11년 기미(1619) '광주향좌목서'에 의하면 유경심 목사가 명종조 처음으로 30안 향안을 작성했다. 30안에 고려조 인물은 있고(김태현, 탁광무, 정지, 이홍길), 명종조 인물은 없다. 유안으로 추정된다. 향청에 보관하지 않고, 교궁(校宮, 향교)에 보관히였다. "현재 광주향교에는 교적·교인·수헹인(隨行案)·청금안(靑襟案)·유안 등으로 불려지는 유안들이 모두 11책이 보존되어 있다."[159] 그러나 같은 면에 수록된 '표. 광주향교 소장 유안 일람표 1'에는 표제명 '광주향좌목'·'광주 교적'·'수행안'·'유안' 등 모두 '향안'으로 구분하였다. '향안'과 '유안'에 대한 규준이 모호한 것 같다. 1660년(현종 1) 광주향교의 '유적도할(儒籍刀割)' 사건은 향교에 보관된 유안 중 56명의 명단을 도려낸 사건인데, 당시 전라감사 김시진(金始振)의 사소(辭疏)에 보인다.[160]

"《눌재집》〈광주향안 서문〉이 있는 것으로 보아 1516년(중종 11) 이전에 향안이 작성되었을 것으로 보인다. 또 명종대에 박순·기대승 등에 의해 만들어진 향규가 《광주읍지》〈향강조〉에 남아 있다."[161] 《용성지》에서 지적한 '광주향안'을 의미하는 것 같다.

1747년(영조 23) 6월 18일 광주에서 향청에 보관되어 있던 향안이 파기되는 사건이 있었다. 그 실상에 대해서는 광주에서 감영(監

---

159 〈유안〉, 《광주향교문헌지》(광주향교재단. 2012) 110면.
160 위의 책, 112면.
161 《광주역사》(광주시시편찬위원회. 1998) 187면.

營)이나 중앙에 보고한 문서를 모은 《보첩고(報牒攷)》(규 고 5125-68. 1766년 작성)에 '지난 영조 23년에 70년 전 작성된 향안이 있었으나, 새롭게 신안이 편성되었는데, 그때 소란이 크게 일어나 신안이 혁파되어 사용할 수 없게 되었다'고 수록되어 있다.

장동표 교수는 "흔히 후대에 와서 향안을 유안이나 향약안(鄕約案, 향적)과 혼동해서 이해하는 경우가 있는가 하면"[162]이라고 했는데, 향청에 보관하고 있었던 향안은 1895년에 향교로 이관되었다.[163] "향사당에서 보관해오다가 광무개혁기[광무 1897-1906년] 지방제도 개편으로 향사당이 혁파될 위기에 처하자 향교 교임과 관내 유림들이 논의하여 향교로 옮겼다"[164]

"1906년 중양일 다음 날에 경내에 글을 보내어 '일향사우제장보(一鄕士友諸章甫)'와 회의하고서 명륜당 서쪽 벽장으로 향안을 옮겼다. […] 향교로의 이관이 조정의 명령에 의한 것인지, 아니면 고을의 재량에 의한 것인지에 대해서는 확언할 수 없다. 그런데 현재 향안은 대부분 향교에 보관되어 있는 것으로 보아, 적어도 일치된 행동을 했던 것만은 분명하다."[165] 향교에 보관된 유안과 향청에서 이관된 향안의 구분이 정확히 되지 못한 경우 혼돈이 생길 수도 있다. 광수향교에도 유안과 향청에서 이관된 향안이 있었다면 구분되었으리라 믿는다. '향규, 향안'은 현존하지 않는다. 그러면 광주 향청 향안은 과연 어느 곳에 보관 중일까?

162　장동표 〈17세기 영남지역 재지사족의 동향과 향촌사회〉, 《역사와 경계》 68호, 536면.
163　김현영 〈향안〉, 《조선왕조실록 전문사전》
164　김덕진 〈전라도 곡성현 향안연구〉, 《역사학 연구》 60호 (2015) 118면.
165　위의 책, 98면.

"광복 8년 임진[단기 4285년=서기 1952년]에야 당시 전교 고재련이 향사와 더불어 간행할 것을 결의하고, 본교 동제 누상고(樓上庫)에 소장된 향좌목·사마안(司馬案)·읍지 중 소장 충효열 기타 고적을 수집하여 현행 교지 제1집을 발간"[166]한다고 밝혔다. '사마안'은 본래 소장처가 향청이라고 보인다. 그러면 향청에 보관 중이던 '향좌목'도 '사마안'과 함께 향교로 이관되었다고 추정하는 것이 합리적이다.

아울러 향안은 등재 인원수가 증가되는 것이 관례이다. 예외적으로 "〈만력향록〉[1589년, 289명]는 〈기정향안〉[1530년, 331명]에 비해 도리어 적었던 점을 주목한 바가 있다."[167]

〈표 2〉 남원의 향안과 향안관련 고문서에서 '입록 인원'을 보면 41명에서 시작하여 620명까지 줄곧 증가해 왔다.

세종조 광주향약의 향적은 90안인데, 명종조 유경심 목사의 향안(光州鄕座目)은 30안이다. 광주향약의 향적은 향약 가입자 명단이다. 그럼에도 불구하고 박익환과 박순은 향안이 존재함으로 향규라고 주장한다. 심지어 "유경심 목사가 향안을 개안했다"[168]라는 주장으로 나아간다.

1952년 《광주향교지》가 창간되었다. 〈광주향좌목조〉는 "광주향좌목 : 태조 무인년(1398)에 향교를 설하여 문묘를 건치하도록 명하였는데, 명종 경신(庚申)년(1560)에 지주 유경심(柳景深)이 향중의 준효(俊爻)한 선비들로서, 팔행(八行)이 구비한 선비들을 선발하여 교궁(校

---

166   최선진 〈광주향교지속수〉, 《광주향교지》(정해규 발행, 1987) 3면.
167   《조선시대 향촌사회사》(정진영 저, 한길사.1998) 79면.
168   박익환 〈15세기 광주향약의 향규약적 성격〉, 《한국사의 이해》 472면/ 박순 〈조선 전기 광주지방의 향약과 동계〉, 《동서사학》 5호, (1996) 49면.

宮, 향교)에 입적, 삼십안을 만들고, […] 광해 경술년(1610) 제2회 개안시(改案時)에는 육십안으로 증원하였는데"[169]라고 실려 있다. 《광주향교지》〈광주향좌목조〉는 1987년, 2003년 간행 때도 변화가 없었다. 그러나 "원래 광주 향안은 1451년(문종 1)에 실시되었던 광주향약조목을 보면 90원(員)을 별적(別籍. 鄕案座目)에 기록하였던 것 같으나, 1560년 (명종 15)에는 유경심 목사의 발의로 30안으로 하였다가 1610년(광해군 2) 60안으로 고쳤다고 전해지며, 난후인 1708년 (숙종 34) 90안으로 바뀌었다 하나(광주향교지), 실제 이 90안은 1644년의 유안에서부터 일반화 되고 있음을 알 수가 있다."[170]라고 했다. '원래 광주 향안은 1451년(문종 1)에 실시되었던 광주향약조목을 보면 90원을 별적(別籍, 鄕案座目)에 기록하였던 것 같으나'는 왜 새로 삽입했는지 이해하기가 어렵다.[171]

"〈광주향좌목〉의 서문을 지은 고용후는 임란 이전의 향안이 병화(兵火)로 불타 없어진 뒤 20여 년이 지나도록 수정되지 못함을 애석하게 여기던 중에 1619년(광해군 11) 4월 향유들이 양림에 모여 신구좌목을 선사(繕寫)하였음을 밝히고 있다."[172] 20여 년 전이면 필경 1597년 정유재란을 가리킬 것이다. 문제는 《광주향교지》(459면)에서 '광해 경술년(1610) 제2회 개안시(改案時)에는 육십안으로 증원하였는데'〈광주향좌목〉의 서문에 '임란 이전의 향안이 병화로 불타 없어진 뒤 20여 년이 지나도록 수정되지 못함을 애석하게 여기던 중에 1619년

---

169 《광주향교지》 위의 책. 459면.
170 《광주향교문헌지》(2012) 111–112면.
171 '향적' 편 참고.
172 《광주향교문헌지》 110–111면.

(광해군 11) 4월 향유들이 양림에 모여 신구좌목을 선사하였음을 밝히고 있다'라는 표현과 상충된다는 점이다.

고영진 교수는 "광주향안 1451년(문종 1). 이선제가 광산현감[광주목사의 오기] 안철석 등과 작성한 향안. 광주지역 사족의 자제로 문장과 덕행·문벌이 현저한 자 90인을 뽑아 유안을 만들어 고을의 기강을 바르게 하고 향약을 행하였다. 이 향안은 여러 번 중수되었는데, 1516년(중종 11)에 박상이 쓴 〈광주향안서(光州鄕案序)〉가 현재 남아있는 것으로 보아 중종 초년에 새로 작성되었던 것으로 추정된다. 이어 1560년에 유경심이 향중의 뛰어난 선비 가운데 팔행을 구비한 선비를 뽑아 향교에 입적시켜 30안의 〈광주향좌목(光州鄕座目)〉을 다시 작성하였으나 정유재란 때 불타버렸다. 1610년(광해군 2) 고용후 등이 신·구의 좌목을 참조하면서 대대적으로 중수 작업을 벌여 1619년 60안에 이르는 향적을 새로 만들었는데 이것이 지금까지 전해온다."[173] 1516년에 박상이 작성한 〈광주향안서〉만 남아 있고 좌목은 현재 남아있지 않다. 향약 향적·유안·향규 향안을 모두 동일시한 것 같다. '이선제가 광산현감 안철석 등과 작성한 향안'이라고 하였는데, 확실한 증거를 제시하여야 한다. 저자의 소견은 《전남향토문화백과사전》의 신뢰성을 위해서라도 재검토할 필요가 있다고 본다.

---

173 〈광주향안〉, 《전남향토문화백과사전》(전라남도·전남대학교 호남문화연구소, 2002) 115면.

8.
광주향약은 향규나 향규약이 아니다

박익환 교수는 "향규는 한층 더 높은 신분의 소유자가 일방적으로 제시하는 규식이고 연좌적 법 규범적 성격이 강하고, 향규약은 향원들이 스스로 좌목(향안)을 조직하고 규약을 의정하는 경향이 많다."[174]라고 했는데, '향규약'은 '향약'의 설명으로 느껴진다. 향규 목적에 교화도 중요한 일축이므로, 당연히 향약 색채를 나타내는 것이다. 향규 중에서 향약 성분이 강하다고 향규약으로 판단하는 것은 이해하기가 어렵다. 향규를 조선조 후기에 갈수록 향약 성분이 많아져 향약과 동일하게 인식했던 결과 오늘날에도 혼선을 주고 있다.

김용덕 교수는 "우리나라의 경우를 보면 향약은 대개 향청이 주관하여 '좌수'가 '향약정'이 되며 '향약'이 실시되는 지역사회의 전원이 반천(班賤)을 막론하고 의무적으로 가입해야 하며 […] (중국) 여씨향약의 골자는 하기 조문에 그 요령이 함축되어 있다.
凡同約者 德業相勸 過失相規 禮俗相交 患難相恤 有善則鼠于籍 有過若違約者亦書之 三犯而行罰 不悛者絶之(범동약자 덕업상권 과실상규 예속상교 환난상휼 유선칙서적 유과약위약자역서지 삼범이 행벌 불참자절지) 덕업상권, 과실상규, 예속상교, 환난상휼이 4대 강령이고 선적·악적을 두어 해당자를 기입하였다가 약중 회합 시에 상벌을 행하되 영영 개과치 않는 자는 공동체로서의 동리생활에서 소

---
174   박익환, 〈조선전기 향촌 교화사 연구〉(동국대학교 박사 학위논문), 6면.

외한다는 것이다."¹⁷⁵

　김용덕 교수는 우리나라에서 향약이란 주현향약(州縣鄕約)을 의미한다고 주장하는 것 같다. 또한 여씨향약에서 '치삼적범원입약자서우일적(置三籍凡源入約者書又一籍)'¹⁷⁶을 누락시킨 것 같아 아쉽다. '선적·악적을 두어 해당자를 기입하였다'라고 하여 향적이 있으면, '향약'이 아닌 것처럼 취급해 혼란을 초래했다.
　"향약은 여씨향약을 수용한 중종대 이후부터의 현상이다."¹⁷⁷에서 지적한 향약은 무엇인가. 그[김용덕]의 답은 이렇다. "그동안의 연구에서 얻은 나의 결론은 첫째 이름은 같은 향약이지만 내용을 검토하여 우선 이것을 성격이 크게 다른 향규, 동계, 주현향약, 촌계(村契)의 넷으로 나누는 것이 옳다는 것이다."¹⁷⁸

　"'향약'이라 하면 아직도 우리의 상식은 그것은 중국에서 전래 수용된 것이라고 생각하고 있는 모양이다. 중국 송 대의 '여씨향약'이 주자학과 짝하여 전래되고 주자학적 예속의 정착에 따라 우리사회에 깊이 뿌리 내렸으며 저 퇴·율(退·栗)이 여씨향약을 손질하여 '조선적 향약'으로 간소화하여 확산에 크게 공헌하였다는 것이 통용되는 설인 듯 하고 이러한 통설은 실로 50년째 답보를 계속하고 있는 상식인 것이다. 내 생각은 첫째 향약으로 지금껏 일괄되어온 것을 성격이 크

175　김용덕, 〈향약과 향규〉, 《한국사론》 8(국사편찬위원회, 1980), 217면.
176　총 세 가지 장부를 비치하는데, 그 중 찬동하여 입약한 자들을 기록한 것이 1번 장부(一籍)이다."
177　김용덕, 〈향약과 향규〉, 《한국사상》 16집(1978), 50면.
178　김용덕, 〈총서: 향약신론〉, 《조선후기향약연구》(향촌사회사연구회, 1990), 14면.

게 다른 동계·향규·주현향약으로 우선 삼 대분하는 것이 옳다는 것이다."[179]

간단히 정리하자면, 주현향약 이외의 모든 향약을 향규로 이해한다는 의미로 추정된다. 김용덕 교수는 향약과 향규를 다음과 같이 비교한다.

"① 향규는 〈향헌〉이래의 오랜 전통을 지닌 우리의 고유한 것이고, 향약은 여씨향약을 수용한 중종 대 이후부터의 현상이다.

② '향약'은 그것이 시행되는 지역의 상하인(上下人)을 포함한 전원이 대상이지만, '향규'는 '향원'만을 대상으로 한다. 단 불법 패리에 대해서는 향외인이라도 향계에서 규제할 수 있었으니 이는 '향규'가 '향약'으로 혼동되기 쉬운 점이다. 향규는 향약으로서 기능도 발휘할 수 있었으므로 '향규'를 '향약'이라고 칭한 곳도 있었다.

③ 향약에서는 권장해야 할 덕목 및 처벌의 대상이 되는 악목 등을 열거하고 있다. 이에 반하여 향규에서는 향계(鄕契)의 지도층인 향대부, 향노, 향유사(鄕有司) 등 향집강(鄕執綱)의 선출절차, 향청(유향소, 향사당) 임원의 직무에 관한 사항, 향안 입록 절차, 자격 요건 등이 주요 내용을 이루고 있다.

④ 향규도 향약도 전기, 후기에 따라서 그 성격상 상당한 차이가 있지만, 18세기의 향약과 16세기의 향규를 비교하면 한층 명료하게 그 차이점이 부각되는 것이다."[180]

---

179 〈향약연구회에 대하여〉, 《신한국사의 탐구》(김용덕 저, 범우사, 1992), 292면.
180 김용덕, 〈향청연혁고〉, 《향청연구》 한국연구총서 36집(한국연구원, 1978), 41–43면.

김용덕 교수는 더 자세한 내용에 대해서는 자신의 저서 《향청 연구》를 참고하라고 권한다. 여기에 인용해보고자 한다.

"향약은 실시되는 지역사회의 전 성원을 의무적으로 가입시켜 교화를 진흥시키는데 있다. […] 향규는 어느 정도 향약의 기능도 발휘하여 양자는 확연히 구분하기 어려운 면도 있었으니 향규를 흔히 향약이라 부르는 이유일 것이다. 그러나 향규는 향집강(鄕執綱) 향임(鄕任)의 선임에 관한 사항, 좌수 등 향임의 직무에 관한 사항, 향안 입록 절차, 자격 요건 등을 규정한 사항이 주요 내용이고, 향원을 대상으로 한 점, 상하인을 망라한 교화 조직으로서 향약과 차원이 다른 것이다. […] 향원들의 단합된 힘으로 관권에 대항하여 향권을 지킨다는 이 점이야말로 전후(戰後) 점차 퇴색해 갔으나 향규 본래의 성격이 응축된 핵심적인 면이었다고 생각되는 것이다."[181]

이후 《한국제도사연구》에는 〈향청연혁고〉가 가필되었는데, 여기에서 그가 제시한 향약과 향규의 차이점은 다음과 같다.

"① 향규는 주로 향원을 대상으로 하고, 향약은 그것이 시행되는 지역의 상하인 전원을 대상으로 한다.

② 향약의 내용은 권장해야 할 덕목과 처벌의 대상이 되는 악목을 열거하고 있는데 비하여 향규는 향집강, 좌수, 별감의 선출 절차, 향청의 직분과 운용에 관한 사항, 향안입록(鄕案入錄) 절차 및 자격 요건 등이 주 내용이다.

---

[181] 김용덕, 〈향약과 향규〉, 《한국사상》 16집(1978), 50–53면.

③ 가장 핵심적인 차이점은 향약이 수분지풍(守分之風)의 진작을 위주로 하는 만큼 교화사적(敎化史的) 견지에서 고찰되어야 하는데 비하여 향규의 본질은 향원이 무고하게 처벌 될 때나 중대한 민원이 있을 때 또는 향리의 단속에 있어서 향계와 수령의 의격이 대립되었을 때 단결된 향원의 힘으로 관권에 대하여 향권을 지킨다는 사회사적 견지에서 고찰되어야 한다는 점에 있는 것이다.
    ④ 따라서 향규는 향권이 강했던 조선전기에 있어서 제 구실을 하였고, 향약은 향권이 약화된 조선후기에 있어서 그 공과가 뚜렷하게 나타난다."[182]

"향중인으로서 향안에 입록되지 않는 자라도 소민(小民)을 침해하는 패리(悖理)가 있으면 먼저 설득하고 그래도 개과 않는 자는 향소(鄕所)로 하여금 고관 치죄(告官治罪)시키니 이로서 보더라도 이 '[해주일향]약속'은 지역주민 전원을 대상으로 하고 있는 향약이 아니라 향규라는 것을 알 수 있다."[183]

"향약의 기본취지는 '수분지풍'의 진작, 체제 유지에 있는 것이다. 그리하여 '향약'에서는 동내 상하인이 모두 약중(約中)에 들게 하되 혹 입약을 거부하는 자가 있으면 '水火不相資 農役不相通 患難不相求 (물과 불을 나누지 않고, 농사일도 서로 돕지 않고, 어려운 일이 있을 때도 외면한다.)'라는 엄벌하고, 공동체로서의 동중 생활에서 소외하여 살 수 없게 하고 끝내 입약을 거부하면 장(杖)으로 다스리고 동리

182　〈향청연혁고〉,《한국제도사연구》(김용덕, 일조각, 1983), 156면.
183　김용덕, 위의 책, 154면.

에서 추방하기로 되어 있어 향약이 동네 유지 또는 관의 선도로 실시되면 그 지역의 전 주민이 반드시 약중인이 되는 것이다."[184]

여기에서 지칭한 향약은 '주현향약'을 의미하는 것 같다. '수분지풍'을 앞세워 전 주민을 '입약(入約)'이 아닌 강제로 '가입'시키는 것을 '향약'이라고 한다는 것을 받아들이기는 어렵다.

그는 향규와 향약이 전기, 후기에 따라서 성격상 차이가 있지만, 18세기의 향약과 16세기의 향규를 비교하면 한층 더 차이가 부각된다고 지적한다. 그런데 18세기의 향약이 주현향약을 의미하는데, 그는 이렇게 말한다.

"〈주현향약〉이란 심화되어 가는 사회 경제적 변동에 대비하는 방파제로서 유지(有志)의 수령이 앞장서서 운영하던 지역사회의 상하 전주민의 의무적으로 참여시키던 18세기를 전성기로 하는 동계(洞契)의 확대판이라 할 만한 것으로 18세기의 '향약통변(鄕約通變)'에 이미 사용되고 있는 용어이다."[185]

필자는 향규와 향약을 절대적 비교 대상으로 상정하는 대신에 향규와 주현향약의 비교로 좁혀 잡는 것이 맞을 것이라고 본다.

"향규란 유향소와 전후해서 국초부터 있었고 그 람상(濫觴)은 태조 말년이나 태종 원년 경에 태조가 친제한 '헌목(憲目)'이다. 헌목은

184　김용덕, 위의 책, 155면.
185　김용덕, 〈총서향약신론〉, 《조선후기 향약 연구》(향촌사회사연구회, 1990), 17면.

왕조발상지인 함경도의 세족문벌의 부노 자제들이 지켜야할 규약 즉 향규로서 마련된 것이다. 헌목에 관해서는 실록이나 문집에 아무런 기재가 없어서 알려지지 않았는데 고종광무 7년(1903)에 함흥에서 간행되어 도내 24군에 영포된 《향헌(鄕憲)》에 수록되어 알려지게 되었다. 헌목에 대해서는 다시 후술하겠지만 숙종초년경에 작성된 진상점(陳尙漸)의 '향사당기'에도 그 이름이 보여 헌목의 전승을 알 수 있고 순조때 편찬되어 증보를 거듭하여온 영흥부 읍지에도 '효령대군이라는 제명으로 《향헌》 소수(所收) 헌목과 거의 일치하는 헌목이 수록되어 있는 것이다."[186] "신흥국왕으로서의 자기의 출생지를 미화 존칭하는 일방(一方), 그[태조] 7년 4월에 이르러는 친히 함흥에 거동하야 하기하는 바와 같이 향헌조목(鄕憲條目) 41조를 친제하며"[187]

태조대왕께서 친제한 '헌목'이 실록에 수록되지 않았다는 것은 상상할 수 없다. 하물며 그 많은 문집에도 언급이 안 된 것을 보면 아마도 사실과 무관하다는 판단을 내리지 않기가 어렵다. 500여 년 만에, 그것도 벽지에서 간행된 것을 보면 더욱 그러하다. "사족이 적거나 없는 관서·관북 각읍"[188]이라고 했는데, '헌목은 왕조발상지인 함경도[관북지방]의 세족문벌의 부노 자제들이 지켜야 할 규약, 즉 향규와 서로 맞지 않는 것 같다.

---

186 김용덕, 〈향청연혁고〉, 《한국사연구》 21·22권(1978), 538면.
187 유홍렬, 〈조선향약의 성립〉, 《진단학보》 7-9권 합본(1975년 영인본), 458면.
188 김용덕, 앞의 책, 555면.

"(풍패향좌목) 고인인 최윤덕, 이지란과 효령대군 같은 원훈종척(元勳宗戚)을 중심으로 조직했으며, '향중사족[양반] 자제'라고는 하였으나 사실은 향안에 오를 만한 재지사족은 거의 존재하지 않았던 상태였다."[189]

박경하 교수에 따르면, "향규는 '조선적 향약'이 아니라 '조선의 향약'으로 성격 지을 수 있었다."[190] "이 저서[《조선향약교화사의 연구》]에서 조선시대의 향약이 모든 성격을 중국의 '여씨향약'에서 유래된 것으로 보는 기존의 관점에 향규를 '조선향약'으로, 그 성격을 발전시킨 단초를 열었다는 점에서 사학사적 평가를 하여야 할 것이다."[191] 참고로 제시하면, "그[이황]는 명종 11년(1556) 12월 향촌에 있을 때, 입약[예안향립약조]했다(56세). 그의 학덕이 고명하여 입약은 널리 알려져, 조선향약[조선의 향약]를 이야기할 때는 그의 입약이 빠진 적이 없었다."[192]

---

189 신정희, 〈향안연구〉, 《대구사학》 26집, 183면: 민치헌(閔致憲) '향안후서'에서 인용.
190 박경하, 〈일제하 관학자의 향약연구의 성격〉, 《역사민속학》 제22호(2006), 186면: 이 인용문 가운데 '조선적 향약'에 대한 각주(27번)는 다음과 같다: "유홍렬은 조선에서의 향약의 성립 과정에 초점을 맞추고 지방자치기구로서의 유향소가 기능하는 바탕 위에 중국의 여씨향약이 도입되자 우리 실정에 맞는 '조선적 향약'으로 변형되었음을 강조하였다. 〈조선향약의 성립〉, 《진단학보》 9, 1938."
191 박경하, 위의 책, 288면: 이 인용문 가운데 조선향약에 대해 다루는 각주(32번)는 다음과 같다: "당시 향약을 중국 주자에 의한 여씨향약이 조선에 도입되었으나, 조선에서 더욱 발전을 이룬 '조선적 향약'이라고 파악한 유홍렬의 향약에 대한 견해는 일제시기 일본 관학자들이 향약을 향촌민의 통제도구로 이용하려는 연구 배경 속에서 나온 선구적 업적으로 평가 받아 마땅하다. 그러나 전화위웅(田花爲雄)이 퇴계의 '예안향립약조'등은 중국의 것을 모방하지 않고 나온 조선의 독자적인 '조선향약'으로 본 것 역시 진일보한 견해로 평가하여야 할 것이다."
192 《조선향약교화사의 연구》, (전화위웅. 명봉사. 1972)), 186면.

"그[이황]의 향약은 성격적으로 여씨향약과는 별이(別異)하다."[193] 전화위웅은 '퇴계향약'을 향규라고 표현하지 않았다. "전천효삼과 김용덕은 이 저서[《조선향약교화사의 연구》]의 성과를 토대로 퇴계의 〈예안향립약조〉와 율곡의 〈해주일향약속〉이 기층민들과 무관한 〈향규〉임을 밝혔다."[194]

김용덕 교수는 "율곡의 '서원향약'도 종전부터 행하여지고 있던 것을 기본으로 하고 '여씨향약'을 참작해서 만들어진 것이라고 한다. 그것은 '서원향약'이 '여씨향약'과 크게 차이가 있는 사실로도 알 수 있는 것이다. 《조선향약교화사의 연구》의 저자 전화위웅 교수는 '조선에 있어서는 '여씨향약'과 다른(향약)이 전부터 행하여졌으며 그것은 한두 지역이 아니라 의외로 넓은 범위로 행하여 졌던 것이 아닐까(대의)'[296면]라고 향도계에 대하여 문제를 제기"라고 하였다.[195]

유홍렬 교수는 '향규'를 '조선적 향약'이라 하지 않았고, 다만 중종대에 향약을 유향소가 감사의 지휘 하에 운영에 참여했다고 했다.

"종래 알려진 바와 같이 퇴계의 '예안향립약조'나 율곡의 '해주일향약속'은 이른바 조선적향약이 아니라 향안에 오른 향원들을 대상으로 하는 향규이며 향규의 최대의 특징은 향약이 교화를 위한 것인데 비하여 향규는 관권에 대하여 향권을 지키는데 그 주안이 있는

---

193 위의 책, 196면.
194 박경하, 앞의 책, 285면.
195 김용덕 〈정여립 연구〉《한국학보》제4집, 48면/ 《조선후기사상사》김용덕 저, 472면

것이다."**196**

"정극인(丁克仁)은 향음례(鄕飮禮)·계·향약을 모두 같은 뜻으로 쓰고 있다고 할 것이다. 주) 7, (광주향약조목) – 광주목 승격을 계기로 선제는 희경당이란 학당을 짓고 유자격 사자(士子) 90원을 뽑았으며, 또 향약을 실시하였다고 한다. 희경당은 학당이라면 양사제(養士齊)일 것이고 별적(別籍)이란 향안을 가리키는 것이 아닌가 한다. 그렇다면 여기의 향약은 향규를 의미하게 된다. 사실 조문 내용은 향규인 율곡의 '해주일향약속'과 태사(太似, 거의 같다)하다. 당시의 향규는 전하지 않고 후세에 누군가 해주향약을 증손한 것을 수암지 편찬 당시[순조 20년 이후] 잘못 인용한 것 같다."**197**라고 했는데, 필자로서는 이해하기가 어려운 주장이다.

"선조 11년(1578)경 율곡이 선정한 '해주일향약속'에 대해서는 전화씨도 이를 '향약'으로 보았으나 '향규'인 것이다. […] 이 '약속'은 향안 입록자를 주된 대상으로 하고 있는 것을 알 수 있다. […] 향원의 결속으로 관권에 대항하여 향권을 지키기로 한 향약에서는 볼 수 없는 조목이 있으니 이것은 '약속'의 큰 특징인 것이다."**198**

"전화씨[전화위옹]는 '해주일향약속'에 대해서는 이를 율곡의 '해주향약·서원향약' 등과 비교하여 많은 상이점을 지적하면서도 이를 향

---

196   김용덕, 〈향청연혁고〉, 《한국사연구》 21·22집(1978), 564면.
197   김용덕, 〈향음예고–성종대의 향약에 대하여〉, 《동방학지》 46·47·48집(1985), 78면, 주 7.
198   김용덕, 《향청연구》(1978), 40–41면.

약이라고 보았던 것이다. '예안향립약조'나 '해주일향약속'이 종래 알려진 바와 같이 '주자증손여씨향약'이 수용되는 과정에서 조선적인 특색이 가하여진 '조선적향약'이 아니라 그것은 그 형식·내용·성격상 여씨향약과는 전혀 다른 '향규'라는 것을 선명(闡明)한 것은 전천효삼씨의 근작 '이조의 향규에 대하여'《조선학보》제 76·78·81집. 1975년 4월-1976년 10월)이다."**199**

전화위응은 '예안향립약조'가 '과실상규'로만 되어있으므로 '향규'로 보고, '해주일향약속'은 '과실상규'뿐 아니라 '예속상교'·'환난상휼'로 이루어졌으므로 '향약'이라고 보았다고 추정된다. 김무진 교수는 "향약과 기존의 향소 간에 생길 수 있는 문제를 해소하려 '해주일향약속'이 이루어진 것이라 할 수 있다."**200** 즉 '해주일향약속'이 향약이라고 보았다. 해주일향약속의 특징은 유향소와의 관계를 유지하는 내용의 수록이라 할 수 있는데, 그 자체가 입약 동기라 할 수 있겠다. 그 내용을 검토하면 다음과 같다.

"1. 유사의 자격은 향소원이어야 한다. 향소 사령을 이용한다.
2. 좌수, 별감을 추천한다.
3. 과실상규
　ㄱ. 干求鄕任潛行請託者(향임을 노리고 은밀히 청탁하는 자).
　ㄴ. 留鄕所及監官 憑公營私者(유향소 급 감관 빙공영사자).

199　김용덕, 〈향약과 향규〉, 《한국사상》 16집. 47-48면.
200　김무진, 〈율곡 향약의 사회적 성격〉, 《학림》 5집. 32면.

ㄷ. 官門及上二衙前騎馬者(관문 급 상이아전기마자).

ㄹ. 향안에 참여치 않는 자도 소민산승(小民山僧)에 대한 폐해를 입히고 고치지 않으면 향소로 하여금 관에 알리도록 한다.

예속상교
ㄱ. 향소 차지(次知)가 아동(衙童)에 대하여 위로한다.
ㄴ. 鄕所糾檢(향소규검) 不出歲後五日除前公狀(불출세후오일제전공장)

환난상휼
ㄱ. 鄕所勿出賻紙(향소물출부지)
ㄴ. 증경향임자(曾經鄕任者)에 부의(賻儀)

기타
ㄱ. 鄕所專掌糾檢吏民風俗(향소전장규검이민풍속)
ㄴ. 향리 등의 품관에 대한 능욕은 향소에 알린다.
ㄷ. 유향소 사장(辭狀)과 아전좌상을 경재소에 보고한다.
ㄹ. 향리 등의 선악적을 둔다."[201]

'광주목 승격을 계기로 선제는 희경당이란 학당을 짓고 유자격 사자 90원을 뽑았으며,'라고 했는데, 한영우 교수는 "해주일향약속은 해주목 전체를 대상으로 한 것으로서, 품관이 주체가 되어 유향소와

---
201 김무진, 〈율곡 향약의 사회적 성격〉, 《학림》 5집, 30-31면.

관련을 맺으면서 운영되는 향약"²⁰²이라고 하였다. '희경당'이 '희경루'를 잘못 기록한 것임을 인지하지 못한 것 같다. '후세에 누군가 해주향약을 증손한 것을 수암지 편찬 당시(순조 20년 이후) 잘못 인용한 것 같다'는 지적은 주석이 아니라, 본론에서 합당한 이유를 들어 설명하는 것이 적절할 것이다.

"주현향약의 논리는 명종 15년 (1560) 약관 25세의 율곡이 쓴 〈파주향약서〉에 이미 요령이 지적되고 있다. 즉 그동안 향약의 시행 여부가 '작철불항(作輟不恒)'한 것은 동리는 각 동리대로의 동약(실은 촌계)이 있을 뿐 그것이 면이나 현에 통속된 것이 아니기 때문이었다. 따라서 죄악을 저지르는 자가 있어도 제대로 징계되기 어려운 경우가 흔하여 이로 인하여 법은 유명무실하였던 것이다. 이러한 폐단을 없애기 위하여, 리는 면의, 면은 현의 감독을 받게 하면, 면리동(面里洞)은 관의 통제를 체계적으로 받아 관권의 뒤바침을 얻을 수 있고, 관권과 촌계를 연계시키면 촌계에서의 자율도 효율적일 뿐만 아니라 관은 말단 촌락까지도 조직화하여 통제를 철저히 할 수 있다는 것이다."²⁰³

이러한 정의는 주현향약의 논리가 교화 목적인 향약이 아님을 선언한 것 같다.

"(중종)14년에는 참찬관 김식(金湜)이 주제(周制)를 본받아 전국적인 규모의 향약실시를 주장하게 되면서"(〈여씨향약 보급운동과 그

---

202 〈조선전기의 사회사상〉《조선전기 사회사상연구》(한영우 저, 1983) 105면.
203 김용덕, 〈조선후기의 지방정치: 향청과 촌계〉, 《국사관논총》 3집, 136면.

성격〉,《조선향촌자치사회사》박익환 저. 1995년. 253면/《중종실록》 14년 5월 신해). "중종 13·14년에 집중적으로 추진된 향약은 관찰사를 중심으로 한 행정권에 의존된 강제적 성격이 강하였으니"[204]라고 하였다.

"(국왕) 기묘년[중종 38년]에 소학(小學)과 향약을 행하려 한 사람들은 한갓 그 글만 숭상하고 그 내실에는 힘쓰지 않았으므로 그 폐단이 하거상(下倨上)하고 천능귀(賤凌貴)함에 이르렀다. 이에 가히 볼만한 도(道)는 없어 그 뒤 그 폐단을 고치려고 쓰지 아니하였다."[205] 동년 10월 무술조에 "근래 간원(諫院, 司諫院)의 상소를 보니 향사·향음·향약 등의 일이 모두 법조에 실려 있지만 근자에는 경외(京外)에서 모두 거행되지 않는다고 하면서 이제 다시 그 당부를 신명하여 삼공(三公)들로 하여금 의계토록 명령했다." 동년 11월 신축일에 좌상 홍언필(洪彦弼) 등이 "여씨향약은 선을 권하고 비위를 금하는 뜻을 일향에 행하는 것은 과연 아름다운 것이다. (그러나) 조정이 스스로 정령을 내어 그 향약을 나라에 시행함은 옳지 않다.'라고 보고함에 대하여 국왕도 '지도(知道)'라고 답하여 향약의 아름다운 점은 인정하였으나 정령을 내려 향약을 전국에 다시 실시하지는 못하였음을 알 수 있다."[206] "중종대 향약보급운동의 성격을 규정한다면 첫째로 급진적일 정도로 진보적 성격을 많이 내포하였고, 둘째로는 전 국민을 교화하려는 교화적 성격이 두드러진다. […] 이에 비해 명종·선

---

204 박익환, 앞의 책, 252면.
205 《중종실록》 권101, 중종 38년 7월 을축조.
206 박익환, 위의 책, 238면.

조대의 향약보급운동은 중종대와는 대조적인 특징과 성격을 나타내고 있다. 첫째로는 너무나 완만할 정도로 점진적이라는 것이다. […] 둘째로는 우리 실정에 맞게 토착화하려는 경향이다. […] 셋째로는 자치적 성격이 더 두드러지는 경향을 엿볼 수 있다."[207]

장동표 교수는 "명청 대 향약은 여씨향약의 발전 궤도를 벗어나 민중을 통치하는 기구로 성격의 변화를 가져오고, 여씨향약이 가지고 있던 민간성과 자치성이 점점 줄어들면서 향약의 지위가 점점 하락하고 향약의 장은 관역화되었다. […] 조선에서 향약 시행은 주자 성리학이 정착되는 16세기 전반 중종대의 향약보급운동에서 비로소 시작된다. […] 조선에서 향약의 시행은 그 도입 단계에서부터 중앙정부의 논의 과정을 거치고 있으며, 향약의 시행 과정에 국가권력 혹은 관아의 직간접적 개입이 지속적으로 향하여졌다."[208]

중국정법대학 법률사학연구소 장 떠메이(張德美) 교수도 장동표 교수와 동일한 의견을 제시한다. "명청 시기의 향약은 송대에 자발적으로 발생한 민간조직을 벗어나 황제에서 지방정부에 이르기까지 크게 제창하여 향약에 정부 주도라는 특징이 점점 드러나게 되었다."[209]

"영목박지(鈴木博之)는 명대 향약이 지방관의 지방통치정책의 일환으로 권장되는 단계로 발전하였음을 설명하고, 이때가 되면 향약

---

207 박익환, 위의 책, 254-255면.
208 장동표, 〈조선시기와 명·청대의 향약 시행과 그 성격 비교 연구〉, 《한국민족문화》 58호, 242면.
209 장 떠메이, 〈향약의 직역화(職役化)를 논함〉, 《중국사 연구》 95집(2015년).

의 목적은 '예적 질서'의 유지에서 '법적 질서'의 확보로 변질되게 된다고 지적하였다."[210]

박익환 교수에 따르면, "〈광주향약조목〉은 이 향규약의 보급 실행을 위해 향사 90명으로 향적(향안) 즉 향좌목이 조직되었음을 적고 있어 필자[박익환]가 주장하는 전형적인 향규약의 자료이다."[211] 중종조부터 향약이 정부의 관리 아래 전 주민이 의무적으로 참여하게 되었다. 따라서 향적[향안]의 필요성이 없으므로, 선적과 악적민 있게 되어 있으나, 향적[향안]이 있으므로 향규라고 주장했다고 추정된다.

그는 "1강 6조 '향장을 능멸한 자'에서 '광주향약조목'이 '향안'이나 '향사당(鄕社堂)'과 관계가 없는 일반의 향약이라면, 향장(鄕長)이란 고을의 연장자를 지칭하는 것이다. 그러나 향사족의 '좌목'이 전제되고, 향사당에서 '향규약'을 어긴 자에 대한 벌량을 논한다는 것이 2강의 벌칙에 나오는 만큼 여기의 '향장'이란 향사당의 장 즉 '좌수(座首)'를 지칭하는 것을 봐야할 것 같다. 이렇다면 이 6조도 향규 성격을 드러내는 조목이다."[212]라고 했는데, 향안 즉 향적이 존재함으로 향규라는 판단은 무리이다. 그러므로 여기서 '향장'이란 고을의 연장자, 즉 광주향약의 지도자를 의미한다고 보는 것이 적절하다.

"(2강) ⑨조의 '집강(執綱)이 있지 아니할 때 향령을 쫓지 않는 자'란 좌수·별감 부재시에 향령을 따르지 않는 자를 규제하려는 것으로

---

210 홍성구(洪性鳩), 〈명 중기 휘주(徽州)의 향약과 종족의 관계〉, 《대동문화연구》 34집, 270면, 주 36: 영목박지(鈴木博之), 〈명대휘주부의 향약에 대하여〉에서 인용.
211 박익환, 〈조선전기 향촌 교화사 연구〉(동국대학교 박사 학위논문), 89면, 주 125.
212 박익환, 〈15세기 광주향약의 향규약적 성격〉, 《한국사의 이해》, 464면.

대표적인 향규 조목이다."²¹³에서 '집강'이란 "(고제) 면장·리장 등의 일컬음"(《민중 국어대사전》1965년)처럼 '실무자·유사(有司)'를 의미한다. 즉 좌수·별감으로 이해하는 것은 무리다. "그[주자증손여씨향약] 주석 중에서 향약의 도약정 직월 등의 역할을 각각 이따[이 땅] 유향소의 좌수 별감 유사 장무(掌務) 등과 같다고 […] 향약이 유향소와 동의의 것임과, 전자가 후자에서 유래하고"²¹⁴라고 한 것은 중종조 이후의 설명으로 이해한다. "증보문헌비고를 보면 이보다 몬저[먼저] 성종 20년 춘(봄)에 유향소를 개혁하야 향정(鄕正)을 세워 년노(年老)하고 덕망이 높은 자를 좌수라 칭하고 그 차(次)가는 자를 별감이라 칭하야, 주부(州府)는 5원, 군(郡)은 4원, 현(縣)은 3원으로 정하되 향중의 문학 재행이 구비한 자를 택한다 하였으니"²¹⁵에 의하면 세종·문종조에 좌수·별감으로 이해하는 것은 무리다.

"(2강 벌칙) 향약조목을 어긴 자의 벌을 논의하기 위하여 향원들이 유향소 건물[향사당]에 모여서 의논하였다는 것은 이 향약조목의 실행 책임을 맡은 도유사(都有司)나 유사는 이곳 광주 유향소의 좌수나 별감이 겸임했을 가능성도 다분하다 하겠다."²¹⁶ 앞에서 지적한 것처럼 '도유사나 유사는 이곳 광주유향소의 좌수나 별감이 겸임했을 가능성도 다분하다 하겠다'라는 추정은 근거가 약한 주장으로 보인다. 2강을 어긴 자는 집강이 공문을 발송하여 유향소 철폐로 비어 있는 향사당에 모여 중등의 벌을 시행한 것으로 이해한다. 그 당시

---

213   박익환, 앞의 책, 467면.
214   유홍렬, 〈조선향약의 성립〉, 《진단학보》 7-9권(합본, 1975년 영인본), 478면.
215   유홍렬, 앞의 책, 464면.
216   박익환, 앞의 책, 468면.

유향소가 없었다는 사실을 여러 곳에서 논증하였다.

'광주향약'은 1강 6개, 가족 및 향촌의 질서 유지에 관한 조목·2강 11개, 향촌민으로써 지켜야 할 조목·3강 2개, 회합시 준수할 조목·강외목(부칙) 5개 조목으로 구성되었다.

"강외(綱外)의 5개 조목은 수령이나 향소의 지휘·감독을 받으면서 대민업무를 직접적으로 맡아 처리하는 향리 배들의 불법과 비리를 징계하려는 조목들로, 이를 어긴 자는 향소니 향회에서 벌을 논하거나 시벌하는 것이 아니라 집강이 관에 직접 품의하여 의율과제(依律科罪)토록 한다고 하였다."[217]

그 당시 유향소가 없으므로 사회악을 저지른 향리와 향약 참여자가 아닌 사족들의 사건은 집강을 통해 관에 품의하여 법대로 처리되도록 하였다. 박익환 교수도 '강외목(綱外目)'으로 분류한 것을 보면, 향리 등 관계 5개 조목은 '광주향약'과는 직접적인 관계가 없다는 것을 인지한 것으로 보인다. 그러나 5개 조목이 '향규조목'이고, 그 당시 유향소가 존재했다고 믿고 있으므로 '향약조목의 실행 책임을 맡은 도유사나 유사는 이곳 광주 유향소의 좌수나 별감이 겸임했을 가능성도 다분하다'라고 하였는데, 중종대에 관찰사가 유향소를 앞세워 관주도 향약을 시행한 것을 참작하여 추론하였다고 본다. '주자증손여씨향약'은 사족들이 자주적으로 규약을 만들고 자유의사로 참여한 순수한 민간조직이다.

---

217 박익환, 앞의 책, 470면.

9.
과실상규 조목과 광주향약의 초점

광주는 1430년(세종 12) 고을 사족의 과실 때문에 읍호까지 강등되는 중벌을 받았다. "읍호 강등 조치에 민감한 사족층은 읍호 승격의 원인만 제공되면 읍호를 승격시키기 위해 집단적인 상소나 뇌물도 서슴지 않았다."[218] 이에 필문공 이선제 선생은 반성의 의지를 보이고자 하는 마음과 수기치인을 사명으로 규약을 세우고, 이에 찬동하는 고을 사족 90분과 함께 솔선수범하여 향풍이 바로 서고, 읍호가 복귀되기를 기약하였다.

읍호 강등이란 엄한 처벌을 받은 상태이기에 우선적으로 과실상규 조항만으로 입약(立約)했을 것이라고 생각한다. "'형벌의 규범'을 마련하여 놓고 있다손 치더라도 되도록 그것을 제쳐 놓고 적용하지 않는 것을 이상으로 삼았"[219]다고 했는데, 같은 신념을 공유했으리라 본다.

김유혁은 여씨향약과 구별되는 퇴계향약의 독자성을 바로 이 부분에서 발견한다. 결코 원형 그대로 모사하지 않고, 주체적으로 수용하되 계도 효과를 중시했다는 것이다. "[퇴계 향약은] 현실적이며 적지적인 고려로써 주체적으로 수용하는 입장에 서서 계도 효과가 크게 나타날 수 있도록 향약을 제정하였기 때문에 그 파급력이 컸던 것으로 이해된다."[220] 결과적으로 중국의 모형으로부터 완전히 벗어나 전혀 새로운 유형을 제시했다는 것이다.

218 임승표, 〈조선시대 읍호 승강제 운영의 제 영향〉, 《실학사상연구》 17·18집(2000), 232면.
219 〈우리나라 향약에 관한 연구〉 김명진, 건국대학교 대학원 박사학위청구논문 (1978), 29면.
220 김유혁, 〈퇴계의 향약과 사회관〉, 《퇴계학연구》, 232면.

퇴계향약에 대한 이런 설명은 '광주향약'에도 그대로 적용된다. 퇴계는 '향립약조서'에서 "향약은 이렇듯 향민에 대한 교육·징벌·인재 천거를 목적으로 하는 향대부제의 정신을 계승한 것이지만 당시의 실정으로는 교육보다는 징벌만을 목적으로 해야 한다고 믿었다. 왜냐하면 효제충신의 교육은 이미 학교에서 이루어지고 있다고 보았기 때문이다."[221] 이것이야말로 광주향약에 대한 적확한 설명이다.

"향약을 네 가지의 강령으로 나누어 기술하는 방식은 당초 여씨 향약에서부터의 일이지만, 주자향약에서 이를 채택한 이후 향약이라 하면 의례 4강령을 갖추어야 하며, 반대로 4강령을 갖춘 것이라면 아무래도 향약일 수밖에 없는 것처럼 생각하게 되고 말았다."[222]

이를 달리 말하면, 4강령을 갖추지 못하면 향약이라 할 수 없다는 것이다. 일제강점기 때 '조선인의 정체성'의 일례로 향약을 내세웠다. 주자증손여씨향약을 모델로 삼아서 4대 강목으로 변함이 없었기 때문이다. 박경하는 "조선후기에 이를수록 향약의 내용에 독창성이 떨어지고 모방성이 강하고, 관념 유희적인 향약이 많은 것을 설명하여, 조선후기의 문화적 정체성의 사례로 향약을 제시하였다."[223] 그러나 "전화위옹은 저서에서 퇴계의 〈예안향립약조〉는 중국의 〈주자증손여씨향약〉을 참조하지 않고도 나올 수 있는 것이라 하여, 조선 고유의

---
221 〈조선전기의 사회사상〉 《조선전기 사회사상연구》(한영우 저, 지식산업사, 1983), 99면.
222 정형우 〈조선향약의 구성과 그 조직〉, 《이홍식박사회갑기념 한국사학논총》(1969), 320면.
223 박경하, 〈일제하 관학자의 향약연구의 성격〉 《역사 민속학》 22호(2006), 278-279면. 사방박(四方博), 《이조시대 향약의 역사와 성격》에서 재인용.

향약이 있었음을 논증하였다."²²⁴ 이유는 4대 강목을 제시하지 않아서였을 것이다. 향약의 기본취지는 지키면서, 그 지역 사정에 맞추어 규약을 만들어 자유의사 결정에 따라 참여한 약원들끼리 서로서로 격려하면서, 규약에 찬동하며, 성실히 수행 할 것을 자유의사에 의해 서약한 것이다.

전화위웅은 퇴계 선생이 서문에 왜 '과실상규조'만 제시했는지 사유까지 서술했지만 이를 간과하고, 서문을 세 가지로 요약했다. "제일은 입약의 발상은 이황 자신이 아니다, 제 이는 약조를 정한 것은 혼자 머리에서 나온 것이 아니다, 제 삼은 그의 약조는 여씨향약과는 관련이 없다."²²⁵ 더욱 주목할 만한 부분은 "(퇴계 선생의 향약)은 일 권(一卷)의 형법전(刑法典)"²²⁶이란 대목에서 발견된다. "영목박지는 명대 향약이 지방관의 지방통치정책의 일환으로 권장되는 단계로 발전하였음을 설명하고, 이 때가 되면 향약의 목적은 '예적 질서'의 유지에서 '법적 질서'의 확보로 변질되게 된다고 지적하였다."²²⁷ 박성봉 교수는 〈전화위웅 저 '조선향약교화사의 연구'의 서평〉에서 다음과 같이 말한다.

"[퇴계의 향약]은 특히 저자가 언급한 것처럼 '마치 한 권의 형법전이었던'(p.190) 그의 향약조는 확실히 독특한 주체적 향약이었으니 어

---

224 박경하, 앞의 책, 285면: 전화위웅(田花爲雄) 《조선향약교화사의 연구》 196면에서 재인용.
225 전화위웅(田花爲雄), 《조선향약교화사의 연구》(1972), 186-187면.
226 전화위웅(田花爲雄), 위의 책, 190면.
227 영목박지(鈴木博之), 〈명대휘주부의 향약에 대하여〉, 홍성구(洪性鳩) 〈명 중기 휘주(徽州)의 향약과 종족(宗族)의 관계〉, 《대동문화연구》 34집, 270면, 주 36에서 재인용.

쩌면 여씨향약을 부정적으로 무시한 것 같다고까지 평을 들을 만큼 교화 권도는 천강의 심성과 선국으로서의 국가의 학교를 신임하는 입장에서 만들어졌다. 비록 불여의한 사정으로 실시되지는 못하였으나 […] 정신사쪽으로 지대한 권위와 의의를 가지고 있었다. 그리고 '향약의 거의 필두적 사행으로서 훤전(喧傳)되고, 더욱 내용적으로 그 약조(벌목 즉 악행목)가 후세 향약에 표준적으로 영향하였다(채택되었다)."[228]

박성봉 교수가 특히 주목하는 점은 이황이라는 존재가 조선 사람들의 "선악의식을 명확하게 하고", "그들을 교화"했다는 것이다. 퇴계향약은 법보다 예를 더 중시했다는 대목과 연결될 것이다. 그리고 이는 이선제 선생이 광주향약을 통해 과실상규 조목만 제시한 이유이기도 하다. 그의 문제의식이 후대 사람인 퇴계의 문제의식으로 지속되었다고 봐도 무방할 것이다.

10.
향약의 집회 장소
– 향사당(鄕社堂)과 향사당(鄕射堂)

동건휘에 따르면, 향약 활동을 위한 고정적인 활동 장소가 있다. 약소(約所)나 향약소(鄕約所)라고 불리는 이 공간을 위해 별도로 짓

---
228 박성봉 〈전화위웅 저 '조선향약교화사의 연구'의 서평〉, 《아세아연구》 49호, 231면.

기보다 "일반적으로 그 지역에 원래 있던 공공건축물, 예컨대 사묘(寺廟), 도관(道觀, 도교 사원), 서원, 사학, 사당 등을 빌려서 사용한다."[229]

광주향약의 경우는 집회 장소가 별도로 없다. 그 당시 유향소가 폐쇄되어서 비어 있는 향사당(鄕社堂)을 모임 장소로 사용했으리라고 추정한다. 그러나 박익환 교수는 〈광주향약〉 2강목 벌칙을 보고 "향약강목을 어긴 자를 벌하는데 일제히 향사당에 모여 시벌(施罰)한다고 하였으니, 이 향약이 실시된 문종 1년(1451) 이전에 이곳 향사당 건물이 마련되어 있음을 확인할 수 있다. […] 세종대에 유향소가 복립되어 향회가 열리고 그 건물이 마련된 고을로는 안동부·영천군·광주목 등이 있었고"[230]라고 주장하였다. 또한 향사당이 유향소 건물을 가리키는 명칭이며, 유향소 건물을 매개로 유향소의 좌소나 별감이 향약을 실행을 담당하는 유사나 도유사를 겸임했을 가능성이 있다고 보았다.

"여기의 향사당이란 세종 10년(1428) 유향소복설을 허용한 이후에 광주지방에 세워진 유향소 건물을 이렇게 불렀음이 틀림없다. 이렇다면 향약 조목을 어긴 자의 벌을 논의하기 위하여 향원들이 유향소의 건물에 모여서 의논하였다는 것은 이 향약조목의 실행 책임을 맡은 도유사나 유사는 이곳 광주 유향소의 좌수나 별감이 겸임했을 가능

---

229 동건휘(董建輝), "'鄕約'不等於'鄕規民約'", 《廈門大學報(하문대학보)》 제2기(2006), 19면. 제목 그대로 이 논문의 논지는 '향약과 향규민약이 다르다'는 것이다.
230 박익환, 〈선초 유향소의 치폐 경위 재고〉, 《한국사학논총 상(上)》(1992), 781-782면.

성도 다분하다 하겠다."²³¹

물론 박익환 교수도 "《세종실록》의 편년기에 유향소 복립 단순기사가 잘 나타나지 않는다"는 사실을 인정하지만, "《향헌(鄕憲)》 소재 세종 10년 〈무신 유향소복설마련절목〉 기사"를 매개로 "세종대에 유향소 건물을 마련하여 향회가 열리고 있는 안동·영주·광주 등 중요 고을의 복설 사실을" 주장하고 싶은 것이다.²³²라고 하였다.

그러나 앞서 지적한 대로 당시에 유향소는 없었다. 따라서 좌수나 별감 자체가 없었다. 광주牧에서 향회가 개최되었다고 말하는 시료도 없고, 세종대에 유향소 복설사실도 없다. 이미 지적한 대로《향헌》 소재 세종 10년 〈무신유향소복설마련절목〉는 사실이 아니다.²³³

1429년 4월 목사 구타 사건 이후 1451년 읍호승강 때까지 실록 어디에도 유향소 관련 언급이 없다. 〈희경루기〉에는 '고을의 부로(父老)'인데,《문종실록》에는 '본군의 유향 품관'이라고 했다. 객관적인 판단이었다. 〈희경루기〉를 찬하신 신숙주 선생은 대부분 만난 적이 있는 향약의 약인분들일 것으로 추정된다.《문종실록》를 찬하신 분들은 다수이고 상소문만 보고 유향품관일 것으로 판단했을 것이다. 물론 그 중에는 유향품관도 계셨으리라 추정되지만, 종합적으로 판단하여 보면 〈희경루기〉의 표현이 보다 바람직하다고 본다. 유향품관이라고 표현하면 유향소를 연상 할까 두렵다. 저자는 유향소가 존재했다면, 굳이 향약을 실행하지 않았을 것으로 추정한다. 유향소에서 풍속 장

---

231 박익환, 〈15세기의 광주향약〉,《조선향촌자치사회사》(1995), 184면.
232 박익환, 위의 책, 59면.
233 "11. 유향소 치폐문제"를 참조.

려에 힘쓰는 것이 보다 보편적이기 때문이다.

희경루는 건립 이후 집회장소로 사용한 것으로 전해진다. 광주에서는 처음부터 향사당(鄕社堂)이라 했으나, 시대가 흐른 후 향사당(鄕射堂)으로 바뀐 것을 지리지·읍지에서 확인할 수 있다.

"유향소 건물을 향사당(鄕社堂), 향사당(鄕射堂), 향청(鄕廳), 향서당(鄕序堂), 향헌당(鄕憲堂), 향임청(鄕任廳), 풍헌당(風憲堂), 향약당(鄕約堂), 향당(鄕堂) 등 여러 가지로 불렀다. 유향소의 명칭을 '향사당(鄕社堂)'이라고 한 예를 아세아문화사가 간행한 '읍지'들을 통해 조사한바 전라도의 무안, 영암, 영광, 창평, 동복, 해남, 제주 등이고, 경기도에는 적성, 여주 등이며, 황해도에는 신계현읍지에 보이며, 평안도에는 강서와 정주읍지 공서 조에 보인다."[234]

그 외에도 밀양 향사당(鄕社堂) 등 몇 군데 있으나 조선후기에 향사당(鄕射堂)으로 대부분 바뀐 것으로 추정된다. 그러나 "조선 후기에 있어서도 향청은 '향청' 외에 향사당(鄕射堂)·향사당(鄕社堂. 安岳郡邑誌)·향서당(鄕序堂. 榮州郡邑誌)·향당(鄕堂. 長城鄕校誌)·향약당(鄕約堂. 草溪郡邑誌)·풍헌당(風憲堂. 龍城誌)·향소청(鄕所廳. 麻田郡邑誌)·유향청(留鄕廳. 長連縣邑誌)·집헌당(執憲堂. 洪城誌)·향임청(鄕任廳. 德川邑誌) 등 이칭이 많았다."[235]

"향청: 향사당(鄕社堂) 또는 유향소라 불렸는데 좌수와 좌별감, 우별감 등이 관내 민정을 살펴서 민의를 대표하고 수령의 행정을 지방

---
234 박익환 〈15세기 광주향약의 향규약적 성격〉, 《한국사의 이해》(신서원), 468면.
235 〈향청연혁고〉, 《한국제도사연구》(김용덕 저. 일조각, 1983), 131면.

토호의 입장에서 지원하는 자문기관이었다."[236]

　자산 안확(安廓)의 《조선문명사》에 "권오복(權五福)의 향사당기(鄕社堂記)"라고 기록되어 있다.[237] "성종 25년에 작한 홍문관교리 권오복의 예천향사당기(醴泉鄕射堂記)"[238] 김종직 문인인 권오복 문집 《수헌집》 곤(1585년 간행)에 '향사당기' 견(見) 여지승람'이라 했는데, 《신증동국여지승람》〈영천군. 신증 향사당(鄕射堂)〉조에 '권오복기(權五福記)'리고 기록되이 있다. 〈향사당 조〉에 기록되어 있으므로 '권오복 향사당기'라고 편집한 것 같다. 유홍렬 교수의 〈조선향약의 성립〉을 비롯하여 대다수 자료에서 '권오복 향사당기'라고 기록하고 있다. 김종직은 '향사당(鄕社堂)'이라 했는데, 왜 문인인 권오복은 '향사당(鄕射堂)'이라고 했을까?

　금난수(琴蘭秀)의 〈퇴계선생향립약조후식(退溪先生鄕立約條後識)〉에 '향사당괘벽(鄕射堂掛壁)'이라고 나오지만, 이어서 기록된 봉화현 지현(知縣, 縣監) 때 찬한 데에서는 '게부봉화향서당소식(揭付奉化鄕序堂小識)'이라고 되어 있다. 〈성재선생년보(惺齋先生年譜)〉에는 '향서당간게선사약조(鄕序堂刊揭先師約條)'라고 수록되었다.[239]

　이해준에 따르자면, 향사당(鄕射堂)이 일반화된 이유는 "성종대에 복립된 유향소가 사림세력들에 의해 이곳에서 향사례·향음주례(鄕

236　《나주목지》(정윤국 저, 1989), 343면.
237　《조선문명사》(안확(安廓) 지음 & 송강호 역주, 우리역사연구재단, 2015), 280면.
238　유홍렬, 앞의 책, 465면.
239　《성재문집건(惺齋文集乾)》 국립중앙도서관 소장.

飮酒禮)를 주관·실시토록 장려되었기 때문"이다.**240** 밀양에 향사당(鄕社堂)을 건립한 김종직은 이렇게 말한다. "성종대 사림파의 유향소 재복립 추진 의도에서도 나타나지만 사림파들은 《주례(周禮)》에 입각하여 유향소가 향사·향음례를 보급·실행할 수 있는 기구로 삼자는 것이었다."**241** 결국 복설된 유향소 건물 명칭을 향사당(鄕射堂)이라고 한 마을이 많았던 이유가 여기 있다는 것이다.

《한국민족문화대백과사전》의 향사당 항목 부분도 봐둘 만하다. "처음에는 유향소로서 기능을 하였으나, 1475년(성종 6) 유향소가 다시 설립될 때, 주나라의 제도에 따라 풍속을 교화하되, 특히 예악덕행(禮樂德行)을 세우는데 제일인 '향음주례(鄕飮酒禮)를 행하는 유향소'라는 뜻으로 향사당이라 개칭되었다."**242**

김용덕 교수는 명칭과 기능을 다소 혼동한 것으로 보인다. "향청은 처음 유향소라 불리었고, 전기에는 대체로 유향소란 용례가 많고 후기에는 향청이란 용례가 많은 것 같다. 그러나 유향소란 좌수 별감을 향소라고 하듯이 인적조직을 말하는 것이고 청사(廳舍)는 흔히 향사당(鄕射堂)이라고 하였으나 유향소가 때로는 청사를 의미하기도 한다."**243** 여기서 전기란 '처음'을 의미할 테니까 '향사례'가 성종 때부터 유향소에서 집례한 것으로 볼 때, "전기에는 대체로 유향소란 용례가 많고 후기에는 향청이란 용례가 많은 것 같다."라는 주장은 부적절하다. 이미 언급한대로 장소 즉 건물은 처음에는 '향사당(鄕社堂)'

---

240 신정희, '향사당', 《한국민족문화대백과사전》(한국학중앙연구원).
241 《향청연혁고》, 《향청연구》(김용덕 저, 1978), 75면: 박익환, 〈선초 유향소의 치폐 경위 재고〉, 《한국사학논총 상》(1992), 776면에서 재인용.
242 신정희, '향사당', 《한국민족문화대백과사전》(한국학중앙연구원).
243 김용덕, 〈향청연혁고〉, 《한국사연구》 21·22집(1978), 522면.

이라고 했을 것으로 본다.

"김종직 일파의 (유향소) 복립운동은 단순한 이전 제도의 부활만을 의미하지 않고, 주례(周禮)의 향사례(鄕射禮)·향음주례를 실천할 기구로서 유향소를 운위(云謂)하는 특징을 보인다. […] 향사의(鄕射儀)는 오례 중 군례의식(軍禮儀式)으로서 '매년 3월 3일(가을에는 9월 9일)에 개성 및 제도(諸道) 주·부·군·현에서 길진을 택해 그 례를 행한다' […] 이 두 의례는 오례익에 이렇게 규정되어 있으면서도 실제에 있어서는 성종대 때까지도 지방 수령 감사들이 거의 행하지 않았던 것으로 말해진다."²⁴⁴

유향소 복립 운동은 실현되지 못 했으나, 그 후 성종 19년 김미(金梶)의 복립 운동 재개로 다음 해에 가결되었다.

"안동 향사당(鄕射堂)부터 보기로 하자. 신증 동국여지승람 안동 도호부조에 본부(本府)의 풍속으로 특기된 '근무절용(務本節用)'은, 권시(權偲)의 향사당기에 적힌 '俗尙勤儉(속상근검) 務本而節用(무본이절용) 有唐魏之風(유당위지풍)'에 근거함을 세주(細註)로 밝혔다. 권시(權偲)의 향사당기는 전하지 않지만 권시는 태종·세종대에 활약하였으므로 안동 향사당(鄕射堂)은 늦어도 세종대에 이미 있어야 할 것이다."²⁴⁵

---

244 이태진, 〈성종대 사림파의 유향소 복립운동 (하)〉, 《진단학보》 35호, 7–9면/ 이태진, 〈사림파의 유향소 복립운동〉, 《한국사회사연구》(지식산업사, 1986), 156–158면.
245 이태진, 〈성종대 사림파의 유향소 복립운동 (하)〉, 17면/ 이태진, 〈사림파의 유향소 복립운동〉, 168면.

"유향소의 건물인 동시에 향안을 소장하던 향사당(鄕射堂)도 처음에는 단지 무비(武備)를 대비하는 습사(習射) 장소로서의 의미를 가졌다. […] 세종조 정인지의 경주부(慶州府) 〈빈현루기(賓賢樓記)〉와 안동부 권시(權偲)의 〈향사당기문(鄕射堂記文)〉에 의하면, 유향소의 건물인 향사당(鄕射堂)은 강무(講武)·습사(習射)하던 장소에서 발전했음을 알 수 있다. […] 안동의 향사당(鄕射堂)이 설립되기 전에는 춘추강신·습사·향음례 등을 안동부내 법상사(法尙寺)의 남록(南麓)이나 금곡동의 서잠(徐岑, 넓은 언덕)에서 개최하였다. 풍우(風雨)를 막고 한서에 대비하는 시설이 없어 의형(儀形)을 제대로 갖출 수 없었다. 이에 세종24년(1422) 안동부인(府人) 권치(權輜, 현감)·남부량(南富良, 上將)·권촌(權忖, 현감)이 향중부노와 의논하여 법상사 후원에 향사당(鄕射堂)을 세웠다."[246]

저자는 권시의 향사당기(鄕射堂記)'를 유향소의 향사당기가 아니라 활터의 향사당기라고 본다.

"경상도 지방은 15세기 후반부터 향사낭(鄕射堂)을 세워 유향소를 구성하고 향사, 향음례, 사창(社倉), 향약 등을 차례로 실시해나갔다."[247]

"밀양 향사당(鄕社堂)의 운영 문제는 점필재[김종직]로서는 가장

---

246 《경상도 칠백년사》 제1권, (경상북도편찬위원회, 1999) 637면.
247 《경상도 칠백년사》 위의 책, 631면.

큰 관심사 중의 하나였다. 자신이 직접 '향사당'이란 편액을 걸게 하고 다른 고을의 본보기로서 향풍의 규정을 지도해 온 기관이었기 때문이다."[248]

"성종 20년(1489)에 이르러 이를 개혁하여 지방 풍속의 교정과 향리의 규찰을 위해 그 제도를 부활시켜 체제를 정비하였다. 이 때 종래의 '유향소' 또는 향소를 '향청'이라 부르게 되었고, 그 집을 향사당(鄕射堂) 또는 향사당(鄕社堂)이라 하였다. 이는 이곳에서 향음주례(鄕飮酒禮) 혹은 향사(鄕射禮)와 같은 향중 행사를 주관한데서 연유한 명칭이라 볼 수 있다."[249]

"[제주] 가락천 서쪽에 처음 지었던 것을 조선 숙종 17년(1691)에 지금 있는 자리로 옮겨 짓고 향사당(鄕射堂)이라 이름을 지었다. 그 뒤 정조 21년(1797)에 이름을 향사당(鄕社堂)이라고 고쳤다. 조선 전기에는 좌수의 처소로 쓰이다가 고종 16년(1879)에 '신성여학교' 자리로 이용하였다."[250]

왜 향사당(鄕射堂)을 향사당(鄕社堂)으로 고쳤던 것일까? 이는 필경 원래대로 돌리고자 함이었을 것이다. 제대로 곱씹어 볼 만 한 대목이 아닐 수 없다.

---

248 《밀양향교지》(2004), 457면.
249 《밀양향교지》 위의 책, 204-205면.
250 제주특별자치도 유형문화재 - 향사당(鄕社堂), 〈국가문화유산포털〉(문화재청), 인터넷 자료.

11.
유향소의 치폐(置廢)

유향소는 언제 설치되었는가? 유홍렬에 따르면, "증보문헌비고(增補文獻備考)에는 간단히 '國初置郡縣留鄉所(국초치군현유향소) 施罷尋復(시파심복)'이라 하여, 그것이 이조 초기에 설치하였다고 하였으나, 가장 근본 사료인 이조 초기 제왕의 실록을 뒤져보아도 그의 명확한 년대를 잡아내지 못하였음은 유감이다."[251] 이로 인해 유향소는 국령을 따라 설치된 것이 아니라, 지방 인사들이 자발적으로 조직한 것으로 추정한다.

이조 초기 왕의 실록에서 명확한 년대를 찾지 못했다고 하는데, "전게(前揭)한 세종 10년의 유향소 절목 중에 '유향소품관은 경재소가 택정하다.'하는 것은 저간의 소식을 여실히 전하는 것"이라는[252] 주장이 어떻게 가능한 것인가? 마찬가지로 실록에 흔적조차 없는데도 불구하고 "저간의 소식을 여실히 전하는 것"이라고 서술했다. 김용득에 따르면, "세종 17년 9월에는 경재소의 제도가 확립"되었고, "각 군현의 경재소는 좌수 1원과 참상 별감(6품 이상) 2원 참외 별감 2원을 두되 해읍(該邑, 그 읍)에서의 수령정치에는 관여할 수 없게"[253] 정했다. 경재소 제도가 확립되기도 전인 세종 10년도에 유향소 품관을 경재소가 택정한다는 주장은 받아들이기가 어렵다.

---

251 유홍렬, 《진단학보》 7-9권 합본(1975), 455면.
252 유홍렬, 위의 책, 457면.
253 김용득, 〈경재소론〉, 《중앙사론》 3집(1980), 6면: '《세종실록》 세종 17년 9월 을사' 인용.

유홍렬 자신의 말을 다시 인용하지만, "신흥국왕으로서의 자기의 출생지를 미화 존칭하는 일방, 그[태조] 7년 4월에 이르러는 친히 함흥에 거동하야 하기하는 바와 같은 향헌조목(鄕憲條目) 41조를 친제"[254]한다. 임금의 궐 밖 출입은 실록에 당연히 수록되어야 맞지만, 실제로는 그렇게 되지 않았다. 그런데도 이 기록을 믿을 수 있을까?

"국가는 유향소 혁거령의 무의미함을 깨달고 이로부터 23년 후인 세종 10월 6일에 이르러는 유향소의 복설을 명하였다. 그때 올린 예조의 계목(啓目)에도 '奉承傳(봉승전) 各道各官留鄕所復設爲乎矣(각도각관유향소복설위호의) 因緣作弊品官乙良(인연작폐품관지양)'라고 있어, 당시 국가도 유향소의 작폐를 완연히 지찰(知察)하면서도 사세부득이 그것의 복설을 마련치 아니지 못하게 된 것 같으니, 이것은 유향소의 절대한 위세에 견제되어 일시의 국령으로서는 좌우할 배 못됨을 알고, 그나마 그의 존속을 이용하야 악이(惡吏)를 규찰하고 향풍을 바르게 하고자 하는 위정자의 궁책에서 나오는 것이라 볼 수 있다."[255]

전술한 '예조(禮曹)의 계'의 출처를 정확히 밝히지 않은 것은 아쉽다. 유향소 혁거령이 1406년(태종 6년)이므로 23년 후이면 1429년(세종 11)이 되나, '세종 10년'이라고 하여, 1457년에서부터 2년에 걸쳐 '10월 6일' 근방의 실록을 조사했다. 하지만 전술한 '예조의 계'를 찾

---

254 유홍렬, 앞의 책, 458면.
255 유홍렬, 앞의 책, 461면.

을 수 없었다.**256**

유홍렬은 처음에는 지방에서 사적으로 조직된 일개 자치기관에 지나지 않았던 유향소가 세종조에 행정기구의 하나로 편입되었다고 본다. 이 때에 "유향소의 복설을 국령으로써 전국에 명한 것은 […] 유향소의 보편화를 꾀한 것이니, 이로써 유향소는 전국 각지에 설치됨을 보게 되었다"**257**는 것이다. 그런데 유향소의 복설을 국령으로써 전국에 명했다면, 왜 실록에 수록되지 않은 것일까? 받아들이기 어렵다.

"여말에 있어서도 그 지역의 유력자가 '유향 품관'으로서 통치에 협력하는 경우도 있었는데 이러한 유향품관의 대폭적인 출현은 공민왕대의 첨설직 설치 이후의 일일 것이다. […] 태조 원년 9월에는 향리 출신으로 등과자를 제외하고 고려의 봉익(정2품) 이하, 조선의 통정(정3품) 이하의 품계를 가지고 있던 자들을 모두 본향에 돌려보냈다. […] 유향품관 토성 사족을 통제하기 위하여 집권력 강화라는 견지에서 태조 6년 4월에는 기한을 정하고 '전위(前衛)'들에 대한 '부경시위령(赴京侍衛令)'을 내렸고 재외 품관으로서 기일 내에 시위치 못한 자에 대해서는 수탈직첩(收奪職牒) 적몰재산(籍沒財産)이란 엄벌을 내리기도 하였다.

태종 6년의 유향소 혁파도 '집권 체제 강화'라는 면에서 취해진 조치라고 생각되거니와 수령의 '집권 견제'란 유향소의 취지는 정부로서도 없을 수 없는 필요한 기능이었다. 이리하여 유향소가 혁파된 후

---

256 《한국사회사연구》(이태진 저. 189) 147면.
257 유홍렬. 앞의 책. 461~462면.

시일은 분명치 않으나 얼마 안가서 그것은 신명색(申明色)이라는 이름으로 부활되어 그 역할이 계속되었다. […] 품관들은 왕왕 수령과 대립 분쟁을 일으키거나 나아가서는 능천행위(凌蔑行爲)도 빈번하였을 것이므로 정부는 수령의 작폐(作弊) 문제보다 중앙의 권위를 세우고자 태종 17년 12월 신명색을 혁거(革去)하였다. 신명색이 혁거된 후 3년이 지난 세종 2년 9월 예조판서 허조(許稠) 등은 상하(上下)의 분(分)을 확립하기 위하여 능상(凌上)의 풍(風)을 두절시켜야 하며 이런 견지에서 '부사 서도(府史胥徒)'가 그 상시를 고소하거나 품관이민(品官吏民)이 수령이나 감사를 고소하면 종사안위(宗社安危)나 비법살인(非法殺人) 외에는 비록 사실이라 하더라도 외관(外官)은 불문에 붙이며 한편 만약에 사실이 아니라면 엄벌할 것을 상소하여 채납(採納)되었다."[258]

"세종 10년(1428) 유향소가 부활되고 절목이 마련되었는데 여기에는 수령의 불법 규제에 관한 조항은 없고 유향소품관들의 작폐를 금방(禁防)하는데 치중된 것이었다."[259]라고 했지만 앞에서 지적한 것처럼 인정하기 어렵다.

"당시[세조 13년 5월경. 이시애란(李施愛亂) 돌발 직후 중앙정부로부터 제읍유향소품관들에게 내린 교서를 보면: '李施愛詐稱有密旨(이시애사칭유밀지) 殺害康孝文(살해강효문)'"[260]을 보면, '제읍 유향소 품관'들에게 내린 교서이다. 만약에 그 당시 유향소가 실존했다면, 유향소 좌수와 품관들에게 보냈을 것이다. 그러므로 세조 당시에

---

258 김용덕, 《한국제도사연구》(1983), 132-134면.
259 위의 책, 134면.
260 유홍렬, 앞의 책, 463면

는 유향소가 존재하지 않았다는 뜻이다.

"일설에는 유향소는 이시애란의 돌발 후 국령으로써 혁거되였다고 전하나, 정확한 사료를 얻지 못한 나로서는 이를 확론키 어려우며, 당시 함길도 절도사 허종(許琮)의 계서(啓書)에 '諸邑留鄕所 承施愛移文 凡言姦黨者 雖守令或殺或囚 臣意以爲留鄕所之事 亦未爲非 凡謨反者 人得而誅之 道內無節度使觀察使 唯聽施愛之語 彼云某是姦黨 則孰有致意哉 臣於所經諸邑招留鄕所 以此意 面諭之 且曰施愛移文 終雖無實 汝等何罪焉 反覆告諭然未知實聽與否'十二[번역문은 다음 단락 참조]라고 있어 유향소의 비(非)를 부정하고, 또 익(翌) 십삼년 [14년의 오기] 이월에는 세조 친히 온양행궁(溫陽行宮)에 행하야 '유향소 장무 살해(留鄕所掌務殺害)'의 옥사를 의(議)한 것으로 보아 세조 왕시에 전국적으로 유향소의 폐지를 명하였는지도 의문이다."[261]

세조실록 권사십이, 제이십오장, 십이년[13년의 오기] 오월 임진조.[262] "'유향소 장무 살해의 옥사(獄事)'를 의(議)한 것으로 보아 세조 왕시에 전국적으로 유향소의 폐지를 명하였지도 의문이다."라는 구절은 쉽게 이해하기는 어렵다. 그러나 다음 부분으로 설명이 된다.

"세조 14년 2월 세조는 ['鴻山縣留鄕所掌務(홍산현 유향소 장무) 羅季文被殺事件(나계문 피살 사건)'을 친심(親審)하고 있어 세조 시에 전국적으로 유향소의 폐지를 명하였는지도 의문이다.]라는 설도 있

---

261   유홍렬. 앞의 책. 463–464면. 주 12.
262   유홍렬. 앞의 책. 470면.

는데,²⁶³ 이는 유향소장무(留鄕所掌務)의 직분을 밝힘으로써 해명될 것이다. 장무(掌務)는 향소 아래 서원(書員) 위에 있는 중인으로 향계의 서무(庶務)를 보는 자로 향청에서 집무하는 자이니《鄕廳事例謄錄(향청사례등록)》에는 '장무'란 이름이 네 번 나온다. 유향소가 폐지되어 향소는 없었으나 장무만은 남아서 향소의 일을 대행 또는 잔무(殘務)를 처리하고 있었던 것이라고 생각된다. 따라서 장무가 유향소의 일을 지휘하고 있는 점, 오히려 이 기사는 유향소가 이미 혁파되고 있었다는 방증이 되는 동시에 향소가 행하던 업무의 일부는 장무에 의해서 처리되었으니 혁파 후에도 유향소의 일부 기능은 여전하였다는 증명이 되는 것이 아닌가 한다."²⁶⁴

'유향소장무'에 대하여《세조실록》에 수록되었다는 점에서 다행스럽게 생각한다. 앞의 책 '세조실록'에 수록된 '함길도 절도사 허종(許琮)의 '계서'의 국사편찬위원회 번역문'을 옮겨보자.

"제읍(諸邑)의 유향소에서 이시애의 이문(移文)을 받고, 무릇 간당(姦黨)이라고 말한 자는 비록 수령이라 하더라도 죽이거나 혹은 가두니, 신(臣)의 뜻으로 생각하기에는 유향소의 일도 또한 그릇됨이 아니고, 대저 모반한 자가 사람을 잡아서 죽이는 것입니다. 도내에 절도사와 관찰사가 없고, 오직 이시애의 말만을 들으니, 저가 '아무개는 간당'이라고 하면, 누가 의심하는 자가 있겠습니까? 그러므로 신은

---

263 유홍렬 〈조선향약의 성립〉,《진단학보》 9호, 100면.
264 〈향청연혁고〉,《한국제도사연구》 앞의 책, 136면 주 15.

경유하는 제읍에서 유향소에 불러 이 뜻으로써 면대하여 효유(曉諭)하고 또 이르기를, '이시애의 이문이 마침내 실상이 아니라 하더라도 너희들에게 무슨 죄가 있겠느냐?'고 반복하여 고유(告諭)하였으나, 진실 되게 들었는지의 여부를 알지 못하겠습니다."

세조 때 유향소를 다시 혁파하지 않았다고 보면, 태종 때 유향소를 혁파한 후 세종 때 다시 복구했는데, 성종 때 다시 한 번 복구했다는 것은 이해가 안 된다.

이수건 교수가 "'世宗大王五十年戊申留鄕所復設磨鍊節目(세종대왕 50년 무신 유향소 복설 마련 절목)'과 '留鄕所作弊禁防節目(유향소 작폐 금방 절목)'에 대한 사료 비판을 가하여 그 두 자료의 사료로서의 신빙성을 부정하여 그 사료 원문의 '상지십년(上之十年)'을 '상지십구년(上之十九年)'으로 고쳐 보아야 한다'는 견해를 피력하였다. 그 자료에 부기된 최응현(崔應賢)의 경력을 자세히 조사하여 그 자료는 세종 10년이 아니라 그 60년 뒤인 성종 19년 자료로 보여지기 때문이라는 것이다."[265] 이는 분명한 사실(史實)이다.

"향촌자치관계사료(鄕村自治關係史料)는 《실록》보다 해당 향읍(鄕邑)의 지리지나 읍지의 기록들이 우선되어야한다."[266]라고 했는데, 사료가 정말 향촌자치관계사료인가를 먼저 확실히 가려야 하고, 또한

---

265 《조선시대지방행정사》(이수건 저. 민음사. 1989) 329-330면: 박익환 〈선초 유향소의 치폐 경위 제고〉, 《한국사학논총》 1992년. 770면 주 4) 인용.
266 박익환. 앞의 책. 771면.

해당 향읍의 지리지나 읍지의 신뢰성이 보장 되어야한다.

"동왕(同王, 세종) 17년에는 경재소 제도를 정비 강화, 현직 관리들로하여금 각기의 팔향[부(父)의 내·외향, 조(祖)의 외향, 증조(曾祖)의 외향, 모(母)의 내·외향, 처(妻)의 내·외향]의 유향소를 장악할 수 있도록 하였다."[267]

《세종실록》 권 69, 세종 17년 9월 을시조에 "유향소를 장악할 수 있도록 하였다"라는 구절은 없다. 필자(이태진)의 주장을 잘못 표시하여 독자들에게 혼란을 줄 수 있다고 판단된다. 참고로《세종실록》권 69, 세종 17년 9월 을사조의 국사편찬위원회의 번역문을 옮겨본다.

"예조에서 아뢰기를, '삼가 고려 때의 사대부의 호구(戶口) 법식을 상고해 보건데, 단지 사조(四祖)만을 기록한 것을 사조 호구라 하고, 그 조모부·증조모부·외조모부·처부모의 사조를 갖추어 기록한 것을 팔조(八祖) 호구라 하였는데, 지금 팔조호구로써 본다면 아버지의 내외향·조부의 외향(外鄕)·증조의 외향·어머니의 내외향(內外鄕) 함께 팔향이 가장 가까움이 되므로, 하나라도 빠뜨릴 수가 없습니다. 그윽이 의심스럽건데, 세속에서 서로 전하는 2품 이상의 팔향이란 설은 이것 때문인가 하오니, 이 팔조 호구의 법식에 의거하여 2품 이상은 팔향으로 하고, 6품 이상은 처향(妻鄕)을 제외하여 육향(六鄕)으로 하며, 참외(參外)는 조부와 증조의 외향을 제외하여 사향으

---
267 《한국사회사연구》(이태진 저, 1989) 147면.

로 정하고, 관직이 없는 의관족(衣冠族)의 자제는 부모의 외향을 제외하여 이향으로 정하게 할 것이며, 매향마다 경재소(京在所)에서 좌수 1명을, 참상(參上)에게는 별감 2명을, 참외에게는 2명을 의정(議定)하여 향중의 공무를 맡도록 하되, 본향 수령의 정치에는 간여하지 못하도록 하고, 이를 어긴 사람은 죄를 다스리게 하소서.' 하니, 그대로 따랐다."

번역문 중 '경재소에서·참상(參上)에게는·참외에게는'에서 밑줄친 부분은 지워야 된다고 본다. 이에 대해 참고 자료를 제시해본다.

"세종 십칠년 구월에는 경재소의 제도가 확립되었다. 每鄉京在所 議定座首一員 參上別監二員 參外別監二員 以掌鄉中公務 毋得于與 於本鄉守令政治15) (매 군현의 경재소는 좌수 1인과 참상별감(6품 이상) 2인 참외별감 2인을 두되 해읍에서의 수령정치에는 관여할 수 없게 정한 것이다.)"[268]

앞에서 지적한 것처럼, 경재소가 유향소를 장악하게 된 것은 성종 19년 유향소가 처음으로 중앙정부로부터 인정을 받으면서 시작되었다. 따라서 유향소 조직은 처음으로 성종 19년에 편집된 《대전속록》에서 확인된다고 보아야 한다.

《조선시대 사회사 연구자료총서(1) - 향약》 목차에 "1. 여씨향약,

---

268 《세종실록》 권 69. 세종 17년 9월 을사조.

2. 광주향약조목, 3. 주자증손여씨향약 언해, 4. 퇴계 향립약조, 5. 해주일향약속" 등 간행된 순서로 나열되어 있다. '향헌(鄕憲)'은 아마도 여러 문제점이 있어 진행하지 못 한 것 같다.

12.
불혐염치(不嫌廉恥)

不嫌廉恥. 염치를 무시하다, 염치에 관심이 없다는 의미다. 온라인 번역 서비스 파파고로 보니 '不顧廉恥(불고염치)'는 없고, '不嫌廉恥(불혐염치)'만 있었다. 중국간자체로 无恥之尤, 즉 아주 염치가 없다는 뜻이다. 중국어 사전에서도 '不顧(불고)'는 찾지 못 했고,『흑룡강 조선민족출판사 한중사전』에서만 나온다. 고서(古書)에서 '不嫌(불혐)' 용례를 찾아보니, "不嫌(불혐), 不着(불착) 是名丈夫(시명장부) 第三之德(제3지덕)"[269]이라 했다. 퇴계의 용례를 원문과 번역으로 살펴보면 이렇다.

- 원문: "次 景文花字韻 '不嫌 窓外已無花(窓外薔薇時已落盡)."[270]
- 역문: "창밖에 꽃이 없다. 무엇이 섭섭하리. (창밖에 장미꽃은 이미 떨어진 시기이다.)"[271]

---

269 《잠아함경》 33권 5. 팔종덕경.
270 《퇴계학역주 총서 제2책 퇴계 선생 문집》 권 3. 27면.
271 위의 책. 134면.

또한 예안향약 서문에 "'則棄禮義捐廉恥'를 '예의를 버리고, 염치를 돌보지 않음이'"[272]라고 했고, 약조 12조에서 "'不顧廉恥 汚壞士風者'를 '염치불구하고 사풍(士風)을 더럽히는 자'"[273]라 했다. 백거이(白居易. 772-846)의 시에서는 '不嫌貧冷人(불혐빈냉인).'이라고 등장한다.

간단히 말해서 '不嫌(불혐)'은 고어다. 그러나 현재 일상어로 사용되는 '염치 불구'와 연결된다. '廉恥不顧(염치 불고)'가 '염치 불구'로 바뀐 것으로 보인다.

13.
동건휘 교수의 〈향약은 향규민약과 다르다〉

"현대 일상 담론으로부터 '향약(鄉約)'이라는 단어는 늘 '향규민약(鄉規民約)'의 줄임말로 간주 되었기에 많은 학자들은 연구할 때 왕왕 '향약'과 '향규민약'을 하나로 간주하게 되었다. 사실 학술적인 차원에서 본다면 비록 향약과 향규민약 간에는 확실히 많은 연관성과 공통점이 있지만, 그것들은 결국 전혀 다른 개념으로, 그 함의에는 비교적 큰 차이가 있으며 그 역사적 발전과정 역시 전혀 다른 길을 걸어왔다."[274]

---

272   남민수 〈예안향약 소고〉, 《동양고전읽기》 9집. 150면.
273   위의 책. 154면.
274   동건휘(董建輝), 〈"鄉約"不等於"鄉規民約"〉, 《廈門大學學報(하문대학학보)-철학사회과학판》 제2기 (2006), 1-2면.

'향규민약'은 우리나라의 '촌계'를 의미한다고 추정하지만, 점차 진화되어 '계(契)'로 발전되었다고 본다. '향규민약'은 오늘날까지 줄곧 존재해왔지만, '향약'은 이내 역사 무대에서 자취를 감추고 말았다.

"'향약'은 일반적인 '향규민약', 곧 향리의 일반적인 '규약'이나 '민간의 약속'과는 다르다. […] 이들 규약은 국법과는 다른 관습법 혹은 민간법적인 성격을 가진다. 중국의 향규민약은 한국에서의 '계'와 유사한 것으로 보인다."[275]

"중국에서의 향규민약을 '중국 기층사회 조직중의 사회 구성원들이 공동으로 일종의 사회행위 규범을 말하며, 이를 향약이라 하기도 한다."[276]

동건휘 교수의 논지를 요약해보자. '향규민약'은 기층 사회조직의 사회 구성원이 공동으로 제정하여 모두가 함께 준수하는 일종의 사회 행위규범으로, 춘추전국과 진한의 사이에 출현했다고 추론할 수 있다. 1973년에 하남 언사현(偃師縣)에서 출토된 '漢侍廷裏父老僤買田約束石券(한시정이부노탄매전약속석권)'이 아마 가장 오래된 '향규민약'의 원본일 것이다. 권문의 내용을 보면 이는 '부노탄'이라는 '사사(私社) 조직'이 만든 협정으로, '향규민약'의 특징에 부합하는 전형적인 '향규민약'이다. '향규민약'의 기본적인 특징은 다음 네 가지다:

---

275 정진영, 〈한국의 향약〉, 《안동학》(2013), 125면.
276 《중국대백과전서》(1991), 434쪽. 동건휘, 앞의 책, 134면, 주 222에서 인용.

① 일종의 행위규범이다.
② 상호 합의를 기초로 제정되었다.
③ 제정의 주체가 향민이다.
④ 통제하는 것은 조직의 사회 구성원이다.

1950년에서 1951년까지의 '애국공약운동(愛國公約運動)'은 전국의 모든 단위에서의 공약을 체결하도록 하였을 뿐만 아니라 각 가정에서도 '가정애국공약(家庭愛國公約)'을 제정토록 하였다. 1988년 '촌민위원회조직법'을 공포하여, 국가는 기층의 민중 자치조직 중 '향규민약'의 제정을 통하여 촌민의 '자아 관리', '자아 교육', '자아 서비스'를 실현하고자 했다.

'향약'은 '향규민약'이 일정한 역사적 단계로 발전한 산물로, 그것은 '향규민약'보다 천여 년 이후에 출현하였다. 학계에서는 보편적으로 가장 오래된 성문화된 '향약'은 북송 시기에 출현하였다고 본다. 신종 희영 9년(1076년)에 협서 남전 여씨 형제가 제정하였고 모든 마을에서 실시 되었기에 역사서에는 '여씨향약' 혹은 '남전향약'이라고 부른다. 이는 중국 역사상 최초의 성문화된 향약이다. 향민은 자발적으로 향약에 참여하였다. 여씨향약은 비교적 완전한 체제를 갖추고 있고 조직과 기구, 모임 시간, 상벌 방식 등이 있는데, 이는 그것으로 하여금 일종의 민간 기층 모습을 더욱 많이 보여 주어서 일반적인 향규민약과는 구별된다. 여씨향약은 지방 향신(鄕紳, 선비/신사[紳士])이 자발적으로 제정한 것으로, 그 주요한 목적은 선행은 표창하고 악행은 하지 못하게하는 것인데, 봉건 종법사상과 유가의 윤리와 삼강오상(三綱五常, 삼강오륜)을 이용하여 기층 민중을 교화하였다. 남송의 이학가(理學家) 주희는 여씨향약에 대해 당시 사회의 실제에 부합하고 더욱 풍부하고 완벽하다고 크게 칭찬하였고 '증손(增損)여씨향약'을 편찬하였다.

향약은 규약의 기초 위에 형성된 민간조직이며 '향규민약'은 기존의 기층조직의 위에서 제정한 규약이다. '향약'의 주된 목적은 '사회교화'이다. '향규민약'의 목적은 비교적 다양화되어 규약이 다르며 그것이 달성하고자하는 목적 또한 다르다.

정덕(正德, 1506-1521, 중종 원년) 이후 명대의 통치는 심각한 위기에 봉착하게 되었고 이갑(裏甲)은 파괴되었다. 민풍(民風)은 순박하던 것에서 사치스럽고 화려하게 바뀌었으며 사회질서는 혼란스러워졌다. 정덕 13년(1518)에 왕양명이 남안과 감주 지역을 순시할 때, 그곳 산에 사는 주민들이 빈번하게 반란을 일으키고 사회질서가 심각하게 파괴되는 사회적 현실에 직면하여 '남감향약(南贛鄉約)'을 공포하여 실천할 것을 요구하였다.

가정(嘉靖, 1522-1566/중종 17) 이후 명 조정은 전국으로 향약을 확대 실시하도록 하였다. 명 중엽 이후 정부에서 만들고 감독한 향약의 전성시대를 열었다.

청(淸, 1662-1911/현종 3) 초기에 봉건 통치자는 민중에 대한 사상적인 농락과 통제를 강화하기 위해 기층에서 명대의 향약 제도를 복구하고자 하였다. 명 중기 이전의 향약이 아직 상당한 민간의 색깔을 띠고 있었다면, 청대 이후의 향약은 완전히 민간의 색깔을 벗어나 관방(官方)의 향민을 교화하고 우롱하는 도구로 전락하였다.

일본 사학계에서 관습적으로 쓰는 방법은 '향약'의 개념을 '여씨향약'이라는 체계로 한정하고, '향규민약'은 '약(約)', '합약(合約)', '향금약(鄕禁約)' 등의 명칭으로 사용하는 것이다. 사전호명(寺田浩明)은 명청 시기에 법질서 가운데 '약'의 성격을 분석할 때 '향촌차원의 약', '향금약', '조세 거부 운동의 맹약' 이라는 세 종류로 나누었다. 동시에 우리는 또한 민간사회에서 '향약'이 보편적으로 실시됨에 따라 본래 어떠한 '향규민약' 범주에 속하는 규약 역시 '향약'이라고 부른다는 역사적 현상이 존재한다는 사실에 주목하였다.

'향약'이라는 이름만 있고 실체는 없다. 왜냐하면 이러한 향약 중에는 향약이 마땅히 가져야 할 조직적인 형식이 없고 향민이 공통으로 준수해야 할 행위규범만 존재하기 때문이다.

"그동안의 연구에서 얻은 나[김용덕]의 결론은 첫째 이름은 같은 향약이지만 내용을 검토하여 우선 이것을 성격이 크게 다른 향규, 동계, 주현향약, 촌계의 넷으로 나누는 것이 옳다는 것이다."[277]

"향약으로 지금껏 일괄되어온 것을 성격이 크게 다른 동계·향규·주현향약으로 우선 삼대분하는 것이 옳다는 것이다."[278]

이러한 김용덕의 언급을 염두에 둔다면, '촌계(村契)'를 뺀 이유를 충분히 이해할 수 있을 것 같다. 앞서 말한 바와 같이 그는 향약에

277　김용덕, 〈총서: 향약신론〉, 《조선후기향약연구》(향촌사회사연구회, 1990), 14면.
278　〈향약연구회에 대하여〉, 《신한국사의 탐구》(김용덕 저, 범우사, 1992), 292면.

대해 중국에서 전해진 여씨향약을 우리가 조선식 향약으로 간소화시켜 널리 수용으로 알려진 잘못된 상식을 비판하며 그 근간이 되는 유홍렬 교수의 이론을 반박했다.[279] 아마 이에 대해 중국에서도 상황이 같았다고 덧붙였다면 훨씬 이해하기가 용이하지 않았을까 싶다. "일본 사학계에서 습관적으로 쓰는 방법은 '향약'의 개념을 '여씨향약'이라는 체계로 한정하"[280]는 것이었다. "그[이황]의 '향약'은 성격적으로 '여씨향약'과는 별이(別異)하다."[281] 전화위웅은 '퇴계향약'을 '향규'라 보지 않았다. 그러니 전천효삼은 그렇게 보았다. "전천효삼과 김용덕은 이 저서[《조선향약교화사의 연구》]의 성과를 토대로 퇴계의 〈예안향립약조〉와 율곡의 〈해주일향약속〉이 기층민들과 무관한 〈향규〉임을 밝혔다."[282] "율곡이 찬정한 〈해주일향약속〉에 대해서는 전화씨[전화위웅]씨도 이를 향약으로 보았으나 사실은 '향규'인 것이다."[283]

앞에서 지적한 대로 전화위웅은 여씨향약과 같이 德業相勸(덕업상권), 過失相規(과실상규), 禮俗相交(예속상교), 患難相恤(환난상휼)이 4대 강령이 있는 〈해주일향약속〉에 대해서는 '향약'이고, 퇴계의 예안향약은 여씨향약과는 다르다고 본다. 국내의 연구는 일본 학자의 잘못된 주장을 따르는 것 같아서 아쉽다.

---

279 김용덕, 〈총설: 향약신론〉, 《조선후기향약연구》(민음사, 1990), 13~14면.
280 동건휘(董建輝) "鄕約" 不等於 鄕規民約》《廈門大學報(하문대학보)》 제2기 (2006), 9면, (在日本史學界, 慣用的做法是把'鄕約'概念限定): 寺田浩明(사전호명) 〈명청시기 법질서중 "約(약)"적 성질〉, 《明淸時期的民事審判與民間契約》(북경, 법률출판사, 1998), 184쪽. 재인용.
281 《조선향약교화사의 연구》(전화위웅(田花爲雄) 저) 196면.
282 박경하, 〈일제하 관학자의 향약연구의 성격〉, 《역사민속학》 22호(2006), 285면.
283 〈향청연혁고〉, 《한국제도사연구》(김용덕 저, 일조각), 153면.

"향약은 여씨향약을 수용한 중종대 이후부터의 현상이다."[284]라는 표현은 동건휘의 '가정(嘉靖, 1522-1566, 중종 17) 이후 명 조정은 전국으로 향약을 확대 실시하도록 하였다. 명 중엽 이후 정부에서 만들고 감독한 향약의 전성시대를 열었다.'는 표현에 비추어보면 명나라 향약을 본받았다는 의미가 되어 '려말 선초에 '주자증손여씨향약'을 전수하였다'는 결론을 함께 생각하여 본다. 그러면 이를 100여 년 동안 우리나라에 향약이 시행된 사실이 없었다는 의미로 받아들여야 하는가?

14. 광주향약의 영향

광주향약조목이 이후 미친 영향을 살펴보자. "이 향약['광주향약조목] 실시 직후에 광주목 부근의 양과현[광주시 유덕동] 일대에 동약계가 입약 실시된 기록과 좌목 자료가 발견되어 조선 후기는 물론 현재 까지 실시되고 있음을 확인할 수 있었으며, 읍지들과 향안 자료들을 통하여 볼 때, 남원·순천·장성·영광 등의 고을에 영향을 미쳤음을 알 수 있었다. 또 전해오는 자료의 성격 때문에 간접적으로 추정하여 볼 수밖에 없었지만 '광주향약조목'보다 약 1세기 뒤에 입약된 퇴계의 향립약조 성립에 영향을 미쳤음을 엿볼 수 있어, 이선제가 주도한 '광주향약'은 소위 조선적 향약인 선진적 향규약의 성립·발전에

---
284 김용덕, 〈향약과 향규〉, 《한국사상》 16집(1978), 50면.

많은 영향을 미쳤음을 알 수 있었다."[285]

"이선제의 '광주향약조목'은 광주지방에는 현재까지, 다른 지역에는 조선 중·후기까지 상당한 영향을 미쳤음을 확인할 수 있었고, 광주는 함흥·안동지방 못지않게 세종, 문종 대부터 향촌 교화사업이 시작된 선진 지역임이 밝혀졌다."[286]

"《수암지》의 기사가 후대에 조작되있을 가능성은 어전이 남아 있다. 즉 후술하는 '양과동약'의 자료에서 보이듯이 '양과동약'에서 인용하고 있는 자료는 '주자증손여씨향약'과 '퇴계약조'임을 미루어 볼 때, '양과동약'이 '광주향약'의 영향을 받았음에도 불구하고, 굳이 '광주향약'이 아닌 퇴계의 것을 표방한 이유는 전술한 두 향규의 관계를 어느 정도 생각되기 때문이다."[287] 라고 하였으나, "'광주향약조목'의 내용과 대동소이함을 볼 때 '양과동향약'이 '광주향약'의 영향을 받아 입정되었음을 확인하였다."[288]

---

285 박익환, 〈15세기의 광주향약의 향규약적 성격〉, 《한국사의 이해》(1991), 476면.
286 〈15세기의 광주향약〉, 《조선향촌자치사회사》(박익환 저, 1995), 191면. 4장 참고.
287 박순, 〈조선후기 광주지방의 향약과 동계〉, 《동서사학》 5호(1996), 47면. 주 29, 4, 6장 참고.
288 신혜숙, 중앙대학교 석사학위 논문 〈조선후기 광주 '양과동향약'〉 (2008), 32면. 6장 참고.

부록 3)

① 筆門先生의 年譜

筆門先生文獻集 遺蹟保存會 13-16면. 移記.

先生의 諱는 先齊요, 字는 家父(가보)이며, 號는 筆門이니 光州人이다.

高麗 恭讓王 二年(1390) 庚午 二月二十六日에 文科中直大夫 長興都護府使 副提學 贈嘉善大 夫密直館副提學 草溪鄭允吉의 女를 父母로하여 光州泥館 山下(現光州直轄市光山區 泥場洞)에서 出生하시었다.[289]

世宗元年(1419) 己亥 四月一日 增廣試 擢第

世宗五年(1423) 癸卯 十二月二十八日 史官으로 宗系辨誣

世宗八年(1426) 丙午 修撰

世宗十年(1428) 戊申 閏四月二十三日 修撰으로서 科試에 講經과 製述을 倂用할 것을 奏請하여 引用하다.

世宗十三年(1431) 辛亥 三月 日에 記事官 奉直郎 集賢殿 副校理 知製敎 經筵副檢討官으로 太宗實錄 36券을 編纂하다.

世宗二十一年(1439) 己未 正月十二日 檢討官에 春秋館을 兼職하고 高麗史를 編修

世宗二十四年(1442) 壬戌 三月十二日 直提學으로 受領 興天舍利閣

---

289 1998년 국내 문화재 밀매범이 일본으로 불법 반출한 〈분청사기 상감 이선제 묘지〉가 선량한 일본인 소장자 '도도로키 다카시'의 기증으로 무사히 고국 땅으로 돌아왔다. 문화재청에 의해 '보물 제1993호'로 지정되어 〈분청사기 상감 '경태 5년 명'이선제 묘지〉라는 공식 지정 명칭을 얻게 되었다. 이를 근거로 일부 수정하였다.

慶讚 疏文

　世宗二十四年(1442) 壬戌 三月十七日 直提學으로 製進 興天寺 慶讚 疏文

　世宗二十四年(1442) 壬戌 九月十八日 集賢殿 直提學 兼 詹事院同詹事

　世宗二十四年(1442) 壬戌 十月二十三日 集賢殿 直提學 柳義孫이 先生을 陞職을 위한 上書

　世宗二十五年(1443) 癸亥 九月十二日 刑曹參議

　世宗二十六年(1444) 甲子 正月三日 刑曹參議로 李正寧 治罪論定

　世宗二十六年(1444) 甲子 正月二十日 僉知中樞院事

　世宗二十六年(1444) 甲子 二月七日 僉知中樞院事 兼 知兵曹事

　世宗二十六年(1444) 甲子 七月一日 兵曹參議

　世宗二十六年(1444) 甲子 十月十日 江原道觀察使

　世宗二十七年(1445) 乙丑 十二月十日 江原監司로 江陵 春川 等地에 藏氷庫 設置를 奏請하여 實行

　世宗二十八年(1446) 丙寅 六月二十七日 禮曹參議

　世宗二十九年(1447) 丁卯 三月十六日 禮曹參議로서 受命 對馬島主 宗貞盛에 救護穀物 致送

　世宗二十九年(1447) 丁卯 九月二十三日 禮曹參議로 上書理財疏 (經濟政策)

　世宗二十九年(1447) 丁卯 十二月三日 戶曹參判

　世宗三十年(1448) 戊辰 三月六日 戶曹參判으로 江原外 數三處에 設置 都節制使 制度 奏請

世宗三十年(1448) 戊辰 四月二十三日 戶曹參判으로 續六典吏官 去官法의 施行事 依從前

世宗三十年(1448) 戊辰 五月九日 湛의 妻妾의 服制 論定

世宗三十年(1448) 戊辰 十月八日 戶曹參判으로 京師 賀正

世宗三十年(1448) 戊辰 十二月一日 工曹參判

世宗三十一年(1449) 己巳 正月五日 戶曹參判

世宗三十一年(1449) 己巳 正月二十八日 戶曹參判으로 高麗史 疏略處考閱添入 監掌

世宗三十一年(1449) 己巳 二月二十一日 正朝使로 京師로부터 賚勅을 가지고 還朝하다

世宗三十一年(1449) 己巳 三月二十三日 高麗史를 刪潤

世宗三十一年(1449) 己巳 五月六日 戶曹參判으로 崇敬의 罪를 論

世宗三十一年(1449) 己巳 十月十八日 戶曹參判으로 文武正二品以上 紗帽를 唐制로 改定

世宗三十二年(1450) 庚午 禮部試官으로 人才를 拔擢

文宗卽位年(1450) 庚午 七月六日 藝文館提學

文宗卽位年(1450) 庚午 九月七日 同知春秋館事로 文科 增員 奏請

文宗卽位年(1450) 庚午 九月十七日 世子右副賓客

文宗卽位年(1450) 庚午 十月十日 藝文館提學으로 軍財疏을 上書 (國防政策)

文宗元年(1451) 辛未 六月十五日 同知春秋館事로 唐書 所藏 宣明曆 保存事를 論하다.

文宗元年(1451) 辛未 同年 與太守 安哲石 疏復州號

文宗元年(1451) 辛未 八月三十日 高麗史 編修 功勞로 鞍具馬 一匹 下賜

文宗二年(1452) 壬申 二月三日 藝文館提學

文宗二年(1452) 壬申 二月二十日 慶昌府尹

端宗卽位年(1452) 壬申 六月二十八日 上書 檀君神殿 建立事

端宗卽位年(1452) 壬申 八月二十七日 伴送使

端宗卽位年(1452) 壬申 十二月二十五日 上書 試醫疏(保健政策)

端宗一年(1453) 癸酉 十一月十五日 卒于 京師

端宗二年(1454) 甲戌 春 擧還葬於光州南村 柳谷 許萬山洞 祖墳之傍

倡學의 功이 있으므로 從祀聖廟의 議가 있었으나 未果하니 士林들이 惜之하다.

純祖二十一年(1820) 庚辰에 康津郡 城田面 秀陽里 秀巖書院에 享祀하다. (文化財 三十九號)

和順郡 和順邑 鸚南里 五賢堂에 主配하다.'

和順郡 道谷面 竹靑里 竹山祠에 享祀하다.

1988年 十二月二十八日字로 筆門路가 指定되다. (光州直轄市 南光州驛으로부터 全南大學校

病院 - 朝鮮大學校 - 光州敎育大學 - 瑞坊四거리 八次線道路)

1990年 十一月十五日字로 筆門先生不祧廟 地方文化財七號 指定 (現 光州光域市 南區 萬山洞 所在)

2018년 6월 27일. 문화재청 〈분청사기 상감 '경태5년명' 이선제 묘지〉 '보물 제1993호' 지정.

② 李先齊 遺事
高敬命 撰《儒林考 一》奎 1360. 奎章閣 所藏 圖書

이선제 유사

자는 가보(家父)이고 광주인(光州人)이다. 관직은 예문제학(藝文提學)이다.

제학 휘(諱)는 선제인데 세종 문종 조에 역사(歷仕)하였고 젊어서 양촌(陽村, 權近), 매헌(梅軒, 權遇) 두 분 선생의 문하에 유학하여 드디어 그 학문을 전수 받았다. 당시에 문묘에 종사하자는 의논이 있었으니 그 학문한 바 종주(宗主)된 바를 가히 알 수 있도다. 근년래(近年來)에 서원의 설립의 소재가 다 그렇듯이 마치 해주 문헌당과 풍기 백녹동과 순천 경현당의 류가 한 가지 아닌데, 우리 고을은 문헌구방(文獻舊邦)으로써 명현거유(名賢鉅儒)가 려조(麗朝) 이래로 대대로 끊이지 아니하였으되 요요(寥寥)히 묻히었으니 어찌 깊이 가히 애석치 않으리요. 그 사람이 없었다면 그만이지만 우리 제학공(提學公)과 같은 탁연(卓然)히 가칭(可稱)한 자에 대해선 무릇 후인들이 추숭(追崇)하고 표상(表章)해서 당우(堂宇)를 세워서 첨앙(瞻仰), 우러러 사모함)의 곳으로 삼음이 마땅하거늘 황차(況次) 불초 및 우리 형이 외람되이 후예에 거함에 있어서 어찌 이에 뜻이 없으랴. 유군중용(柳君仲容)은 뜻있는 선비로서 그 선조는 실로 제학의 후이니 형(兄)에 원컨대 비의(鄙意)로서 부탁하노니 어찌 서로 더불어 힘쓰지 않으리요.

고제봉 경명집(高提峯敬明集) 수록.[290]

고경명 찬〈이선제 유사〉,《유림고》권 1, 규 1360 수록.

---
[290] 〈고제봉 경명 시문〉,《광산종합문화》(광산문화원, 1987), 27면.

③ 이선제의 학맥

《유림고》1권. 규 1360. 규장각 소장.《朝鮮簪獻寶鑑》권2. 국립중앙도서관 소장.

《朝鮮儒賢淵源圖》上. 동문당 발행. 윤영선 편저. 국사편찬위원회 도서관 소장.

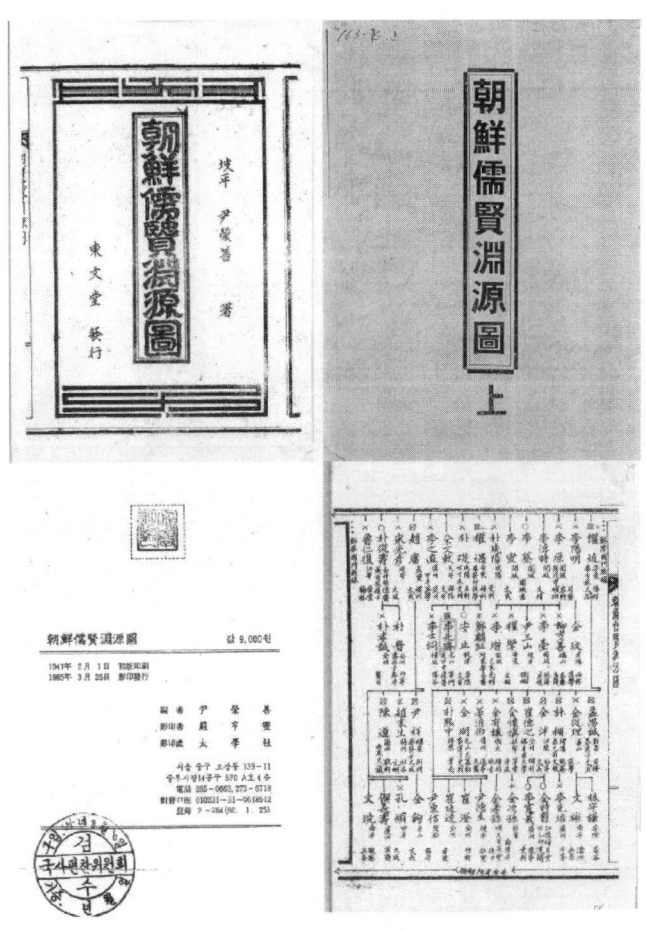

④ 광주향약조목(光州鄕約條目),《秀巖誌》奎 15735. 16-17면

光州鄕約條目

景泰二年辛未卽我 文宗元年 先生與本邑縣監安哲石進疏 天陛升縣爲州 牧因刱立喜慶堂而抄選境內士子文章德行門閥顯著者九十員書置別籍以正鄕綱又行鄕約

其一曰父母不順者 <small>父母不善之罪 邦有常刑故也</small>

其<small>罪共次</small>

兄弟相鬪者 <small>兄由榮臣均肩乱五 安曲止罰</small>

其二曰親戚不睦者

事涉官府者 <small>以擧爲緣道石勝聲攀又涉連失禁相歐爲</small>

家道悖亂者 <small>男女無別鄕吏侵凌人以妻爲妾等</small>

有關鄕風妄作威勢撓官行私者

鄕長凌蔑者

正妻疏薄者 <small>妻有罪者皆等</small>

儕輩相歐罵者

以上等罰論之執綱稟官依律科罪

其三曰期會不恭者

塞坐失儀座中諭譴者

自座上或面責施以下等之罰

鄕會之屬侯官害民者

奉令行里作弊民間者

貢物販需遜徵價物者

多受公債謀頌不納者

信任凌蔑士族者

執綱亦稟官依律科罪

不嫌廉恥汚毀士風者

恃强凌弱多行狂悖者

公私聚會是非政法者

患難力及坐視不救者

受官差任憑公作私者

不有執綱不從鄕令者

多接人戶不服官役者

不謹賦稅圖免徭設者

執綱發文境內爵會鄕社堂施以中等之罰

附錄

⑤ 이종범 조선대학교 명예교수 〈필문 이선제의 생애와 경륜〉
《이선제 묘지 귀향 이야기》(국외소재문화재재단, 2018), 117-127면.

학술 관료로서의 기량과 경륜

이선제는 1490년(공양왕 2) 광주 이장동 지금의 광주시 남구 이장동에서 태어났다. 자는 가부(家父) 호는 필문이며, 본관은 광산이다. 고조 이순백(李珣白), 증조 이기(李奇), 조부 이홍길(李弘吉)이 고려 문과에 들었고, 부친 이일영(李日英)은 조선 태종 치세 문과에 급제하여 장흥부사(長興府使)를 지냈다. 일찍이 양촌 권근(權近, 1352-1409)의 아우로서 포은 정몽주(鄭夢周, 1337-1392)을 섬겼던 매헌 권우(權遇, 1363-1392)에게 학문을 배웠다. 매헌은 성리학과 '주역'에 밝았던 학자관료였다.

1411년(태종 11) 진사, 1419년(세종 1) 증광문과에 급제한 이선제는 예문관 검열과 대교를 거쳐 1420년(세종 2) 국가 학술과 정책을 자문하는 집현전이 설치되자 수찬·부교리·교리·직제학으로 20년 가까이 근무하였다. 당시 호남출신의 학술관료로 신장(申檣, 1382-1433)과 그의 아들 신숙주(申叔舟, 1417-1475), '용비(龍飛御天歌)'의 지은이로 알려진 안지(安止, 1384-1464) 등이 집현전 학사로 유명하지만, 이선제 또한 괄목할 만하였다.

이선제는 《태조실록》 편수나 《고려사》 개찬에 참여하면서 역사학 방면에서 뛰어난 기량을 발휘하였다. 《고려사》개찬사업은 정도전(鄭道傳, 1342-1398)과 정총(鄭摠, 1358-1397)이 중심이 되어 1395년(태조 4) 마감한 《고려국사(高麗國史)》가 사실의 생략과 부연이 많고 편찬자의 주관에 따라 왜곡이 적지 않았음을 이유로 세종이 즉위한 해 (1418)부터 각별하게 추진하였던 역점과제 중의 하나였다.[291]

1423년(세종 5) 《고려사》 개찬에 참여한 학자들이 관직이나 명호의 용어 문제를 정리하면서 고려 때 사용했던 종(宗)·태자(太子)·태후(太后) 등의 황제국 용어를 그대로 반영할 것인지, 아니면 정도전의 《고려국사》에서와 같이 제후국의 법도에 맞춰 변경할 것인가를 둘러싸고 숙의 하였을 때였다. 당시 사업 책임자 중에서 유관(柳寬, 1346-1433)은 주자의 강목체에 충실할 것을 제안하고 또 다른 책임자였던 변계량(卞季良, 1369-1430)은 정도전이 했던 대로 제후국에 맞게 용어를 변경하자고 주장하였는데, 이선제 등은 "태자·태부(太傅) 등의 칭호는 당시 관제요, 제(制)·칙(勅)·조(詔)·사(赦)도 당시의 호칭하던 바이니 비록 명분을 바로잡는다고는 말하지만, 《춘추》에 교제(郊禘)와 대우(大雩)를 같이 전하여 (그 후세에) 감계(鑑戒)가 되게 하였으니, 어찌 이를 고쳐가며 그 실상을 인멸되게 하겠습니까?"하며, 당시의 용어를 그대로 사용할 것을 주장하였다. 세종 또한 사실을 그대로 쓴다는 이실직서(以實直書)의 원칙에 동의하면서 관제나 시호 모두 변경하지 말고 고려 실록에 의거하여 기재하라고 명령하였다.[292]

이후에도 세종은 이선제를 거듭 신뢰하였다. 1439년(세종 21) 1월 이선제를 특별히 이르기를 "그대는 지금 관직이 춘추관을 겸인하여 《고려사》를 편수하는데 참여하고 있는데, (고려 왕실) 왕씨를 용의 자손이라 함은 매우 괴상한 것이다. 예전에 충선왕이 원에 갔을 적에 원의 학사가 그 연유를 물었으니 비록 그 말이 황당하지만 후세에 불

---
291 《세종실록》 2권. 세종즉위년 12월 25일 경자 1번째 기사.
292 《세종실록》 22권. 세종 5년 12월 29일 병자 3번째 기사.

가불 전하여야 하겠으니, 사책(史册)에 기재는 해야 할 것이다"고 하였던 것이다.²⁹³ 그리고 이선제가 호조참판이란 중책을 맡고 있었을 때에도《고려사》개찬을 관장하도록 조치하였다.²⁹⁴

한편 이선제는 정책 자문에도 적극적이었고 권위있는 고위 관료 앞에서도 좀처럼 자신의 견해를 굽히지 않았다. 1428년(세종 10) 문과 복시(覆試)의 1차 시험인 초장(初場)의 시험 과목을 강경(講經, 시험관 앞에서 사서오경 중 지정된 부분을 읽고 시험관의 질문에 대답하는 구술시험)과 제술(製述, 시나 글을 짓는 능력을 보는 논술시험) 중 어느 것으로 할지를 두고 조조의 의견이 분분할 때였다. 당시 판부사로 대제학의 위치에 있던 변계량이 '강경은 사사로운 정이 개입할 우려가 있으니 제술로 하여야 한다.'고 거듭 제기하였으나, 이선제는 끝까지 제술을 주장하였다. 이를 못마땅하게 여긴 변계량이 '춘추관 사람들이 모두 나의 (강경을 초장으로 하자는) 의견을 따르는데, 어찌하여 따르지 않느냐'며 따지듯 묻자, 이선제는 "제술을 (시험 과목으로) 사용하면 한갓 조충전각(彫蟲篆刻, 문장을 짓는 데에 있어 지나치게 자구의 수식에만 얽매이는 일)의 기술만 익혀 과거에 합격하려 들 것이니, 누가 성리학에 전심(專心)하려 하겠습니까?"라 하며 뜻을 쉽사리 굽히지 않았고, 이에 변계량이 좋아하지 않았다고 한다.²⁹⁵

1442년(세종 26) 7월 하순, 세종은 군신의 반대를 무릅쓰고 세자(훗날 문종)의 대리청정을 위해 세자 보좌기관인 첨사원을 설치하며

---

293 《세종실록》 84권. 세종 21년 1월 12일 신묘 1번째 기사.
294 《세종실록》 123권. 세종 31년 1월 28일 기유 1번째 기사.
295 《세종실록》 40권. 세종 10년 4월 23일 을해 5번째 기사.

집현전 직제학이었던 이선제를 동첨사로 삼았던 것은 학술적 기량과 함께 정무 감각을 겸비하였다고 인정하였기 때문이었다.[296] 이후 이선제는 형조·병조·예조의 참의와 강원도 관찰사를 거쳐 1447년(세종 29) 12월에는 종2품 가선대부에 올라 두 차례나 호조참판을 맡았다.[297]

이선제는 1444년(세종 26) 강원도 관찰사 시절 행정 능력을 유감없이 발휘하였다. 특히 여름철 진상하는 생어육(生魚肉)의 부패를 방지하기 위해 얼음 저장소가 필요함을 건의하여 강릉과 춘천 두 곳에 빙고(氷庫)가 설치되도록 하였으며,[298] 1447년(세종 29) 예조참의 때는 자신 업무 소관을 넘어 소금의 전매를 반대하며 선군(船軍)으로 하여금 소금을 구워 백성들에게 쌀과 베로 바꾸어가도록 함으로써 민간은 쉽게 소금을 구하고 관청 또한 재원을 확보할 수 있도록 하자는 정책을 제안하였다.[299]

이러한 경세적 실무관료로서의 정책 식견은 문종이 즉위하며 1년 반 남짓 예문관 제학 겸 세자시강원 빈객, 동지춘추관사로 있으면서도 여전하였다. 이때 서북방면 국방의 요충에 산성을 축조할 것을 주장하였는데 이때에도 '하늘과 땅이 우리나라를 위해 삼면에 바다를 두고 생선·미역·소금을 내렸다.'라고 하며 민간의 어·염업을 권장할 것을 재삼 건의하였다.[300]

---

296 《세종실록》 97권. 세종 24년 9월 18일 을해 1번째 기사.
297 《세종실록》 112권. 세종 28년 6월 27일 계해 2번째 기사; 《세종실록》 118권. 세종 29년 12월 3일 신유 1번째 기사.
298 《세종실록》 110권. 세종 27년 12월 10일 기유 1번째 기사.
299 《세종실록》 117권. 세종 29년 9월 23일 임자 1번째 기사.
300 《문종실록》 4권. 문종즉위년 10월 10일 경진 24번째 기사.

1452년(문종 2) 봄 이선제는 중궁전의 봉공과 일체 사무를 관장하는 왕실기구인 경창부의 수장 즉, 경창부윤으로 옮겼는데, 이때에는 요와 같은 시대의 단군을 기자와 함께 제사 지낼 수 없다며 평양에 단군묘를 복원하고, 단군이 하늘로 올라간 아사달, 즉 구월산의 삼성단(三聖檀)을 정비할 것을 제안하였다.[301]

　이처럼 이선제는《태종실록》,《고려사》의 편찬에 두루 참여한 역사학에 밝은 학자였을 뿐 아니라 재정·국방 등의 시무에 밝고 식견이 뛰어난 경세적 학자 관료였다. 단종이 즉위하던 1452년 겨울 황해도의 전염병이 경기도와 도성까지 번질 때는 제생원·전의원·혜민서를 총괄하는 삼의사(三醫司)의 제조까지 겸직하며 최고의 약물학 서적인《신농본초(神農本草)》를 교열하면서 의생 교육과 약재 확보에 각별하였으니, 의약에도 일가를 이뤘던 것이다.[302]

　그런 사이 '사대교린 외교'에도 제 나름 역할을 하였다. 1447년(세종 29) 대마도주의 집에 불이 나자 위문품을 내리는 국왕의 뜻을 전하는 서신을 지어 보냈으며,[303] 1448년(세종 30) 겨울에는 정조사(正朝使)로 북경을 다녀오고,[304] 단종 즉위년(1452) 문종 승하를 조문 왔던 명 나라 사신을 배웅하는 반송사(伴送使)의 직임을 수행하였던 것이다.[305]

시문에 나타난 경세의식과 서정성

---

301 《단종실록》 2권, 단종즉위년 6월 28일 기축 4번째 기사.
302 《단종실록》 4권, 단종즉위년 12월 25일 계축 1번째 기사.
303 《세종실록》 115권, 세종 29년 3월 16일 무인 3번째 기사.
304 《세종실록》 122권, 세종 30년 10월 8일 신유 1번째 기사.
305 《단종실록》 2권, 단종즉위년 8월 27일 정해 2번째 기사.

이선제는 세종이 왕실의 비보사찰이던 흥천사(興天寺)의 사리각(舍利閣)이 완공되자 그 취지를 밝히고 경축하는 경찬소문을 맡겼을 만큼 문장에도 뛰어났다.[306] 그러나 훗날 일어난 기축옥사(1589)로 집안의 문헌들이 없어진 탓에 그의 작품세계의 전모를 살피기는 어렵다. 다만 《동문선(東文選)》(1478)에 칠언고시 '격옹도(擊瓮圖)'와 '춘일소양행(春日昭陽行)', 그리고 《동국여지승람(東國輿地勝覽)》에 청음정 제영(題詠)이 전한다.

'격옹도'[307]는 어린 시절 사마광(司馬光, 1019-1086)이 물이 가득한 독에 빠진 어린애를 독을 깨부숴 구해냈다는 고사를 옮긴 그림을 보고 지은 것이다.

伊誰畫此擊瓮圖　그 누가 독 깨뜨리는 그림을 그려서
掛君書堂之座隅　그대 서재의 자리 옆에 걸었을까?
總角斑衣髫稚容　총각 머리 때때옷에 어리디 어린 얼굴
迥然自與凡兒殊　우뚝이 스스로 여느 애와 다르구나
知是司馬相公眞　이게 사마공의 진상인지라
竦然軒眉久睢盱　송연히 다시금 오래 바라본다네
畫師經營有深意　화공의 구상이 깊은 뜻이 있으려니
豈爲目前克細娛　어찌 눈앞에 펼쳐진 조그만 오락만을 그렸겠나!
異器由來大義求　특이한 그릇은 원래 대의에서 구하는 것
誰從此圖觀步趨　누가 이 그림에서 그의 앞날을 알아볼까?

---

306 《세종실록》 95권. 세종 24년 3월 12일 계유 2번째 기사.
307 擊瓮圖'. 《東文選》券八. 二十三.

聞說爲兒嬉戲時	듣건대 어려서 장난하며 놀이할 때에
指揮群童相揶揄	애들의 우두머리로 서로 희롱하다가
兒墮甕中沒奈何	한 애가 독안에 빠지니 어찌하나?
群童驚散徒嗚呼	어이구머니 여러 애들 놀라 달아나는데
當時知計己老成	그때도 이미 노성한 꾀를 내서
手持一石令前軀	돌 하나 가져다가 목숨을 살렸네.
蒼黃應變捷如響	창졸간에도 일처리 솜씨가 금방 성공되었으니
他年相道啓前途	일후에 재상 될 전도가 나타났구먼,
果然一朝登相府	과연 하루아침에 정승에 올라
沛施天澤流寰區	군왕의 은택이 흘러 흠뻑 천하를 적시도록
剗除奸諛改新法	간신들을 제거하고 신법을 고쳐서
群賢彙征德不孤	군현들을 찾으니 그 덕이 외롭지 않아
四海一日廓如淸	하루 만에 사해가 씻은 듯 맑았으니
前後活人如合符	앞뒤 사람 살렸음이 부절을 맞춘 듯 들여 맞았네
不惟當時走卒知	당시에 심부름꾼들도 알았을 뿐 아니라
流傳古今有是夫	예로부터 지금까지 전해옴이 이와 같구나
望夫人兮己多年	그 분을 앙망한지 벌써 여러 해 되었으니
忽然對此空噫吁	문득 그림을 보고 속절없이 탄식하누나.
人亡圖存宛如昨	사람은 갔으나 그림이 있어 바로 엊그제 같으니,
想見當年陳廟模	그 시절 묘당의 어진 정치를 회상하니
九原可作願執鞭	저승에서 다시 온다면 내 기꺼이 채찍 잡고
坐令三韓如唐虞	여기 삼한을 당우 시절로 만들리라.

'하루아침에 정승이 되어 간신을 물리치고 신법을 고쳤던' 사마광의 '어린 시절 노성(老成)한 지략'에 감탄하고 칭찬하고 있다. 그러면서 사마광과 같이 현명하고 유능한 재상이 되어 당우(唐虞), 즉 요순의 태평성대를 이루고 싶다는 소망을 드러내었다. 어쩌면 국가 재정을 튼튼히 할 요량으로 민생에 요긴한 소금 등의 전매를 주장하였던 왕안석의 신법의 폐단을 거듭 생각하였을지 모르겠는데 더구나 사마광은 《자치통감》을 남긴 불후의 역사가였다.

'춘일소양행(春日昭陽行)'은 강원도 관찰사 시절 봄 가뭄이 심할 때 춘천 소양강을 가서 기우제를 지내고 지은 작품이다.[308]

 沃野漫漫橫素煙 흰 아지랑이 기름진 너른 들에 비껴있고,
 中有鳳山撑蒼天 가운데 봉산이 하늘을 버티고 솟구쳤어라.
 昭陽江水流山北 소양강 물길이 산을 돌아 북으로 흐르니
 光海州治依山前 광해[신라 때의 춘천 이름] 치소가 앞산에 기댔었겠군.
 山西水南是濊墟 산봉우리 서쪽 물길 남쪽에는 옛적에 예나라가 있었는데
 風淳俗美示蒲鞭 풍속이 순미하여 형벌을 다스릴 때도 부들채찍을 썼다네.
 向時豪華隨世盡 그때의 호화로움을 세월 따라 사라지고
 樓觀有基臨淸川 맑은 강가에 자리 잡은 누각 터에
 宋公經營不日成 송공[당시 춘천 부사]이 경영하여 며칠 만에 낙성

---
308 春日昭陽行,《東文選》券八. 二十二.

하니

　　心匠與此同豁然　꾀를 내는 마음이 저 정자와 같이 확 트였을지라.
　　簷牙高啄鳳岡阿　추녀 끝은 봉산의 기슭을 우뚝 쪼는 듯,
　　鳳去山空松彈絃　솔바람 타고 봉은 가고 산은 비었어라.
　　登臨一望萬景奔　단번에 올라 휘 둘러보니 온갖 광경이 달려오는 듯.
　　物像依然似去年　의연하게 세상 물정은 지난해와 비슷하구나.
　　我來又見發春梅　올해 또 다시 와보니 봄 매화꽃은 피었어도
　　東西役役每勞懷　동서로 분주한 몸 매양 마음은 괴롭네.
　　光陰冉冉不我延　시절은 왜 이리 빠른지 나를 두고 늦추지 않으니,
　　花飛悄悄粘蒼苔　꽃 흩날려 살포시 푸른 이끼에 붙는구나.
　　花粘蒼苔可奈何　꽃이 푸른 이끼에 붙으면 어이할거나?
　　倚柱空吟首不迴　기둥에 기댄 채 시만 읊고 차마 고개를 돌리지 못하네.
　　今年春旱又倍前　금녀엔 봄 가뭄이 전보다 배나 심해
　　渴飮茶湯代酒杯　목이 말라 술 대신 차로 목을 적시누나.
　　苗不入土昭雲章　아직 땅에 벼를 심지 않았는데 구름은 활짝 걷혀,
　　藹藹南畝飛黃埃　남녘 논두렁에 누런 먼지만 펄펄 날리더라.
　　降香精禱象天麻　나라에서 향을 내려 정갈하게 하늘에 비를 빌고서
　　田畯欣欣治汚萊　권농관은 기쁘게도 땀 흘리며 묵정밭을 매는군.
　　麥牟更明稼生穊　밀보리가 되살아나고 심은 곳에 싹이 나니,
　　肯使此樓終寂寞　이 누각이 어이 끝내 적막할 것인가!
　　秋來把酒邀明月　가을에는 술잔 들고 밝은 달을 맞이하리니.
　　莫爲虛作關東客　헛되이 관동의 나그네 되지 않을 것이야.

기우제를 지내고 해갈이 되자 권농관들 흔쾌히 농사에 앞장서는 풍경을 보며 자신이 관동에 와서 봉록이나 축내는 부질없는 나그네가 되지 않겠구나, 안도하는 모습이 눈에 잡힌다. 앞부분에 춘천의 강산을 그려내며 예(濊)가 자리를 잡았던 고장의 순박한 풍속을 찬미하는 대목 또한 포근하다.

이처럼 '격옹도'와 '춘일소양행'은 백성을 살리는 좋은 저치를 향한 나름의 소망을 여실히 표현하고 있다. 이에 비하여 원주의 객사 남쪽의 청음정의 제영은 아침 경관을 잔잔하게 풀어놓은 서정시이다.[309]

宿霧初收日欲生　자욱한 안개 처음 걷히며 해가 뜨려니,
薔薇開遍暎階明　장미꽃 두루 피어 섬돌을 밝게 비추네.
倚欄獨坐無餘事　홀로 난간에 기대어 할 일 없이 앉았노라니,
時有黃鸝三兩聲　어디선가 두세 번 꾀꼬리 소리 들려오네.

⑥ 광산이씨 승지공비

이달선의 묘살비문. 화순군 화순읍 앵남리의 전라남도 유형문화재 제355호. 지정명칭 : 화순 광산이씨 승지공비. 비문은 이발의 외조부인 기묘사림 귤정 윤구(尹衢)가 지었는데, 이발의 부친 이중호(李仲虎)가 율곡 이이에게 묘갈의 내역을 밝힌 음기(陰記)를 얻고 이산해(李山海)의 글씨를 받아 1576년(선조 9)에 세웠다. 탁영문 사본(도문중 사무실)

309　淸陰亭.《新增東國輿地勝覽》券四十六. 五.

승지공비 앞, 뒷면 사진

有明朝鮮國通訓大夫掌樂院正知製教李公淑人安氏雙墓碣銘
유 명 조선국 통훈대부 장락원정 지제교 이공 숙인 안씨 쌍묘갈명

오직 이씨(李氏)는 광주(光州)에서 나와 먼 옛날부터 대를 이어왔
다. 시조 휘 순백(珣白)은 고려 때 급제하여 청주장서기로 상서좌복야
한림학사를 증직하였고, 복야가 기(奇)를 낳았고 기(奇)는 급제하여 단
양부령으로 밀직부사를 증직하였으니 광주(光州)에 이씨(李氏)가 있다
는 것이 마침내 크게 나타나게 되었다.

밀직 이하는 대대로 뛰어나게 우수하여 과거에 급제하여 벼슬이 끊
이지 않았으니, 즉 홍길(弘吉)이 급제하여 봉익대부 밀직제학을 지냈
고, 그 아들 일영(日英)은 급제하여 장흥부사로 병조참판을 증직하였
고, 그 아들 선제(先齊)는 급제하여 가선대부 예문관제학 세자우부빈
객을 지냈고, 이 분이 다섯 아들을 두었으니 막내 아들 형원(亨元)은
바로 공(公)의 아버님이시라. 형원(亨元)은 과거에 급제하여 벼슬길에
올라 통정대부 홍문관부제학을 지냈고, 왕명을 받아 일본에 통신정사
로 갔으나 대마도에 이르러 병을 얻어 돌아오니, 배가 겨우 육지에 당
노할 무렵 복명을 못하고 졸하니, 소성이 애식하게 너겨 사신내부 예
조참판을 증직하였다.

공(公)의 휘는 달선(達善)이요 자(字)는 겸지(兼之)이며 참판공의 둘
째 아들로 부인은 성산이씨(星山李氏) 개령현감 권(惓)의 따님이다. 공
이 세조 3년(정축년 1457년)에 태어나 젊어서 시서를 배움에 그 소문이
세상에 가득하였다. 약관에 사부(詞賦)를 능히 하고 작문을 잘하니 당

시에 동료들이 다 따르지 못하였다. 이에 사림에서 명성과 칭찬이 자자하여 공보다 나은 사람이 없더라.

성종 14년(계묘년 1483년) 나이 27세에 2등으로 생원을 하였고, 3년 후 성종 17년(병오년 1486년) 공의 나이 30에 3등으로 문과에 올라 종부시직장을 받았고, 3년 후 시강원설서로 옮겨 성균관전적에 올라 사헌부감찰을 지냈고, 2년 후 신해년에 홍문관수찬 사간원정언을 받았고, 다음해 임자년에 홍문관교리를 받았다가 사헌부지평 시강원문학 병조정랑으로 옮겼고, 3년 후 을묘년에 사헌부장령으로 옮겼다가 군기시첨정 군자감첨정 전설사수 겸 춘추로 옮겼다. 3년 후 정사년에 통례원상례로 옮겼다가 다음해 무오년에 종부시정에 올랐다. 오래지않아 모친상을 당하였고, 상복을 벗고 6년 후 갑자년에 성균관사성 상의원정 장악원정 겸 지제교로 옮겼고, 다음해 을축년에 연산군이 동대문 밖에 나갔다가 돌아옴에 공이 조회 및 제사에 관한 일로 실례를 했다 하여 파직을 당하고 바로 고향 남평으로 돌아왔다.

그때 조정이 문란하고 인정이 수군수군하여 조석으로 염려가 되더니 공이 마을의 사당에 계시면서 날마다 술로써 위로를 삼고 가사는 돌보지 않았더라. 다음해 중종 1년(병인년 1506년) 봄에 오래된 병으로 돌아가시니 향년이 50이라.

공(公)이 글로써 세상을 울리고 청백하게 처신한 고로 조정에 계신지 십수년에 그 이력을 살펴보면 대개 선한 것을 권장하고 사악한 것을 멀리하도록 늘상 임금께 아룀으로써 가끔은 외직에 있었으나 일찍이 지제교와 춘추관을 겸하였기에 사람들의 입으로 전해져오는 공의 문장들이 세인들에게 있어서 맑고 속된 것이 없었으리라 생각한다.

그 수명이 길지 않고 관직이 다 차지 못하여 사람마다 애석히 여겼다. 그러나 사리분별에 틀림이 없고 세상에 욕심냄이 없으며 시를 짓고 술을 즐겨하며 오직 자연 그대로 참되고 꾸밈없음을 즐거워한 고로, 연산조를 당하여 시국이 어지러워 살벌하여도 혼자 능히 보전하니 이는 가히 본받을만하다.

부인은 안씨(安氏)로 공조참의 순흥안씨(順興安氏) 요경(堯卿)의 따님이요 판중추부사 장수황씨(長水黃氏) 황치신(黃致身)의 외손이라. 공(公)보다 25년 뒤에 돌아가시니 화순읍 도덕산 참판공과 같은 묘역에 묻히셨다.

공(公)은 3남2녀를 두었으니 장남은 공인(公仁)으로 중종 14년(기묘년 1519년)에 문과 급제하여 예문관검열, 홍문관박사에 올랐으나 불행히 일찍 돌아가셨으며 세 아들을 두셨는데 백호(伯虎), 중호(仲虎), 숙호(叔虎)다. 모두 진사(進士)하였다. 둘째는 공충(公忠)이니 2남1녀를 두었으니 다 어리고, 막내 셋째는 공직(公直)이니 일찍 돌아가시니 2녀를 두었으나 다 어리다.

장녀는 충순위 지영순(池永淳)에게 출가하여 2녀1남을 두었다. 장외손녀는 김세신(金世臣)에게 출가하고 둘째는 정욱(鄭郁)에게 출가하였고 문과에 급제하여 전라도도사를 제수 받았다. 남(男)은 어리다.

또 차녀는 김공예(金公藝)에게 출가하였는데. 계유년에 문과에 급제하여 이제 승정원승지로써 상중에 있다. 3녀1남을 두었으니 장녀는 이회덕(李懷德)에게 출가하고 차녀는 유희승(柳希曾)에게 출가하였다. 나머지는 어리다.

이제 호산공이 돌아가신지 32년에 공충(公忠)이 홀로 세상에 있으면서 묘갈명을 지어줄 것을 나에게 의뢰하며 말하기를, 우리 집안이 대대로 학문을 숭상하였으되 묘비가 없으니, 계보와 공훈만 기록한 것으로 비문을 삼고 돌에다 새겨 후인에게 나타나게 하고자 하니, 명백하지 못하여 선조님의 행한 업적을 떨어뜨리면 내게 책임이 있으니 자네는 나를 위하여 힘쓸 지어다 하니,

아~ 두렵다 내 어찌 능히 지을 수 있으리오. 또 후대에 태어난 사람으로서 자세히 알지 못하니 어떻게 하리요. 오호라 감히 사양하다가 물리치지 못하고, 그 선대의 이력을 차례대로 기술하고 그 선생 어르신들에게 들은 바로써 대략 그 뜻과 행적을 열거하여 이어서 비문을 지었노라.

명(銘)은
/ 자신을 지키는데 지조가 있었으니 청렴으로 본을 삼았고
/ 세상에 이름을 드날렸으니 문장으로써 알려지게 되었다네
/ 세상에 욕심내지 않고 사악한 것을 구하지 않음에
/ 위태롭고 어지러운 세상에서 스스로 보전하였네
/ 청백으로서 세상에 울림을 주었으니 어찌 전함이 없다고 하리요
/ 오호라 선생은 마땅히 옛 현인들 중에서나 찾아볼 수 있는 분이라네

선조(宣祖) 9년(1576년) 8월 15일 비를 세우다

===뒷면(碑陰記)===

선조6년(1573년) 여름에 이중호(李仲虎)공(公)이 전라도관찰사를 임명받으니 관례대로 그 돌아가신 할아버지 통훈대부 장악원정 지제교 달선(達善)에게 통정대부 승정원좌부승지 겸 경연참찬관 춘추관수찬관을, 돌아가신 할머니 숙인 안씨(安氏)에게는 숙부인을 증직하니, 그 묘비문은 이미 돌아가신 홍문관수찬 윤구(尹衢)공(公)이 지었는데, 가사(家事)에 사정이 있어 비를 세우지 못하였는바, 마침내 증직이 내리어 묘소가 빛이 나니, 일부러 기다린 것 같이 되어 마땅히 잘된 일이로다. 승지공의 몸가짐과 관작의 상세함은 자세히 알 수 없음으로 전일의 비문은 그대로 두고 고치지 아니하니 윤공(尹公)의 서술함이 틀림이 없음을 믿어 의심치 않는다.

선조7년(1574년) 4월 통정대부사간원대사간지제 교이이(李珥) 짓다

IV 퇴계향약 退溪鄉約

1.
광주향약과의 비교

"지금까지 '예안향약', 즉 '퇴계향약'에 대한 연구는 퇴계의 문집에 수록된 것을 분석 대상으로 삼아왔다. 그러나 한두 조목에 있어서 상이함을 보여주는 퇴계의 '약조(約條)'가 있다. 이것은 '향약'이라는 표제의 책에 수록되어 있는데, 책의 간행은 임란 이전으로 추정된다. 여기에는 퇴계의 '향립입조서', '약조(約條, 예안약조) 외에도 '언해 주자증손여씨향약'과 '퇴계선생동중족계입의서', 금란수의 '족계입의'가 함께 수록되어 있다."[310]

동일한 책자가 국립중앙도서관에 소장되어 있다. 금란수가 1565년에 편한 《退溪先生洞中族禊立議 附呂氏鄕約(퇴계선생동중족계입의 부 여씨향약)》이다. 《朱子增損呂氏鄕約(주자증손여씨향약)》이란 간사자(刊寫者) 미상의 책도 있다[전남대학교 도서관, 계명대 동산도서관, 성균관대학교 존경각에 소장되어 있다]. 표지명 가운데 중 '禊(계)'는 '契(계)'의 오기(誤記)로 보인다. 첫 페이지에 '退溪先生洞中族契立議 叙(퇴계선생동중족계입의 서)'라고 되어 있다. 아마도 후대에 낡은 표지를 교체하면서 실수라고 본다. 동일한 책자인데, 소장처마다 표지명이 다르다. 수록된 '금란수의 〈족계입의〉'가 1565년(을축, 명종 20년)에 기록되었다는 근거로 '1565년 간행'으로 표시되었는데, 퇴계 선생의 제자 금란수의 문집 《惺齋先生文集(성제선생문집)》에 수

---
310 〈16세기 향촌문제와 재지사족의 대응〉, 《조선시대 향촌사회사》(정진영 저, 1998) 132면.

록된 〈퇴계 선생 향립약조후식(退溪先生鄕立約條後識)〉이 1598년(선조 31년) 작품인데, "향론 불일치로 先生文集(선생문집)에 기록되지 못하여, 이제야 원안을 베껴 향사당에 걸어 두었으니 선생의 뜻을 완수했다고 하겠다."[311]하면서, '퇴계의 '향립입조서', '약조(約條)'(예안약조 원안)'를 발표했다. 따라서 후손들이 글을 모아《퇴계선생 동중 족계 입의(부 여씨향약)》을 간행한 것은 1598년 후대[임란 이후]라고 추론된다. 퇴계 선생의 제자 김기(金圻)는 1602년(선조 35년) 향약을 발표했는데, "'과실상규조'는 선생의 향약 원안을 수록하고, 삽입한 2개 조 밑에 '約條一遵退溪先生 所定而此下二條今補(약조일준퇴계선생소정이차하이조금보)'을 수록하였다. 2개 항 추록으로, 김기 스스로 자신의 향약이 〈예안향약〉을 계승하고 있다는 사실을 밝히고 있다."[312] '김기 향약'이 시행 되지는 못 하였으나, '부인동 향약'·'망정 향약' 등 그 후의 영남 향약의 모범이 된 것을 보면,《退溪先生洞中族契立議(附呂氏鄕約)(퇴계선생동중족계입의) (부 여씨향약)》을 간행한 것은 1598년 훨씬 후대라고 추론된다.[313]

"여기서[元惡鄕吏 人吏民間作弊者·貢物使濫徵價物者] 의률정죄(依律定罪)케 한다는 것은《[경국]대전(大典)》원악향리 금제조(元惡鄕吏禁制條)에 규정된 형률로 정죄케 한다는 것으로 보인다"[314]라고 했다. '광주향약'에는 '원악향리'가 수록되어 있지 않았다.

박익환 교수는 〈조선전기 안동지방의 향규와 향규약고〉 '결어'에서

---

311 남민수, 〈예안향약 소고〉,《동양고전읽기》 9집, 151면.
312 남민수, 〈예안향약 소고〉,《동양고전읽기》 9집, 157면.
313 부록 4) ④를 참조.
314 박익환, 〈조선전기 안동지방의 향규와 향규약고〉,《동서사학》 19·20집, 147면.

퇴계의 '향립약조(鄕立約條)'[전집: 일사문고본(一簑文庫本)/《조선시대 사회사연구사료총서―향약》 수록]에 대해서는 일차 분석·검토하였지만, 벌칙(罰則)이 구체적으로 나와 있는 새 자료가 나왔기에 새롭게 검토하여 보았다면서 '내용과 성격 분석'에서 다음과 같이 정리한다.

"극벌조(極罰條)가 7조목, 중벌조(中罰條)가 18조목, 하벌조(下罰條)가 5조목[주 254] 위에 든 두 판본에서 前者(文集)에는 5개 조, 후자(전집)에는 4개 조가 실려 있다. 빠진 1개 조는 '무고선출자(無故先出者)'이다], 특별조(特別條)가 4 조목으로 모두 34개 조로 입조(立條)되어 있다."³¹⁵

이로 인해 문집(文集)과 전집(全集)[일사문고본]을 혼합하여 계산했기에 혼란을 초래할 것 같다. 그러나 〈조선전기 향규와 향규약고〉에서는 '元惡鄕吏 人吏民間作弊者(원악향리 인이민간작폐자)'를 한 조로 보아서 상벌 7조, 중벌 16조, 하벌 5조, 부칙 3조로 전체 31조로 수록되어 있다.³¹⁶ 《성재선생문집(惺齋先生文集)》 권 2에 수록된 〈퇴계 선생 향립약조후식〉 후미에 '約條凡三十一條載在先生文集中今不列錄(약조 범 31조 제재선생문집중금불열)'이라고 수록되어 있다. 후자[전집]에는 향인들의 저항으로 선생문집에서 뺀 2개 조[중벌 多榷人戶不服官後者. 不謹租賦圖 免傜者]를 첨부하고, 이전에 첨부했던

---

315 〈안동지방 향규와 향규약고〉, 《조선향촌자치사회사》(박익환, 1995), 162면.
316 박익환, 〈조선전기 향규와 향규약고〉, 《사학연구》 38호, 343-344면.

1개 조[無故先出者]를 누락시켜서 '극벌조가 7 조목, 중벌조가 18 조목, 하벌조가 4 조목, 특별조가 3조목으로 모두 32개 조로 입조(立條)'되어 있다. 《퇴계 선생 동중족계입의(부 여씨향약)》에 수록된 퇴계의 향립입조서 약조'(約條)[예안약조 원안]에는 32개 조가 수록되어 있다.

서애 유성룡(柳成龍) 〈신정십조(新定十條)〉에 '무고서출자(無故先出者)'가 빠져있고, 병산서원(屛山書院)의 〈향소규찰조(鄕所糾察條)〉에는 수록되어 있다. "특히 24, 25조['약조'에서 뺀 2조]는 부세 문제에 있어서 불법을 자행하고 있던 사족들에 대한 규제를 통해 수령권과의 마찰을 사전에 막고, 나아가 그들의 향촌 지배를 국가 또는 수령의 이익과 일치시키고자 하는 것이었다. 이것은 선초 이후 줄곧 추구되어온 관권 우위의 정책에 대한 재지 사족들의 대응이라고 할 수 있는데, 결국은 관의 절대적인 우위를 인정한 위에서 재지 사족의 향촌 지배가 가능함을 보여주는 것이다. 따라서 재지 사족의 관정(官政)에 대한 시비는 특히 엄금되고 있었으며, 이는 곧 분수를 지켜 보신하는 방법이었다."[317]

퇴계 문집에는 수록되지 않은 2개조가 〈광주향약〉에는 있으나, 첨부한 1개조는 없다. 즉, 〈광주향약〉은 제자들이 편집한 《退溪先生文集(퇴계선생문집)》이 아니고, 《退溪先生全書(퇴계선생전집)》 즉 《퇴계 선생 동중족계입의(부 여씨향약)》에 수록된 퇴계의 '향립입조서 약조'[예안향약 원안]과 거의 비슷하다.

---

317 정진영. 앞의 책. 135면.

정진영 교수가 지적한 대로 '지금까지 '예안향약' 즉 '퇴계향약'에 대한 연구는 '퇴계선생 문집'에 수록된 것을 분석 대상으로 삼아왔다. 그러나 《영남향약》[203면]과 《조선시대 사회사연구사료총서 (1)》[318][24-25면]은 예외적으로《퇴계선생전서》권 59와 《퇴계전집》권 42에 수록된 '약조(約條)'를 수록(蒐錄)하였다. 위의 두 책자 모두 《퇴계선생동중족계입의(부여씨향약)》에 수록된 〈퇴계선생 향립약조서' 약조〉를 모록했으며, 이원주 교수는 〈퇴계선생문집과 퇴계선생전서에 대하여〉에서 이에 대해 다음과 같이 말한다.

"방대한 양의 '퇴계 선생 전서'는 퇴계학 연구의 좋은 기초자료가 될 것이다. 그러나 이 본(本)은 특히 유집(遺集)이 정본이 되지 못했음이 큰 흠이고 또 '필사본'이어서 오기가 있지 않을까 염려되는 점이 문제라고 생각된다. 그러나 전서(全書)는 상계본(上溪本)이 있으며 또 아직 학계에 알려지지 않은 하계본(下溪本)이 있으므로 이 세 본이 비교 정리되고 또 정본이 만들어져서 완벽한 퇴계선생전서가 만들어지게 되기를 기대할 따름이다"[319]

그러나 '약조'는 〈퇴계선생향립약조후식〉이 《성재선생문집》권 2'에 수록되어 있고, '김기향약'에도 수록되어 있어서 의심의 여지가 없다고 본다.

---

318 《조선시대 사회사연구사료총서(1)》(김인걸·한상권 편, 보경문화사, 1986).
319 이원주 〈퇴계선생문집과 퇴계선생전서에 대하여〉 72면.

2.
광주향약과의 연결고리

《조선시대 사회사연구사료총서(一)》의 〈해제〉에 다음과 같은 내용이 나온다.

"광주향약조목은 이선제(李先齊, 1399-1484, 1390-1453의 오기]가 1451년에 광주 현감[군사의 오기] 안철석과 함께 작성한 향약이다. 경내사자중(境內士子中) 문장·덕행·문벌이 현저한 90원에 대한 별적을 작성하고 정향강(正鄕綱), 행향약(行鄕約)하고자 한 것이다. 여기서 특히 주목되는 것은 조목의 내용이 퇴계의 〈예안향립약조〉와 거의 같다는 점이다. 따라서 기록을 그대로 취신(取信)한다면 이선제가 작성한 향약이 퇴계향약의 선구가 되는 셈이 된다. 그러나 이를 그대로 따르기에는 많은 난점이 있다. 따라서 이들 양 향약 간의 치밀한 고증이 요구된다."[320]

분명 광주향약으로부터 영향을 받았을 테지만 그 경로를 파악하기가 어렵다. 퇴계의 향립약조는 그 입조된 형식과 내용 어느 면에 있어서나 광주향약과 비슷한 점이 많다는 사실은 앞 3장에서 검토한 바와 같다. 영향 받은 경위에 대한 심층적인 탐구는 후대 연구자들에게 미루기로 하고, 여기서는 하나의 가설만 개략적으로 제시하고자

---

320 《조선시대 사회사연구사료총서 (1)》(김인걸·한상권 편, 1986) 7면.

한다. "퇴계가 향립약조를 입정(立定)하기 전에 이현보(李賢輔)가 먼저 약조들을 세워 향풍을 정중히 바로잡고자 하였으나 미치지 못했다고 하였다."[321] 농암 이현보(李賢輔)는 세조 13년(1467)에 태어나 성종·연산군·중종 대를 거쳐 명종 10년(1555)에 몰(沒)한 인물이다. 연산군 4년(1498) 식년문과(式年文科)에 급제하여 연산·중종·명종 대를 역임하였으니, 중앙관직에 있을 때 이선제의 유고를 접하거나 읽었을 가능성은 있다 하겠다. 그러니 이현보는 평소에 이선제가 광주에서 실시했던 향약조목들을 직·간접으로 영향 받았을 가능성이 있고, 그에 영향 받아 약조를 초(草)하였던 것을 퇴계가 이어받아 입정하였으니 간접적으로 영향 받았을 가능성은 있다고 하겠다. 앞으로 좀 더 자세하게 들여다보아야 할 사항이다. 어쨌든 이선제의 '광주향약조목'은 광주지방에는 현재까지, 다른 지역에는 조선 중·후기까지 상당한 영향을 미쳤음을 확인할 수 있었고, 광주는 함흥·안동지방 못지않게 세종·문종 대부터 향촌 교화사업이 시작된 선진 지역임이 밝혀졌다.[322]

참고로 《금성일기》에 이현보 선생이 성종 3년(1472) 8월 10일 좌도점마별감(左道點馬別監)으로 전라도 나주에 다녀간 기록이 있다.[323] "1509년(중종 4) 이현보는 영천군수로 있으면서 군인(郡人)들과 함께 향사례·향음주례를 행하였으며, 함안에서는 1510년 향사당을 세워 고을의 일을 논의하고 향사례를 익히고 예를 강의하였다. 성주와 상

---

321 박익환, 〈안동지방 향규와 향규약〉, 《조선향촌자치사회사》(1995) 160면. '향립약조 서문" "故崇政知事 聾巖先生 患是然也 嘗欲爲之立約條"
322 박익환, 〈15세기 광주향약의 향규약적 성격〉, 《한국사의 이해》(송병기 외 지음, 1991) 474-475면.
323 《국역 금성일기》(나주시 문화원, 1989) 114면.

주에서도 중종 대 후반에 향사당이 세워졌는데 향사례 등이 행해졌을 것으로 짐작된다. 이천과 강릉에서도 향음주례·향사례가 행해졌다."[324]라고 한 행적을 보면 향약에 대한 관심이 깊었을 것으로 여겨진다.

신정희 교수는 〈조선조 향약 시행에 대한 일고찰〉에서 "'조선적 향약'의 선구자는 기실 퇴계, 율곡이 아니라, '이현보'나 오히려 '퇴계'라 불리어지고 있는 것은 그가 이를 보완 내지 발전시켜 실사회에 크게 적용했기 때문이다. […] '파주향약(坡州鄕約)'을 '이이'의 작(作)이라고 하나, 실은 예안향약과 마찬가지로 그보다 먼저 본군(本郡)에 취임한 바 있는 '변협(邊協)'이 초(草)한 것이며 그는 다만 이 향약에 대하여 서문만 적었을 뿐이다. […] '서원향약' 선조 4년에 나온 본 향약도 역시 퇴계의 예안향약과 대단히 유사하다. 첫째, 이 향약의 시초의 기초자가 퇴계의 것과 마찬가지로 이이 자신이 지은 것이 아니라, 그보다 먼저 청주목사로 래수(來守)한 바 있는 '이증영(李增榮)', '이인(李遴) 등이 입정하여 시행한 바 있던 것을 그들의 유업을 계승하여 완성한 것에 지나지 않는다는 것이다.[325]

"'퇴계'와 '하서 김인후(金麟厚, 1510-1560)'와의 관계이다. 두 사람의 깊은 교류는 이미 주지의 사실이고, 특히 퇴계는 하서를 찾아 광주와 이웃한 담양을 자주 방문하였다고 하니, 담양을 방문했을 때 광주향약을 보았을 가능성도 있었을 것이다. 그러나 이 가능성이 성

---

324 신정희 〈조선조 향약 시행에 대한 일고찰〉, 《대구사학》 8-10면: 유홍렬 〈조선향약의 성립〉에서 인용.
325 박순 〈조선 전기 광주지방의 향약과 동계〉, 《동서사학》 5호 (1996) 46면.

립되기 위해서는 먼저 하서와 광주향약을 시행했다는 이선제와의 관련성을 찾아야 하지만 현재로서는 하서와 이선제도 직접적인 관련을 찾기 어렵다. 다만 학통을 살펴보면 이선제는 권우(權遇, 1363-1419)의 문인이며, 권우는 정몽주(鄭夢周)의 문인이다. 하서의 학통도 정몽주→길재→김숙자→김종직→김굉필→김안국→김인후로 연결된다고 볼 때 결국 두 사람은 넓은 의미에서 정몽주의 문인들로 볼 수 있다는 점 외에는 그 연결점을 전혀 찾을수 없다. 차라리 어떤 연결이 있었다면 퇴계가 하서를 통하여 광주향약의 전문을 보았을 가능성은 더 현실적일 수가 있다."[326]라고 하였다. 김숙자(金淑滋) 선생은 이선제 선생과 세종 원년(1419) 문과급제하신 동방(同榜)이시다[《國朝文科榜目》奎 106]. 그 뿐 아니라 김종직(金宗直)의 《이존록(彝尊錄)》에 선친 김숙자의 스승들이 소개되어 있는데, 그 중 한 분이 이선제 선생의 스승이신 권우(權遇) 선생이시다. 당시에는 지공거(知貢擧) 제도에 의해 '좌주문생제(座主門生制)'가 성립하여 자식들도 형제처럼 지냈다. "성종 18년(1487) 5월 점필재 김종직(金宗直) 선생이 전라도 관찰사로 취임하여 공이 자정지당(自靖之堂, 본가[本家])을 예방하고, 장자 장자지소(杖子之所)라 하여 '장자동(長者洞)'이라 하고, 또 시를 써서 '거족오원가(巨族五元家)'라 칭했다."[327]

"점필재 김종직이 전라감사로 내려왔을 때인 1487년(성종 18년)경인 듯 싶은데, 이조원에게 찾아와 다음과 같은 기별한 적이 있었다.

---

326 《광산구지》(편찬위원회, 1994년).
327 《이선제 묘지 귀향 이야기》 앞의 책 135-136면: 《수암지》 인용. 원자 항렬 오형제란, 이선제 선생의 다섯 아들 시원, 한원, 조원, 찬원, 형원을 가리킨다.

巨族五元家　원자 항렬 오 형제가 실로 거족인데
一元遯跡嘉　일원이 자취를 감췄으니 가상하네
右文今世上　이 세상에서 학문을 숭상하고 살면서
母使玉音遐　좋은 소식 멀리하지 않기를 바랄 뿐."[328]

"巨族五元家　명문화벌 오원의
一元遯跡嘉　가문에 일원인 청심당공의 은둔함이 더욱 아름답다
右文今世上　이처럼 학문을 숭상한 성세에
母使玉音遐　서로 소식을 멀리 말도록 합시다."[329]

이선제 선생의 증외손 고경명(高敬命) 선생이 '호남창학(湖南倡學)'의 수장으로 추대하여, 문묘배향(文廟配享)할 것을 전국 유림과 함께 그 실현을 서둘렀지만, 연이은 사화와 왜란으로 뜻을 이루지 못하였다.[330] 고경명 선생의 조부이신 진천공 고운(高雲)은 조원(調元)의 문인이자, 큰아들 호선(好善)의 사위가 된다.

나른 것보다노 '광주향악'과 동기가 비슷하나는 섬에 주목하시 않을 수 없다. "연산군 이래 가속화한 중앙의 고관들, 이른바 훈구파의 무궤도하고 과도한 수탈은 민(民)의 유망(流亡)으로 결망되어 체제의 안정이나 왕권의 보위를 위해서도 시급한 대책이 요망되는 상황이었

328　《이선제 묘지 귀향 이야기》 앞의 책 135-136면: 《수암지》 인용. 원자 항렬 오형제란, 이선제 선생의 다섯 아들 시원, 한원, 조원, 찬원, 형원을 가리킨다.
329　《광산선현시/문선집》(광산문화원. 1995) 338면.
330　서해숙 〈이선제 불천위 제례〉, 《불천위 제례》(국립 문화재연구소. 2013) 319면.

다."³³¹

"퇴계 선생이 명종 11년(1556)에 향리에서 〈향립약조서: 부 약조〉를 작성하게 된 것은 이처럼 붕괴로 치닫리는 '향촌 사회'의 위기를 의식했기 때문이라고 생각한다."³³²

"〈예안약조〉는 왜 하층민을 교화의 직접적인 대상으로 파악하지 않고 사족 자신을 규제하는 것으로 성립되었을까? […] 민의 유망현상은 교화라는 차원에서 향촌 사회의 사족 자신들이 해결해야 할 문제였고, 그리고 '교화는 반드시 위에서 아래로 내려와야 하며, 그렇게 되어야 비로소 그 교화는 뿌리가 박히고 멀리 뻗어 또 오래 지속될 수 있는 것이다'[〈무진경연계차〉, 《도산전서 1》, 187면]. 따라서 선현의 훈도를 입었던 옛 향풍으로의 복귀는 하층민에 대한 직접적인 교화와 통제보다는 사족의 역할이 보다 우선될 수밖에 없었던 것으로 보인다."³³³

"이것[향약]이 현종조(顯宗朝)가 되면서부터, 전혀 그 성질을 달리하여 화민성속(化民成俗)의 방책으로보다 유민(流民)방지책으로 이용되는 것이니, 사회의 안정을 바라던 당시의 상황으로 볼 때, 향약의 이러한 요구는 필연적인 것이었다."³³⁴

"향헌과 유향소가 향풍규정과 악리규찰(糾察)을 담당하고 있었지만, 이들은 세월이 흐름에 따라 초기의 목적과는 달리 그 본래의 의

---

331 김용덕 〈조선후기의 지방자치: 향청과 촌계〉, 《국사관논총》 3집. 127면.
332 남민수 《동양고전읽기》 9집. 149면.
333 정진영. 앞의 책. 136-137면.
334 신정희. 앞의 책. 27면.

무를 소홀히 하고 있었을 뿐만 아니라 오히려 백성에게 작폐(作弊)만 하게 되니 이의 폐지론이 급격히 증가되고 대신 향약 시행이 고창(高唱)되어진 것이다. 이것은 마치 명대(明代)에 지방의 치안재판과 질서 유지를 담당하고 있던 '노인제(老人制)'가 그 기능을 발휘할 수 없게 되자, 여기에 대신 하여 향약의 시행을 보게 된 것과 흡사하다. 또한 중종 조는 유교문화의 성숙기에 해당하므로 주자를 절대적 숭경의 대상으로 하던 조선 유림들 사이에서 주자가 증손한 주자증손여씨향약의 시행을 제창하게 된 것은 당연한 사실이라 하겠다."[335]

앞서 '광주향약의 동기'에서 지적한 대로 온 고을이 쑥대밭이 된 상태에서 최선의 선택지가 초유에 '향약'이었다.

---

[335] 신정희. 앞의 책. 14면.

3.
퇴계향약의 실패 원인

'예안향약(退溪鄕約)'은 초두부터 난관에 봉착하여 시행을 하지 못했다.

"〈퇴계선생연보〉에 '是時 國有香徒之令, 先生草約, 因事不果行(시시 국유향도지령, 선생초약, 인사불과행)'이라 하여, 국가의 지령에 보조를 맞춰, 향약을 작성했으나, 어떤 '사정'으로 인하여 시행을 못 했다는 것이다. 퇴계의 제자인 성재 금난수의 〈퇴계선생향립약조후식(退溪先生鄕立約條後識)〉에 의하면 '退溪先生 […] 著成約條 送鄕射堂 掛壁 而其時 鄕人 有議論不一者 先生 還取而藏之.(퇴계선생이 약조를 작성하여 향사당 벽면에 걸어 두셨다, 그 당시 고향 사람들 사이에 의론이 불일치하여 이를 거두어 보관하셨다)'라고 되어 있다. 연보에서 말하지 않았던 그 '사정'이 금난수에 의하여 '향인의 의논이 일치되지 않았기 때문'임을 알 수가 있다."[336]

"당시 일국의 사표인 퇴계선생이 손수 기초한 것으로, 그것도 혼자 임의로 한 것이 아니고 국가의 지령에 보조를 맞추어, 그리고 고향 선배인 농암 이현보(李賢輔) 선생의 유지와 현재 향장(鄕丈)들의 권고에 의해 몇 명의 인사와 작성된 이 향약이, 게다가 퇴계선생이

---

336 이우성 〈퇴계선생의 예안향약과 '향좌(鄕座)' 문제〉, 《퇴계학보》 68호 (1968) 136면.

이미 향사당(鄕射堂)에 보내 벽상에 걸어 놓기까지 한 향약이 반대에 부딪쳐 선생이 환수해다가 감춰버릴 정도 […] 이 향약에 대한 사족의 반대 이유가 약조 그 자체에 있을 수 없음을 알아야하는 동시에 그 반대 이유를 다른 데서 찾아야 할 것이다. '향좌' 문제가 그것이다."[337]

그 이유를 "주자증손여씨향약의 인용구의 끝에 '非士類則否(양반이 아닐 경우는 제외)'라는 세주(細註)가 달려있어 주목거리가 된다. 향인들끼리의 모임에서라도 사류(士類) 즉 사족출신이 아닌 자인 경우에는 이 원칙에 적용되지 않는다는 것이다."[338]라고 했고, "향인 중에서 당시의 향권을 장악하고 향론을 주도할 계층은 지방 양반 즉 사족이 아닐 수 없다."[339]라고 지적했다. 그렇다면 향인들은 사족이므로 '향좌'는 문제가 되지 않는다고 해석할 수도 있다.

정진영 교수는 "〈향약〉[성재 금난수의 〈퇴계선생향립약조후식(退溪先生鄕立約條後識)〉]의 '약조'는 모두 33개 조이다['元惡鄕吏 人吏民間作弊者'를 1 조로 보면 32개 조이다]. 여기에는 《퇴계문집》에 수록되지 않은 2개의 조목[多梗人戶不服官後者. 不謹租賦圖 免徭者]가 보이고 있음이 주목된다. […] 그리고 24, 25[多梗人戶不服官後者. 不謹租賦圖 免徭者]는 수령권과의 관계에서 언급된 것이지만 양정(良丁

---

337   이우성. 위의 책. 137–138면.
338   이우성. 위의 책. 138면.
339   이우성. 위의 책. 137면.

)을 점탈하고, 환곡을 갚지 않고, 부역에 응하지 않고 있던 재지 사족의 무단행위의 직접적인 피해자는 다름 아닌 하층민이었다는 사실을 또한 염두에 두어야 할 것이다. 이상의 약속을 위반하는 향원에 대해서는 관청에 고발하기도 하였지만, 대체로 수화불통(水化不通)·소적(削籍)·손도(損徒) 등으로 표현되듯이 향촌 사회에서 고립시키거나, 향안에서 소적하여 일정 기간 축출하거나, 또한 향중·좌중에서 처벌하였다. 이러한 것은 어느 것이나 유향소를 중심으로 한 재지 사족의 향촌 운영에서 소외됨을 의미하는 것이었다."[340] 따라서 정진영 교수는 이 향약에 대한 사족의 반대 이유가 약조[24·25조] 그 자체에 있었다고 추정된다.

저자는 이우성 교수·정진영 교수의 이론과 더불어 퇴계 선생이 농암 이현보 선생의 규약을 기초 초안으로 사용하였기 때문에 제자들이 반발할 수 있었을 것으로 본다. "풍속이 아름답지 못함은 민의 유망에서 오는 것으로, 농암은 이를 교화라는 차원에서 해결하고자 했으며, 그 수단으로는 일찍부터 여씨향약의 실시를 생각하고 있었다."[341] 말하자면 '퇴계향약'이라고 알려진 것이 사실은 퇴계 혼자만의 것이 아니라, 농암 이후 예안 재지 사족들의 공론에 의해 마련된 것임을 알 수 있다. "이 책[퇴계문집]에는 이황이 명종 11년(1556) 경상도 예안(禮安)에서 같은 고을 선배인 이현보 1467-1555) 등에게서 얻은 정보를 바탕으로 쓴 '향립약조(鄕立約條)' 서문이 수록되어있

---
340 정진영. 앞의 책. 134-135면.
341 정진영. 앞의 책. 134-135면.

다."³⁴² "좌도점마 별감 이현보가 1471년(성종 3년) 8월 10일 입주(入州)했다가 영암으로 갔다."³⁴³라고 하는 기록을 보면 호남지방과의 인연을 미루어 짐작할 수 있다.

---

342 〈조선시대 향약의 시행과 그 변화〉, 《태인 고현동 향약》(국립중앙박물관, 2009) 12면.
343 《국역 금성일기》(나주시 문화원, 1989) 114면.

4.
퇴계향약이 향규인가?

향안(鄕案, 鄕籍) 작성을 작성을 시도하다가 무산된 것으로 추정된다. 《퇴계선생 문집》에는 없지만, 〈예안향립약조(禮安鄕立約條)〉에 "上罰告官司科罪不通水火 中罰消籍不齒鄕里 下罰損徒不與公會"[344] 라고 수록되어 있다. 여기서 소적(消籍)이란 향적(鄕籍, 鄕案)에서 소거, 즉 강제 탈퇴시킨다는 의미이다. 향안이 작성되지 못 하였으므로 '퇴계선생 문집'에서 '소적(消籍)' 때문에 '상벌' 이하는 생략하고 수록한 것으로 생각된다.

"향규는 향원 자치 조직과 관계없이 일방적으로 제시되는 규식"[345] 이라면, "임란 전에 발행된 것으로 추정되는 《향약》(금난수)"[346]에 수록된 원안(原案, 약조[約條])은 '향론 불일치'가 '향규'가 아니고, '향약'이기 때문이라고 주장한다.

"서문[예안향립약조서]를 통하여 퇴계가 '유향소를 통하여 나빠져 가는 향속을 바로 잡아야겠다'는 의도를 살펴볼 수 있었"[347]다고 했는데, 김용덕 교수도 "퇴계는 이 '향립약조서'에서 지금의 유향소는 주관(周官)에서 일향의 정교금령을 관장하던 향대부의 유제(遺制)로 '향사'는 덕행에 힘쓰고 유향소는 이 '약조'를 기준해서 권징 규정하여

---

344 김택규 & D. 아이케마이어 (편), 〈예안향립약조〉, 《영남의 향약》(1994) 203면.
345 《조선향촌자치사회사》(박익환 저, 1995) 125면.
346 정진영, 앞의 책, 132면 주 95.
347 《조선향촌자치사회사》(박익환 저, 1995) 162면.

일향 풍속을 바로잡아 교화의 책임을 다하라고 말하고 있다."[348]

"풍속이 아름답지 못함은 민의 유망에서 오는 것으로, 농암은 이를 교화라는 차원에서 해결하고자 했으며, 그 수단으로는 일찍부터 여씨향약의 실시를 생각하고 있었다(주93 《농암집》). 농암의 이러한 뜻은 그의 생시에는 이루지 못하였으나 유지에 따라 그의 후손과 퇴계, 그리고 일향 사족의 공론으로 추진되고 있었다. 이러한 사정을 퇴계는 '예안약조'의 서문에서 다음과 같이 기술하고 있다."[349]

"향촌 사회의 문제점에 대해 퇴계 선생의 선배였던 농암 이현보 선생도 이 문제에 대해 고뇌했던 것으로 보인다. 이는 유향소의 품관들이 맡아야 할 향풍 교화의 문제였으나 당시의 사정으로 보아 향소가 오히려 지탄의 대상이 되는 경우마저 있었으므로, 농암 선생도 향풍의 교화를 위해서 향약의 제정이 필수적 요소라고 인식했던 것이다."[350] 그러니까 이는 향규가 아니라는 의미다.

"전천[전천효삼]에 의해 전형적인 향규로 규정한 예안향약을 이러한 기준[향규는 사회사적이며, 향약은 교화사적이다]에서 볼 때 문제가 있음을 알 수 있다. 예안향약 즉 〈향립약조〉에는 향약 내용의 하나로 설명된 처벌해야 할 악목을 열거하고 있으며, 더욱이 핵심적인

---

348 정진영. 앞의 책. 132면 주 95.
349 《한국제도사연구》(김용덕 저. 일조각) 153면.
350 남민수. 앞의 책. 151면.

차이점으로 지적되고 있는 '사회사적'인 내용을 전혀 찾아볼 수 없으며, 도리어 조목이나 서(序)를 통해서도 향약의 내용으로 지적되는 수분지풍의 진작을 위주로 하는 '교화사적'인 성격을 볼 수 있다. 따라서 퇴계의 〈향립약조〉를 향약이라 하여도 크게 어긋나지 않을 것이다."[351]

"단언하기가 어려워 필자로서는 향약의 성격과 내용이 많이 포함된 조선적 향규라는 견해를 밝혀 두고 계속적인 검토를 하여 보고자 한다."[352]

---

351 정진영 〈16세기 향촌문화와 재지사족의 대응〉, 《민족문화논총》 7집, 101면.
352 박익환 〈퇴계의 예안향약고〉, 《사학논총》 남도영 박사 화갑기념호, 435면.

부록 4)

① 退溪先生鄉立約條後識

《退溪學資料叢書 六-惺齋先生文集》퇴계학연구소 편. 법인문화사. 1994년. 294면.

退溪先生悶鄉風之渝薄著成約條送鄉射堂掛壁而其時鄉人有議論不一者先生還取而藏之今於先生文集傳寫揭于鄉射堂以遂先生遺意云萬曆戊戌秋鄉人琴蘭秀書

約條凡三十一條載在先生文集中今不列錄 (퇴계 선생이 향풍의 투박함을 번민하다가 약조를 작성하여 향사당 벽에 걸어두게 했다. 그러나 그때 향인의 의론이 통일되지 않음으로 선생이 환취해서 보관하였는데, 지금 선생님이 남긴 문집에 있는 것[원안]을 전사하여 선생의 뜻을 따라 향사당에 게시하였다. 만력 무술년[1598. 선조 31] 가을 향인 금난수가 쓰다.

약조는 무릇 31조가 선생의 문집에 실려 있는데, 지금은 펼쳐서 수록할 수가 없다).

"향론 불일치로 '선생문집'에 기록되지 못하여, 이제야 원안을 베껴 향사당에 걸어 두었으니 선생의 뜻을 완수했다고 하겠다."[353]

"〈퇴계선생연보〉에서 말하지 않았던 그 '사정'이 금난수에 의하여 '향인의 의논이 일치되지 않았기 때문'임을 알 수가 있다."[354]

---

353 남민수 〈예안향약 소고〉,《동양고전읽기》 9집. 151면.
354 이우성 〈퇴계선생의 예안향약과 '향좌' 문제〉,《퇴계학보》 68호. 136면.

② 惺齋先生年譜

萬曆二十六年戊戌 先生六十九歲 秋講修鄕約于鄕序堂刊揭先師約條 有小識(만력 26년 무술(1598년, 선조 31) 선생 69세 가을, 갈고닦은 향약을 鄕序堂(향서당)에 펼쳐 걸어 스승님[퇴계]의 약조[향약]을 조금이라도 알 수 있게 하였다.)

③〈鄕立約條序 附約條〉
《退溪先生文集 十》한국역대문집총서 89. 경인문화사. 203-210면.

④〈鄕立約 條書·約條〉
《朝鮮時代社會史研究史料叢書 (一)鄕約》[355]

---

355 《朝鮮時代社會史研究史料叢書 (一)鄕約》(金仁杰·韓相權 編. 보경문화사. 1986년.) 24-25면.

[禮安]鄉立約條

父母不順者
兄弟相鬩者
家道悖亂者
事涉官府有關鄉風者
妻妾凌厚正妻者
鄉人孀婦誘脅汚奸者
守身孀婦誘脅汚奸者
妾作威勢擾官行私者
親戚不睦者
正妻踈簿者

牌旨不知者
侮辱相歐罵者
不顧廉恥汚毁士風者
恃強凌弱侵奪起爭者
無賴作雜多行狂悖者
公私聚會是非官政者
造言構虛陷人罪累者
患難力及坐視不救者
受官差任憑公作私者
婚姻喪祭無故過時者

不有執綱不從鄉令者
不服鄉論及懷仇怨者
執綱狥私冒入鄉爹者
舊官錢穀亭無故不來者
多接人户不服官役者
不謹租賦國免徭後者
公會晩到者
袁坐失儀者
座中喧爭者

空坐退便者
元惡鄉吏
貢物使濫做價僞者
人吏民間作弊者
庶人凌蔑士族者
已上隨見聞擴發告官依律科罪

1.
《광주목지(光州牧志)》

한상권 교수는 "지금까지 발견된 자료에 의하면 향약이 가장 먼저 실시된 지역은 광주이다.《光州牧志(광주목지)》(규 No. 10800) 인물조 김문발에 관한 기록에 의하면 '世宗朝 以隱逸官刑曹參判 早年 退休 建芙蓉亭 與鄕人行藍田之制白鹿之規 以勵風敎 光州之鄕約自此 始(세종 때에 은일로 형조참판에 이르러 젊은 나이에 퇴휴히여, 부용정을 건립하여 향인들과 더불어 '남전지제'·'백녹지규'를 시행하여 풍교를 독려하였다. 광주에서 향약은 이로부터 시작되었다.)'라고 하여 15세기 중엽에 광주 지방에서 이미 향약이 실시되었음을 확인 할 수 있다."[356]라고《광주목지》에 수록된 내용을 소개하였다.《광주목지》에 대하여 전반적으로 살펴보도록 하자.

① 세종조(世宗朝):《태종실록》35권. 태종 18년(1418) 4월 4일〈김문발 선생 졸기〉가 있다. 족보에는 3월 15일로 기록되었다. 세종조 이전에 이미 돌아가셨다.

1857년 간행 추정하는 김만기(金萬基) 서《광산김씨족보》에 수록된 후손 창신(昌臣)이 1830년 찬한〈관찰사부용정문발행적(觀察使芙蓉亭文發行蹟)〉에 김문발 선생이 1419년(세종 원년) 출생이고, 1436년(세종 18) 유일천(遺逸薦)이 있었고, 1446년(세종 28) 지평으로 추천되었으나 나가지 않았으며 3번째 부름에 나가 장령, 호조참의,

---

356 한상권,〈16,17세기 향약의 기구와 성격〉,《진단학보》58집(1984), 19면, 주 7.

순천부사, 형조참판으로 승진되었고, 1453년(단종 원년) 특제(特除)로 황해도도관찰출척사가 되었다고 기록되어 있으나, 1857년 후손 태기(兌基)는 1830년 종숙 창신의 구기(舊記)를 수정하여 출생년도는 언급이 없으나, 태종 17년 황해도 도관찰출척사가 되었다고 하였다.

후손 봉현(鳳鉉. 1817-1881)은 부친[태기]의 구기를 수정하여 〈관찰사부용정행적(觀察使芙蓉亭行蹟)〉을 발표했는데 "감사공의 생졸하신 해와 입사(立仕, 벼슬자리에 나아감을 뜻하는 입사[入仕]의 오기)하신 때는 문헌의 증거가 없고, 해영(海營, 황해도 감영) 선생안[관찰사 명단]을 얻어 참고하여 대략 근거할 수 있다. 대개 관안(官案)에 이른바 영락(永樂) 정유[1417년]는 곧 영락 기원의 15년이요. 태종 17년[18년의 오기] 무술(戊戌)이니 곧 영락 16년이요 태종 18년이니 세종께서 왕위를 물려받으신 해이다. 기해[1419년]는 이에 세종 원년이니 영락 17년이다. 이로서 미루어 볼 진데 공께서 입사하심은 태종 세종의 양조에 있었다."[357]라고 하였다.

김문발 서거 후 1418년 8월 10일 왕세자가 내선(內禪, 왕세자가 양위[讓位]을 받았으나 아직 즉위의 예를 올리지 않은 상태)을 받고 근정전에서 즉위하셨다.[358] 그러므로 김봉헌의 주장은 잘못되었다고 본다.

"생몰년이 잘 알려지지 않은 김문발(金文發)의 연배 관계를 미루어 살펴보면, 그는 태종말 세종초에 은일(隱逸)로 관직에 나온 것 같다. 그렇게 보는 이유는 《광주읍지》에는 태종조에 은일로 천거되었다 했

---

357 봉현(鳳鉉), 〈제영(題詠)〉, 《광주향약자료집(부용정 김문발)》, 43면. 부록 5) ③, ④, ⑥ 참조.
358 태종실록 35권. 부록 5) ⑨ 참조.

고《광주목지》에는 세종조라 하였기 때문이다."³⁵⁹라고 하였는데, 필자는 이를 이해할 수가 없다.

② 은일(隱逸): 1999년 세운 '부용정 보존비'에 "1376년 병진년(고려 우왕 2년)에 유일천(遺逸薦)으로 무관의 벼슬길에 나가 돌산 수군만호 순천부사 경기 충청 경남 전라도의 수군도절제사를 거쳐 형조참판과 황해도 관찰사를 역임한 문발(文發. 호 부용정)"³⁶⁰이라고 하였고, 1995년 국사편찬위원 김철희는 "문빌(文發)은 광주인이니 도평의녹사(都評議錄事)의 출신으로 홍무 병인 '1386'에 전라도원수(全羅元帥)를 따라 여러 차례 왜적을 격파한 공(功)이 있으므로 드디어 중탁(重擢)에 이르러 경기 충청 경남 전라 각도에 수군도절제사를 두루 지내어 이르는 곳 마다 성한 업적이 있었다."³⁶¹라고 하였다. 전직이 있는자가 '은일'을 받았다는 주장은 성립할 수가 없다.

'김문발은 광주사람으로서 도평의녹사(都評議錄事) 출신'이라고 했는데, '도평의녹사'를 잘 생각해보아야 한다. "녹사(綠事): 조선시대 의정부·중추부 등에 속한 이속(吏屬)."³⁶² "도평의사사(都評議使司): [⋯] 도평의사사녹사(都評議使司綠事)를 고쳐 의정부녹사(議政府綠事)로 하고 [⋯]."³⁶³ "도평의사사(都評議使司): [⋯] 하부의 실무기구로는 경력사가 설치되어 3·4품의 경력 1인과 5·6품의 도사 1인이 그 아래의

---

359 〈15세기의 광주향약〉,《조선향촌자치사회사》(박익환 저, 1995), 176면.
360 《광산김씨부용김선생실기》(1999), 95면.
361 〈부용정현판(芙蓉亭懸板)〉,《광산김씨부용김선생실기》(1999), 17면. 제목만 바꾸어 〈芙蓉亭 沿革記〉가《光山金氏綠事公派譜 卷之一》1999년. 235-237면에 실려 있다. 부록 5) ②, ③을 참조하라.
362 《한국고전용어사전 1》(세종대왕기념사업회, 1991), 154면.
363 위의 책, 209면.

'6방 녹사(六房綠事)'와 전리(典吏)를 통솔하게 되었다.'³⁶⁴ 그러므로 '세종조 이은일(世宗朝以隱逸)'이란 잘못된 표현이다.

③ 형조참판: 한종수 중앙사학 연구원은 '김문발의 생애 및 관력'에서 중요 관직이 소개 되었지만 '형조참판'을 역임한 기록은 없다.³⁶⁵ '한국 역대인물 종합정보 시스템'에서도 김문발 선생의 '형조참판'기록은 없다. '태조·정종·태종·세종실록' 등 각종 사료에도 흔적이 없다. 유일한 흔적이 앞서 지적한 1875년 간행된 것으로 추정한 《광산김씨족보》에 수록된 〈관찰사부용정문발행적〉 뿐이다. 합당한 사료가 아니다.

④ 조년퇴휴(早年退休): 후손 봉현(鳳鉉. 1817-1881)이 찬한 〈제영(題詠)〉에서 "감사공의 생졸하신 해와 입사하신 때는 문헌이 증거가 없고 '해영 선생안(海營先生案)'을 얻어 참고하여 보면 대략 근거할 수 있다."³⁶⁶라고 했지만, '해영 선생안'에 생졸년에 관한 사항은 없다.³⁶⁷

한종수 연구원은 "김문발 선생은 1359년(고려 공민왕 8)에 출생하였다"고 하였다.³⁶⁸ 태종 18년(1418) 1월 15일 황해 감사에 취임하여,

---

364 《한국민족문화대백과》 한국학중앙연구원.
365 한종수(중앙사학연구소), 〈부용 김문발의 생애와 '광주향약'〉, 《부용정향약과 민족정신'고찰을 위한 세미나》(사단법인 광주·전남발전협의회, 2011), 28-29면 '표-3'.
366 《광주향약자료집(부용정 김문발)》(광산김씨감사공문중 편) 43면.
367 부록 5) ⑥으로 첨부했다.
368 한종수 〈부용 김문발의 생애와 '광주향약'〉, 《부용정향약과 민족정신'고찰을 위한 세미나》(사단법인 광주·전남발전협의회, 2011), 28-29면, '표-3'.

태종 18년 4월 4일 (60세) 졸기(卒記)가 《태종실록》에 있다. 그 당시 60세가 조년(早年) 퇴직인가?

⑤ 건부용정(建芙蓉亭): 부용정 건립년도가 너무 다양하여 〈표 3〉 '부용정 건립 년도'를 제시한다. 지금은 새로운 안내 석물 때문에 교체되어 자취를 알 수가 없지만, 관례대로 지하에 묻었을 것 이라고 추정하는 문중에서 설립한 '사유비(事由碑, 연유[緣由]를 의미]'에는 부용정이 1422년(세종 3)에 건립되었다고 새겨져 있었다. 건립년도가 구체적으로 적시된 것을 보면 확실한 근거가 있었으리라고 추정한다. 1856년 간행 추정 김만기(金萬基) 서 《광산김씨족보》에 수록된 〈관찰사부용문발행적〉 (후손 창신(昌臣)이 1830년 찬)에 1457년(세조 3)에 건립되었다고 기록했다. 1857년 간행 추정 《광산김씨족보》에 수록된 〈관찰사부용행적〉 [후손 태기(兌基)가 1857년 봄에 종숙 창신 구기(舊記) 오차를 바로 잡아 수록]에는 태종 17년(1417) '황해도 관찰사 출석사'로 취임했으나 이듬해 겨울에 병환으로 사직하고, 환향한 후 고을 서편 칠석동으로 복거(卜居, 이거[移居])하여 부용정을 건립했다고 기록했다. 그러나 1999년 건립한 '부용정 보존비'에는 1398년 무인년[조선조 정종 1년]에 일시 귀향하여 1403년 계미년[조선조 태종 3년]사이에 건립한 정자로서 그때에는 주변에 연못이 있었으며 경관이 수려하였다. 공의 저택은 본 마을 이곳에서 북쪽으로 보이는 대밭 아래 칠석동 145번지였다.'[369] 김동수 교수는 "부용정: 조선 세종대[태종

---

369 《광산김씨부용김선생실기Ⅰ》(1999), 95면.

조에 사망]에 전라감사[사료 기록이 없음]를 지냈던 김문발의 별서(別
墅)[농장 부근에 별장처럼 지은 집]로 1500년경에 세운 것이다."[370] 문
중마저도 시대에 따라서 여러 번 바뀌게 되었다는 것은 실상 정확히
알지 못한다는 반증이다.

---

370 〈전남지역의 누정 조사연구(1)〉,《호남문화연구》14집, 283면.

⟨표 3⟩ 부용정 건립 년도

	건립년도	자료	발행처	간행년	비고
1	1398년 (태조 7)	부용정 보존비 (芙蓉亭 保存碑)	문중(門中)	1999년	《광산김씨부용 김선생실기》
2	1398년	부용정 유사 (芙蓉亭 遺事)		1986년	《광산김씨감사 공파세적지》
3	1418년 (태종 18)	족보(族譜)		1999년	《광산김씨녹사 공파보》 권지일
4	1418년	선친관찰사부용정 부군유장		1999년	《광산김씨부용 김선생실기족보》
5	1418년	《광주목지》	기록 없음	1799년	
6	1422년 (세종 4)	사유비(事由碑) 문중 건립	광주남구 문화원	2001년	《문화유적》 지하 매설 추정
7	1457년 (세조 3)	관찰사부용정문발행적. 후손 창신 찬	문중	1856년	《광산김씨족보》
8	1550년	《광산군지》	광산군청	1981년	
9	1500년 (연산 6)	《광산구지》	광산구청	1994년	1126면– 1500년 1146면– 1550년
10	1500년경	누정 조사연구	전남대학교 호남학연구원	1985년	《호남문화연구》14 집. 김동수 교수
11	세종조	15세기 광주향약의 향규약적 성격	박익환 교육 연구사	1989년	《용암 차문섭 교수 화갑 기념 논총》
12	1500년경	광주의 문화유적	김학휘	1990년	《광주향토문화총서》 제 6집
13	1416년	《누정제영》	광주직할시	1992년	생졸년대로 추정
14	1416년 (태종 16)	《호남누정기초목록》	지역문화교류 호남재단	2015년	호남한문 고전연구실
15	1411년 (태종 11)	조선시대 광주향약 시원은 부용정	이종일 원장	2009년	《21 광주·전남》 제 79호.
16	1411년	부용 김문발의 생애와 광주향약	한종수 연구원	2011년	《'부용정향약과 민족정신' 고찰을 위한 세미나》
17	1418년	《광주남구향토자료 모음집Ⅱ – 문화유적》	광주남구 문화원	2001년	36면
18	1500년경				72면
19	1422년				180면. 181면
20	1416년				181면

〈표 4〉 김문발의 읍지 기록을 보면, 《광주목지》[1798년 간 추정] '刑曹參判早年退休建芙蓉亭(형조참판조년퇴휴건부용정)'을 《광산읍지》(1801년 간)는 '黃海監司早年退休修治園池偏以芙蓉亭(황해감사조년퇴휴수치원지선이부용정)'이라고 수록되었다. 1879년 이후 사찬읍지들은 동일하게 수록하였다. 이렇게 바뀐 결과 부용정 건립은 새로운 가설을 만들어 냈다.

관찬읍지인 1871년 간 《호남읍지》(규 12175)에는 "金文發:文正公台鉉之孫以隱逸微官黃海觀察使(김문발: 문정공태현지손이은일미관황해관찰사)"라고 간략히 수록되었다.

〈표 4〉 김문발(金文發) 읍지 기록

	주체	제작연도	제작자	번역. 소장처.
	인물	김문발(金文發) 기록 사항			
신증동국여지승람	관찬	1530년. 중종	李荇(容齊)등 개수	한국학문헌연구소.1983년. 한국지리총서,전국 2
	인물			
수정동국여지지	관찬	1674년.현종	柳聲遠 추정	한국학문헌연구소.1983년.한국지리총서,전국參
	인물			
여지도서	관찬	1757-65년	洪良漢이 八道邑誌 修正	국사편찬위원회.1973년. 한국사료총서 제20
	인물			
광주목지	사찬	1798년추정	筆寫本. 刊者未詳	규장각.10800
	인물	金文發:世宗朝以隱逸官刑曹參判早年退休建芙蓉亭與鄉人行藍田之制白鹿 之規以勵風敎光州之鄉約自比始			
광산읍지	사찬	1805년	白永泰 謄抄本	1792년 수정유사 김효일 기학경
	재학	金文發:文正公七世孫世宗朝隱逸刑曹參判黃海監司早年退休修治園池偏以芙蓉亭與鄉人行藍田之制白鹿之規以勵風敎光之鄉約自比始			

호남 읍지 (규12175)	관찬	1871년		한국학문헌연구소.1983년, 한국지리총서,읍지4
	인물		金文發:文正公台鉉之孫以隱逸微官黃海觀察使	
광주읍지	사찬	1879년	朴濟邦,高濟尤序. 奇東益 拔	광주직할시.1990년. 광주고전국역총서(사학1)
	재학		金文發:文正公七世孫太宗朝隱逸刑曹參判黃海監司早年退休修治園池扁以芙蓉亭與鄉人行藍田之制白鹿之規以勵風敎光之鄉約自比始	
광주읍지	사찬	1879년	寫本. 刊者未詳	규장각.10787. 1879년 己卯誌 동일
	재학		金文發:文正公七世孫太宗朝隱逸刑曹參判黃海監司早年退休修治園池扁以芙蓉亭與鄉人行藍田之制白鹿之規以勵風敎光之鄉約自比始	
광주지	사찬	1924년甲子	奇東高.序. 金喜洙拔(향교)	광주향교. 1964년
	재학		金文發: 光山人文正公七世孫太宗朝에 隱逸로行刑曹參判黃海監司하다. 早年에 退休하야 修治園池扁以 芙蓉亭與鄉人으로 行藍田之制白鹿之規하야 以勵風敎하니 光之鄉約이 自比始하다	
광주읍지	사찬	1925년	奇東高.序 主務姜世永	한국인문과학원.1991년. 한국읍지총람,근대읍지
	재학		金文發: 文正公七世孫太宗朝隱逸刑曹參判黃海監司早年退休修治園池扁以芙蓉亭與鄉人行藍田之制白鹿之規以勵風敎光之鄉約自比始	

⑥ 藍田之制白鹿之規(남전지제백녹지규): 주자의 백록동서원 학규(學規)가 향약·향규에 혼입된 시기는 조선조 중기로 본다. 조선조 초창기에 시행했다는 것이 이해가 안 된다. "〈포산향약(苞山鄉約)〉에서는 학규와 향약을 결합시켰다. 이와 같은 향약 체계를 여헌 장현광(張顯光)은 발문에서 '성소희견(誠所希見)'이라 하여 17세기 향약에서만 찾아볼 수 있는 한 특징임을 지적하고 있다. [⋯] 향약이라는 실천운동을 통하여 강학(講學)의 이념을 현실화시킨다는 취지하에 학규와 향약을 하나로 결합하는 움직임이 등장하게 된 것이다. 이 결과

향약의 조직과 학교조직을 합치시키는 〈전주부(全州府)향약〉과 같은
형태가 출현하게 된 것이다."³⁷¹

"'백녹동규(白鹿洞規)'는 주자가 백녹동 서원을 설립하고 이 서원
의 학도들을 위해 제정한 학규로서, 도학 전통에서 교육기관으로 중
심적 역할을 하였던 서원의 교육이 추구하는 교육과제와 교육방법을
가장 집약적으로 제시하고 있다."³⁷²

고영진 교수는 다음과 같이 말한다. "김문발이 향인들과 함께 남
전지제(藍田之制)와 백록지규(白鹿之規)를 행하였다는 기록이 보이는
데[광주목지] 여기서 남전지제는 '여씨향약'을, 백록지규는 '백록동학
규'를 지칭한다고 할 수 있다."³⁷³

"향약과 향음례(鄕飮禮)는 향약을 군현수령(郡縣守令)이 주도할
경우 그 외모가 매우 비슷하다. […] 중국에서나 우리나라에서나 향
음례에서는 효제목린(孝悌睦隣)의 내용을 담은 약조 같은 것을 강
석(講釋)하여 흡사 향약의 강신례 같았고 실제로 향음례와 향약은
서로 혼칭(混稱) 전칭(轉稱)되어 같은 실체의 이칭(異稱)처럼 사용되
었다."³⁷⁴

---

371 한상권, 〈16·17세기 향약의 기구와 성격〉, 《진단학보》 58집(1984), 53~54면.
372 금장태, 〈白鹿洞規圖(백운동규도)'와 퇴계의 서원교육론〉, 《퇴계학》 11집, 85~86면.
373 〈조선중기 향례에 대한 인식의 변화〉《조선시대 사상사를 어떻게 볼 것인가》(고영진 저, 풀빛, 1999),
      358면.
374 김용덕, 〈향음례고〉, 《동방학지》, 81~82면.

1987년 간행 《광주향교지》에 보면, '제4장 향음주례 및 향약의절, 1. 향음의례, 2. 향약의절(鄕約儀節), 3. 강회의(講會議): 상읍홀기(相揖笏記), 주자백녹동규, 남전여씨향약'[375]이 순차적으로 수록되어 있어 '주자백녹동규'에 대한 인식에 혼란을 초래할 염려가 있다. '백녹지규'라고 했는데, 후손들이 '백녹동 동규'라고 해석하여 17세기에 등장하는 '동규(洞規)'로 인식하고 있었다.[376]

375　《광주향교지》, 219–231면.
376　김봉현(金鳳鉉) 찬 〈관찰사부용정문발행적〉,《광주향약자료집(부용정 김문발)》, 26–29면.

2.
《광주목지(光州牧志)》(규 10800)

 "사찬읍지는 수령과 지방 유사들의 협력에 의해 간행되는 것이 일 반적이다. 따라서 일률적인 형식이나 규범이 없이 그 지방의 특성이 강하게 드러나며 편찬자의 의도가 분명히 드러난다. 특히 편찬 동기 와 경과는 서문과 발문에 기록이 되고 상세한 내용을 지니게 되어 일 읍의 실정을 살리는 데에 귀중한 자료가 된다."[377]라고 했는데,《광주 목지》는 사찬읍지 임에도 불구하고 '서문과 발문'이 없고, 편년 기록 이 누락 되었다. "교원 항목에 나오는 봉안각(奉安閣)에는 정사(丁巳) 와 무오(戊午) 같은 기년이 나오고, '상(上, 임금)께서 어제(御題)를 하 사하셨다고 되어 있다. 그런데 1899년에 편찬된 광주읍지(규 10787) 학교 항목의 어제 봉안각 부분에는 어제를 정종 무오에 내린 것으로 기록되어 있다. 여기서 정종 무오는 정조 22년(1798)을 의미한다. 이 렇게 본다면 이 읍지는 1798년에서 아주 가까운 시기에 편찬되었을 가능성이 높다."[378]라고 했는데, 이 읍지는 1798년에 아주 가까운 시 기에 편찬되었다기보다는 1798년 이후에 편찬된 것으로 보는 것이 더 합리적이다.

 "대체로 《여지도서》의 항목과 내용이 비슷하다. 그러나 일부 항목 에는 내용이 누락되거나 추가되었다. 예컨대 장시 항목의 경우,《여지

---

377 《호남읍지》(한국학문헌연구소, 1992), 13면.
378 〈광주목지 해설〉,《전라도읍지 三》(서울대학교 규장각, 2003), 25면.

도서》[1757-1765년 간행]에는 없는 항목으로 읍내시, 용산시(龍山市), 극락시(極樂市) 등이 열렸음을 확인할 수 있다. [⋯] 그 밖에 특기할 점은 《여지도서》에 수록(收錄)되지 않았던 신숙주 등이 명환(名宦)으로 수록되어 있다는 점이다. 그 이유는 자세히 알 수 없지만, 그가 나주에서 출생했다는 사실과 관련되어 있으리라 본다."[379])라고 했는데, '용산시(龍山市)'는 1830년 '임원십육지(林園十六志), 임원경제지(林園經濟志)'와 1899년 《광주읍지》(규 10787)에 수록되어 있으나, '극락시(極樂市)'는 1899년 《광주읍지》(규 10787)에만 수록되어있다.[380]

"고종대(高宗代, 1864-1907)에 들어와 읍지의 편찬은 더욱 활발해졌는데, 개국 후의 변혁 속에서 보다 정확한 지방사정을 파악하기 위해 조정에서 각읍에 대하여 읍지의 선진(選進)을 요청했기 때문이다. 현 서울대학교 규장각 도서의 읍지 대부분은 이 때 만들어진 것이다. 그러나 이들 대부분을 영조년간(英祖年間, 1725-1776)에 이루어졌던 것을 그대로 복사한 것이거나 다소 보정한데 불과한 것이다."[381]

"광주목지: 정조 말년경(1798-1800)에 만들어졌음이 확실하다. 교원항(校院項)의 봉안각(奉安閣) 기사 중 '奉安閣在明倫堂中間 當宁丁巳牧使徐瑩修承命 校正御定大學衍義補 上命選道內能文詞有識解者 與之參校 越明年戊午工告訖 – (봉안각재명륜당중간 당저정사목사서

379　김태웅 〈광주지방의 읍지 = 1798년(정조22)경 편찬된 전라도 《광주목지》, 인터넷 자료.
380　광주지역의 장시 《전라남도의 향토문화(하)》 446면. 《광주읍지》(규 10787) 서울대 규장각. 161면, 〈표 10〉.
381　김동수, 〈광주목지〉, 《역사학연구VIII》(1978), 200면.

영수승명 교정어며정대학연의보 상명선도내능문사유식해자 여지삼교 월명년무오공고흘'라는 데서 보건대, 당저 정사(丁巳)는 정조 21년(1797)이며, 무오(戊午)는 22년(1798)이다."³⁸²

이 두 문장을 보면, 정조 말년경(1794-1800)에 만들 것을 다소 보정하여 고종대(1864-1907)에 들어와 읍지를 편찬하였다고 본다. '규장각 홈페이지(마이크로 필림 M/F79-103-142-R)'에 《광주목지》 발행년도는 '간지미상(刊地未詳)'·'간년미상(刊年未詳)'·'간자미상(刊者未詳)', 내용은 헌종·철종 년간(1835-1874)이라고 하였다. 따라서 《광주목지》 발행년도는 1874년 이후가 된다.

"장시(場市), 군기(軍器), 명관(名官, 명환[名宦]의 오기) 등은 여지도서에 없는 것들로서 이 읍지에 처음 나오는 것이다. […] 이 밖에도 이 책은 보는 관점에 따라 무한한 자료를 지니고 있다. 이용하고자 하는 방향에 따라서 무한한 자료를 제공해 주는 것이다. 한국사의 연구에 있어 지리지 등이 갖는 의의 및 중요성은 매우 크다."³⁸³라고 하고, 194면 〈표〉에 '명환'은 《동국여지승람》과 《광주목지》에만 기록되어 있다고 하였다. 《동국여지승람》 626면에 '명환'에 신라: 천훈(天訓. 都督)·김양(金陽. 都督), 고려: 이서(李舒. 牧使), 본조: 권담(權湛. 牧使)·이영구(李英耈. 牧使) 다섯 분이 기록되었다. 그러나 《광주목지》에는 신라 천훈(天訓. 都督)·김양(金陽. 都督), 고려 이서(李舒. 牧使)·김길(金吉. 司空)·김광철(金光轍. 密直使)·김회조(金懷祖. 判

---

382 김동수, 위의 책, 198면.
383 김동수, 위의 책, 196면.

書)·김흥조(金興祖. 軍器監) 등 열네 사람, 본조에는 광주목사란 이영구(李英耉) 뿐이고 그 외의 경우는 문과 급제자들이 기록되었다.

광주읍성 둘레는《세종실록지리지》에 972보(步)로 나온다.《신증동국여지승람》부터는 8,253 尺(척)으로 수록되었다. 그러나 1798년 간행된 것으로 추정되는《광주목지》는 8,253보라고 수록되었다. "몇 개 읍지에서 '읍성 둘레 8,253보'라고 기록한 것은 '척(尺)'의 잘못이다."[384] 그 후 1895년 간행 (필사본. 관찬)《호남읍지》와 1925년 김희수 발행《광주읍지》에도 동일하게 8,25보라고 나온다.

① 방리(坊里)

"이 읍지[《광주목지》]는 지명 연구나 향토사 연구에 좋은 자료가 될 수 있다."[385]라고 지적했다. 따라서 '방리 항목'에 대하여 의견을 제시하고자 한다. 〈표 5〉 읍지별 방리 비교를 중심으로 설명하고자 한다. 읍지에서 가장 믿을 수 있는 항목이 방리라고 생각한다. 왜냐하면 당시 일상적으로 사용하였기 때문이다. '갈전면(㗚田面)'을 1879년에 간행한《광주읍지》에서 '㗚田面 今葛田面(갈전면 현재 갈전면)'이라고 했고, 1895년 간행《호남읍지》는 '㗚田面 附葛田面(갈전면 부 갈전면)'이라고 했으나 1912년〈지방행정구역명칭일람〉에서는 '葛田面(갈전면)'이라고 했다. 아마도 공식 명칭은 '㗚田面(갈전면)'이지만, 1879년경에 한자가 쉽지 않기에 '葛田面(갈전면)'이라고 했으리라고 추정 해본다. 1914년 4월 1일〈일제행정구역대개편〉(府令(부령) 제111호)에

---

384 김동수,《광주읍성 유허 지표 조사 보고서》(전남대학교 박물관·광주광역시 동구청, 2002년), 42면.
385 〈광주목지 해설〉, 앞의 책, 26면.

의거하여 광주군 갈전면(葛田面)을 담양군에 넘겨주었다.[386] 그러나 1798년 간행 추정한 《광주목지》에는 '葛田面'이라고 기록했다. 1871년 간행 광주읍지에도 '㐣田面'이라고 기록 했는데, 이를 어떻게 해석해야 할까? 이를 오타로 볼 수 없는 이유는 '도천면(陶泉面)'은 1864년에 《대동지지》에 의하면 '옹정면(甕井面)'에서 분리 되었다. 그러나 이후에도 '옹정면'만 나오다가 1912년 간행 〈지방행정구역명칭일람〉에서 '도천면'으로 기록되었다.'와지면(蛙只面)'도 1864년에 《대동지지》에 의하면 '오치면(梧峙面)'으로 바뀌었으나 이후에도 '와지면'으로 기록되었으나 1912년 간행 《지방행정구역명칭일람》에서 '오치면'으로 바뀌었다.[387] 그러나 1799년경 간행한 《광주목지》에는 '오치면'·'석저면(石底面)'·'도천면'으로 수록되어 1912년 간행 〈지방행정구역명칭일람〉과 동일하다.

유일하게 《광주목지》에서만 '고내성면(古內城面)'이라고 기록한 이유가 무엇일까? 1934년 야마모토 데스타로(山本哲太郎)이 '광주군사(光州郡史)'에서 내놓은 주장에 대해 조광철 학예연구사가 다음과 같이 지적한다.

"고내상면(古內廂面)은 그곳에 전라병영성(兵營城)이 있었는데 성(城)과 상(廂)의 발음이 비슷해 조선인들이 '고내상면(古內廂面)'으로 잘못 발음한 것이 면(面)의 이름으로 굳어졌다고 한 대목이 이런 경우다. '내상(內廂)'이 '병영(兵營)'의 별칭이었다는 사실을 모른데서 생

---

386 《광주동연혁지》(향토문화진흥원 편, 1991), 23면.
387 이종일, 〈광주의 옛 지명 변천〉, 《향토문화》 19집(2000), 33-34면.

긴 결과로 보인다."[388]

다른 읍지와 다르게 면의 총수가 기록되지 않았으나, 1777-1787년 제작된 〈해동여지도〉에 '대기면(大技面)'이 기록된 것으로 보아 '대기면'이 누락된 것으로 이해하고, 다른 읍지와 같이 총 41개면으로 본다.

"현재 규장각에 전하는 정조대(1777년-1800년) 읍지들은 대부분 일제 시대에 필사한 것으로 보이는데, 원본(原本)의 소재는 확인되지 않는다."[389] 원본의 소새는 확인되지 않고, 징조대 간행이라고 주장하는 필사본인 《광주목지》도 종합적으로 판단할 때 일제 시대에 필사한 것으로 이해된다.

---

[388] 조광철, 〈山本哲太郎(야마모토 데스타로)의 《光州郡史》 집필과 내용〉 《일본인 교사의 광주역사 연구》(재)지역문화교류호남재단·광주교육대학교 역사문화교육연구소 주최 제13회 학술심포지움. 2015년 9월 10일. 광주교육대학교 교육매체관). 발표자는 광주시립민속박물관 학예연구사이다.

[389] 양보경, 〈전라도읍지에 대한 소고〉, 《한국지리지총서 읍지 4 전라①》(한국학문헌연구소, 1992), 22면, 주 26.

〈표 5〉 읍지별 방리(坊里) 비교

여지도서 1759	호구총수 1789	광산읍지 1792	*광주목지 1798	호남읍지 1871	광주읍지 1879	호남읍지 1895	행정구역 1912 ※
갈田面	갈田面	갈田面	*葛田面	갈田面	갈田面 今葛田面	갈田面 附葛田面	※ 葛田面
蛙只面	蛙只面	蛙只面	*梧峙面	蛙只面	蛙只面	蛙只面	※ 梧峙面
石保面	石保面	石保面	*石底面	石保面	石保面	石保面	※ 石底面
瓮井面	瓮井面	瓮井面	*陶泉面	瓮井面	甕井面	瓮井面	※ 陶泉面
片坊面	片坊面	片坊面	片坊面	片坊面	片坊面	片坊面	斗坊面
爾介保面	爾介保面	介介保面	介介保面	介介保面	介介保面	介介保面	甲馬保面
巨岾面	<u>巨峙面</u>	巨岾面	巨峙面	巨峙面	巨峙面	巨峙面	巨峙面
界村面	界村面	界村面	界村面	界村面	界村面	界村面	桂村面
禿山面	禿山面	禿山面	禿山面	禿山面	禿山面	禿山面	牛山面
古內廂面	古內廂面	古內廂面	*古內城面	古內廂面	古內廂面	古內廂面	古內廂面
景陽面	景陽面	景陽驛	景陽面	景陽面	景陽面	景陽面	瑞陽面
馬谷面	馬谷面	( )	馬谷面	馬谷面	馬谷面	馬谷面	馬谷面
所旨面	所旨面	( )	所旨面	所旨面	所旨面	所旨面	所旨面
大枝面	大枝面	大枝面	( )	大枝面	大枝面	大枝面	大枝面
41面	41面	39面	40面	41面	41面	41面	41面

* 1912년 〈지방행정구역명칭일람〉을 줄여서 〈행정구역〉이라고 표시했다.
* 1864년 간행 《대동지지》 44개면. 옹정면에서 도천면 분리, 지한면(池閑面)에서 지동면(池洞面) 분리, 부산면(釜山面)이 생겼다. 와지면은 오치면으로, 거점면(巨岾面)은 거치면(巨峙面)으로 바뀌었다.
* 1750년경 제작된 〈해동지도〉(양보경 교수 고증): 40개 면과 '경양역(景陽驛)'

② 〈성씨조(姓氏條)〉에 관해서 검토하여 보고자 한다.

《세종실록 지리지》에 "土姓(토성) 13, 卓(탁), 李(이), 金(김), 蔡(채), 盧(노), 張(장), 鄭(정), 朴(박), 陳(진), 許(허), 潘(반), 成(성), 承(승)"이라 했는데, 《광주목지》에는 "李, 金, 卓, 蔡, 盧, 張, 鄭, 朴, 陳, 許, 潘, 成, 承"이라 했으나, 그 외 모든 읍지에는 《세종실록 지리지》 순서와 동일하게 기록하였다. 〈표 6〉 성씨조-토성과 같이 당시 사족(士族)들은 차례 즉 순서를 소중히 여겼다. 《광주목지》가 당시에 출현할 수 없다는 중요한 이유가 된다고 생각한다. 규장각에 필사본 형태로 유일본이 소장되었다는 사실도 의혹을 불러일으킨다.

〈표 6〉 성씨조(姓氏條) - 토성(土姓)

			1	2	3	4	5	6	7	8	9	10	11	12	13	14	비고
1	세종실록 1454년	官撰	卓	李	金	蔡	盧	張	鄭	朴	陳	許	潘	成	承		
2	신증동국여지승람 1528년	官撰	卓	李	金	蔡	盧	張	鄭	朴	陳	許	潘	成	承		
3	여지도서 1759년	官撰	卓	李	金	蔡	盧	張	鄭	朴	陳	許	潘	成	承	庚	村性→土性
4	광산읍지 1792년	私撰	卓	李	金	蔡	盧	張	鄭	朴	陳	許	潘	成	承		
5	광주목지 1799년 규 10800	私撰	李	金	卓	蔡	盧	張	鄭	朴	陳	許	潘	成	承		차례 의문
6	호남읍지 1871년 규 12175	官撰	卓	李	金	蔡	盧	張	鄭	朴	陳	許	潘	成	承		
7	호남읍지 1895년 규 12181	官撰	卓	李	金	蔡	盧	張	鄭	朴	陳	許	潘	成	承		
8	광주읍지 1879년. 규 10787	私撰	卓	李	金	蔡	盧	張	鄭	朴	陳	許	潘	成	承		己卯誌

9	광주읍지 1924년	私撰	卓	李	金	蔡	盧	張	鄭	朴	陳	許	潘	成	承	甲子誌
10	조선호남지 1934년	私撰	卓	李	金	蔡	盧	張	鄭	朴	陳	許	潘	成	承	

이어서 〈표 7〉 성씨조에 광주에 거주하는 씨족들을 열거하였다. 그들은 유향소 혹은 향교에서 마주치기 때문에 실수가 일어날 수 없다. 그러나 《광주목지》는 여타 읍지들과는 구별된다. 56번 '남평 문씨'와 63번 '청송 심씨'는 《광주목지》에 처음 등장했으나, 그 후 1924년 간행된 《광주읍지》에 다시 등장한다. '완산 이씨'는 1759년 간행된 《여지도서》에 처음 등장하여 연이어 수록되었는데, 유독 《광주목지》에서만은 '전주 이씨'로 기록되어 있다. '양과 김씨'는 부곡성(部曲姓)으로 《세종실록- 지리지》부터 1934년 간행된 《조선호남지》까지 빠진 적이 없는데, 《광주목지》에서만 빠졌다.

〈표 7〉 성씨조(姓氏條)

	① 세종실록 1454	② 동국여지 1528	③ 여지도서 1759	*④ 광산읍지 1792	*⑤ 광주목지 1799	⑥ 호남읍지 1871	⑦ 호남읍지 1895	⑧ 광주읍지 1899	⑨ 광주읍지 1924	⑩ 조선선호남 1933	비고 ※	번호
茂松 庾	村	村	光山	⊙	⊙	⊙	⊙	⊙	⊙	⊙	村性	1
開城 金	⊙	⊙	⊙	⊙	⊙	⊙	⊙	⊙	⊙	⊙	續性	2
錦山 程	⊙										續性	3-1
韓山 程		⊙	⊙	⊙	⊙	⊙	⊙	⊙	⊙	⊙	續性	3-2
高興 申	⊙	⊙	⊙	⊙	⊙	⊙	⊙	⊙	⊙	⊙	續性	4
良瓜 金	⊙	⊙	⊙	⊙	*	⊙	⊙	⊙	⊙	⊙	部曲姓⑤	5
長澤 高			⊙	⊙	⊙	⊙						6-1
長興 高							⊙	⊙	⊙	⊙		6-2
瑞山 柳			⊙	⊙	⊙	⊙	⊙	⊙	⊙	⊙		7
咸安 尹			⊙	⊙	⊙	⊙	⊙	⊙	⊙	⊙		8
永川 李			⊙	⊙	⊙	⊙	⊙	⊙	⊙	⊙		9
平陽 朴			⊙	⊙	⊙	⊙	⊙					10-1
順天 朴								⊙	⊙	⊙		10-2
星山 李			⊙	⊙	⊙	⊙	⊙	⊙	⊙	⊙		11
幸州 奇			⊙	⊙	⊙	⊙	⊙	⊙	⊙	⊙		12
忠州 朴			⊙	⊙	⊙	⊙	⊙	⊙	⊙	⊙		13
南陽 洪			⊙	⊙	⊙	⊙	⊙	⊙	⊙	⊙		14
咸陽 朴			⊙	⊙	⊙	⊙	⊙	⊙	⊙	⊙		15
高靈 申			⊙	⊙	⊙	⊙	⊙	⊙	⊙	⊙		16
慶州 崔			⊙	⊙	⊙	⊙	⊙	⊙	⊙	⊙		17
樂安 吳			⊙	⊙	⊙	⊙	⊙	⊙	⊙	⊙		18
文化 柳			⊙	⊙	⊙	⊙	⊙	⊙	⊙	⊙		19
陰城 朴			⊙	⊙	⊙	⊙	⊙	⊙	⊙	⊙		20
竹山 朴			⊙	⊙	⊙	⊙	⊙	⊙	⊙	⊙		21
洪州 宋			⊙	⊙	⊙	⊙	⊙	⊙	⊙	⊙		22
淸州 韓			⊙	⊙	⊙	⊙	⊙	⊙	⊙	⊙		23
迎日 鄭			⊙	⊙	⊙	⊙	⊙	⊙	⊙	⊙		24
大丘 裵			⊙	⊙	⊙	⊙	⊙	⊙	⊙	⊙		25
完山 李			⊙	⊙		⊙	⊙	⊙	⊙	⊙		26-1
全州 李					*⊙						⑤	26-2
河東 鄭			⊙	⊙	⊙	⊙	⊙	⊙	⊙	⊙		27

	①세종실록4	②동국여지5	③여지도서9	*④광산7읍지2	*⑤광주7목지9	⑥호남8읍지1	⑦호남8읍지5	⑧광주8읍지9	⑨광주9읍지4	⑩조선9호3남4	비고 *	번호
驪興 閔			⊙	⊙	⊙	⊙	⊙	⊙	⊙	⊙		28
靈光 丁			⊙	⊙	⊙	⊙	⊙	⊙	⊙	⊙		29
蔚山 金			⊙	⊙	⊙	⊙	⊙	⊙	⊙	⊙		30
慶州 鄭			⊙	⊙	⊙	⊙	⊙	⊙	⊙	⊙		31
興德 張			⊙	⊙	⊙	⊙	⊙	⊙	⊙	⊙		32
海美 郭			⊙	⊙	⊙	⊙	⊙	⊙	⊙	⊙		33
天安 全			⊙	⊙	⊙	⊙	⊙	⊙	⊙	⊙		34
咸豊 李			⊙		⊙	⊙	⊙	⊙	⊙			35–1
咸平 李				*⊙					⊙		④⑩	35–2
金海 金			⊙	⊙	⊙	⊙	⊙	⊙	⊙	⊙		36
全義 李			⊙	⊙	⊙	⊙	⊙	⊙	⊙	⊙		37
興陽 李				⊙	⊙	⊙	⊙	⊙	⊙	⊙		38
靈山 辛				⊙	⊙		⊙	⊙	⊙	⊙		39
磧城 李			⊙		⊙		⊙	⊙	⊙	⊙		40
淸安 李				⊙	⊙	⊙	⊙	⊙	⊙	⊙		41
水原 白				⊙	⊙	⊙	⊙	⊙	⊙	⊙		42
耽津 崔	⊙	⊙	⊙	⊙	⊙	⊙		⊙	⊙	⊙		43
羅州 羅								⊙	⊙	⊙		44
水原 崔								⊙	⊙	⊙		45
羅州 林								⊙	⊙	⊙		46
義城 金			⊙	⊙	⊙	⊙	⊙	⊙	⊙	⊙		47
瑞山 鄭								⊙	⊙	⊙		48
坡平 尹								⊙	⊙	⊙		49
豊川 盧								⊙	⊙	⊙		50
順興 安								⊙	⊙	⊙		51
竹山 安								⊙	⊙	⊙		52
新平 宋								⊙	⊙	⊙		53
錦城 吳								⊙	⊙	⊙		54
豊川 任								⊙	⊙	⊙		55
沃溝 張								⊙	⊙	⊙		56
平山 申									⊙			57
晉州 姜									⊙			58
南平 文				*⊙			⊙		⊙		⑤⑨	59

242

본관 성씨							번호
慶州 金				⊙	⊙		60
延安 車					⊙		61
錦城 范					⊙		62
靑松 沈			*⊙		⊙	⊙	⑤⑨⑩	63
慶州 李					⊙	⊙		64
仁同 張					⊙	⊙		65
淸州 李			⊙				⑥	66
潘南 朴						⊙		67
泰人 朴						⊙		68
羅州 金						⊙		69
平澤 林						⊙		70
濟州 梁						⊙		71

* 본주, 토성, 성씨는 생략하고, 차례는 ⑨1899년(己卯) 광수읍시 (규 10787)를 기준했나.

③ 〈인물조(人物條)〉

본조(本朝)에 김문발·박수지(朴遂智)·이조원(李調元)·김승평(金昇平)[김문발 자] 순서로 수록되었다. 〈표 4〉 김문발 읍지 기록에 의하면, '전국지리지'에는 흔적이 없고, 관찬읍지 에서는 유일하게 1871년 간행 《호남읍지》(규 12175)[지리지를 위시하여 다른 모든 광주읍지에 수록된 이선제(李先齊)는 누락된 필사본]에 수록되었다. "이들은[일제시대 편찬된 읍지] 방대한 분량에 달하며 또한 사적인 정실(情實)도 많이 개입된 듯하다."³⁹⁰이 연상된다. "'인물'도 신라 염장(閻長)을 비롯해 [...] 조선의 김문발, 김극기(金克己), 박상(朴祥), 박순(朴淳), 기준(奇進), 기대승, 정철 및 壬亂(임란)·丁亂(정란)시 활약한 인물들."³⁹¹ "이 읍지[《광주목지》]는 중앙의 상송령에 의해 만들어진 관찬읍지가

---

390 《한국지리지총서 읍지 4 전라도①》(한국학문헌연구소 편, 1992), 12면, 주 7.
391 〈광주목지〉, 《규장각한국본도서해제》 Ⅶ집 史部(사부) 4.(서울대학교규장각), 161면.

아니라 광주에서 자체 제작된 사찬읍지로 추정된다. [...] 목차는 일반적인 관찬읍지에서 사용되는 항목의 순서와 전혀 다르며, 사용되는 항목의 이름도 다른 경우가 많다."[392] 〈인물〉과 〈명환(名宦)〉으로 구분하였는데, 대다수 읍지에서는 '명환'을 '읍선생(邑先生)'으로 규정하는데 반하여 여기서는 '관직(官職)·관료(官僚)'로 분류하였는데, 〈인물〉에 등재된 인물 중에 관료 출신 '김문발, 김극기, 박상, 박순, 기대승, 정철 등' 다수가 있어 분류의 기준을 알 수가 없다.

3.
세종조(世宗朝)를 태종조(太宗朝)로

〈표 4〉 김문발 읍지 기록에 의하면, 고종 16년(1879년) 간행《광주읍지》(박재방·고재우 서) 재학(才學) 편 김문발 조에 "文正公太鉉七世孫太宗朝隱逸刑曹參判黃海監司 早年退休 修治園池扁以芙蓉亭 與鄕人行藍田之制白鹿之規 以勵風敎 光州之鄕約自此始"라고 기록되었다. 따라서《광주읍지》에 '세종조'를 '태종조로 바꾸었다. 태종 18년(1418) 1월 13일 황해도 관찰사에 부임하였는데, 후임 가선대부 이유(李惟)가 3월에 부임하였고, 4월 4일에 졸(卒)했다면, 시간적으로 여유가 없다. 그렇다면 '隱逸刑曹參判(은일형조참판)'·'早年退休 修治園池扁以芙蓉亭(조년퇴휴 수치원지편이부용정)'은 어떻게 설명할까?

1856년 간행 추정《광산김씨족보》에 수록된 후손 창신(昌臣)이

---
392 《전라도읍지 3》(서울대학교규장각, 2003), 25면.

1830년 찬한 〈관찰사부용정문발행적〉에 김문발 선생이 1419년(세종 원년) 출생이라고 기록되어 있다. 그러나 1857년 간행 추정 《광산김 씨족보》(김태기 서)에 수록된 후손 태기(兌基)가 종숙 창신 구기(舊 記) 오차를 바로 잡은 〈관찰사부용정행적〉에 '太宗十七年 […] 與前 府使李始元大司成盧自亨等行藍田呂氏鄕約白鹿洞規以勵風敎光州之 有鄕約座目自公始'라고 기록하여 실시 년도를 세종에서 태종으로 수 정하고, '좌목'을 추가했다. 후손 봉현(鳳鉉, 1817-1881)이 찬한 〈제영 (題詠)〉에서 "영락 16년은 태종 18년이니 세종께서 왕위를 물려받으 신 해이다. 을해(乙亥, 1419년)는 이에 세종 원년이니 영락 17년이다. 이로써 미루어 볼 진데 공께서 입사(立仕, 入仕의 오기)하심은 태종 세종의 양조에 있었다."[393]라고 했지만, 1418년 8월 10일 왕세자(세종) 가 내선(內禪)을 받고 근정전에서 즉위하셨다 《태종실록》.《태종실 록》의 1418년 4월 4일 졸기(卒記)를 감안하면 잘못된 주장이다.

"'광주목지' 인물편. 김문발조. 世祖朝 - 光州之鄕約自此始. 필자 [이종일] 주. 앞 '세종조'는 '태종조'의 오기임. 이는 태종 18년에 공이 졸(卒)하였기 때문이다."[394]라는 주장을 받아들이기는 어렵다.

---

393 《광주향약자료집(부용정 김문발)》(광산김씨감사공문중 편), 43면.
394 이종일, 〈조선시대 광주향약의 성립과정〉, 《금당문화대학-남구의 전통문화 교육》(광주광역시남구문 화원, 2009), 91면, 주 5.

4.
김문발 선생과 족보·읍지·지리지

《광산김씨족보》[국립중앙도서관 소장. 고 2518 10-951=복. 1702년 숙종 28. 김문행(金文衍) 발(跋)]에 김문발(金文發) 선생과 부친 김거안(金巨安)의 이름만 기록되어 있다.

1856년 간행 추정 《광산김씨족보》(권지4 상. 嘉安府錄事光輅派(가안부녹사광로파)) '20세 문발: 世宗朝隱逸嘉靖大夫黃海道觀察黜陟使 […]自平章洞移卜州西漆石里建芙蓉亭-'라고 수록되었다. 그리고 같은 책에 수록된 후손 창신(昌臣. 1774-1847)이 1830년에 찬(撰)한 〈관찰사부용정문발행적〉에 "世宗己亥生 […] 端宗癸酉特除黃海道都觀察黜陟使 天順元年丁丑年三十九有休退之志是年冬謝病還鄉修治園亭扁以芙蓉 […] 晚年與鄉人前府使李始元大司成盧子亨等行藍田鄉約白鹿洞規以勸風教光州之有鄉約自公始 […] 因家藏舊乘及光山誌謹書."이라고 기록되었다. 이후 족보에는 '見光山誌(견광산지)'라고 첨부되었다.[395]

"20세 文發: 太宗朝隱逸嘉靖大夫黃海道觀察黜陟使◎黃海道監營先生案日永樂十五年丁酉十二月下批戊戌正月十五日道界◎家藏及諸宗系牒皆書以江原慶尙黃海三道觀察使自平章洞移卜州西漆石里建別墅芙蓉亭諸名流詩板至今懸留事實見光山誌"[《광산김씨족보》권2. '문정공제사방가안부녹사휘광로파.' 국립 중앙도서관 소장. 고(古)

---

395 부록 5) ③을 참조.

2518 10-991 2=복(復). 1857년 후손 태기(兌其) 서]. '가장급제종계첩(家藏及諸宗系牒)'이라고 했는데, '종계첩'이 존재하면 굳이 '광산지'를 내세우기 전에 공개하는 것이 좋을 듯하다.[396]

"22세 문발(文發): 호는 부용. 嘉靖大夫刑曹參判行黃海道觀察黜陟使(가정대부 형조참판 행 황해도관찰출척사) 高麗恭愍王八年己亥(고려 공민왕 8년 기해) 1359년에 生하여 자유(自幼)로 영특하고 총명이 절윤(絶倫)하며 長而慕圃治道之尊(장이모포치도지존)을 익독(益篤)하다. 약관(弱冠)에 擧隱逸(거은일)하여 連除持平掌令(연제 지평장령)하고 태종 정유 1417년에 出爲黃海監司(출위황해감사)하고 명년(明年)[이듬 해]에 遂謝病(수사병)하여 還鄕後自平章洞(환향후 자 평장동)으로 移卜州西漆石里(이복주 서 칠석리)하여 別墅(별서)에 建芙蓉亭(건 부용정)하고 有諸賢名流題咏(유 제현 명류 제영)하며 設行藍田鄕約(설행 남전향약)과 白鹿洞規(백녹동규)하니 광주에 有鄕約座目(유 향약 좌목)이 自此(자차)로 始焉(시언)이라 사실이 光山誌(광산지)하다. 黃海道監營先生案曰(황해도 감영 선생안 왈)永樂十五年丁酉(영락 15년 정유, 1417년)十二月下批(12월 하비)하고 무술[1418년] 3월 15일에 졸하다. 家藏及諸宗系牒(가장급제종보첩)에 皆書以江原慶尙全羅三道按察使(계서이 강원, 경상, 전라 삼도 안찰사)라 하다 見太宗實記(견태종실기)." 《광산김씨록사공파보》 1999년 간행. 무등도서관 소장). '황해도감영선생안'에 '무술[1418년] 3월 15일에 졸하다'는 표현은 없다. 끝에 '見太宗實記(실기는 실록[實錄]의 오기)라고 하

---
396 부록 5) ④를 참조.

였으나, '태종실록'에는 '무술[1418년] 4월 4일에 卒하였다'라고 서술되었다. '家藏及諸宗系牒(종친 및 보관 계첩)에 皆書以江原慶尙全羅三道按察使(강원, 경상, 전라 삼도 안찰사라고 모두 기록되었다). '안찰사(고려시대 관찰사)라 하다'라고 했는데, 고려 공민왕 8년(1359) 출생하여, "우왕 12년(28세)에 全羅道元帥(전라도원수)를 따라 남원·보성 등지에서 왜구를 격퇴했다."[397]라고 하였다. '안찰사' 기록을 찾을 수 없다.

관찬읍지·지리지에 처음 등장하는 것은 1871년 간행된《호남읍지》(관찬읍지. 필사본. 규 12175) 〈인물조〉 "金文發: 文正公太鉉之孫隱逸薇官黃海道觀察使"[398] 이다. 일반적으로 읍지나 지리지는 족보와 문집 등을 근거로 서술한다. 그러나 김문발 선생에 관한 족보 기록은 '광산지'를 읍지의 근거로 서술했다고 기록되어 있다. '광산지'가 현재 존재하지 않으므로 무어라 언급할 수가 없다. '광산지'는 뒤편에서 고찰하고자 한다.

《광산지》 초고본(草稿本)이라고 주장하는 읍지는 복사본도 접하지 못했다. 하지만 기의 동일본[399]이라는 《광산읍지》에 수록된 '김문발 선생'은 '인물 재학조' 본조 여섯 번째에 "文正公台鉉之七代孫世宗朝隱逸刑曹參判黃海監司早年退休修治園池偏以芙蓉亭其以人行藍田之制白鹿之規以勵風敎光之以約自此而始"라고 기록되어 있다. 김문발

---

397 한종수, 〈부용 김문발의 생애와 '광주향약'〉, 《'부용정향약과 민족정신'고찰을 위한 세미나》(사단법인 광주·전남발전협의회, 2011), 28면, 〈표-3〉.
398 〈읍지 4. 광주목〉(한국학문헌연구소, 1983).
399 이종일, 〈초고본 광산지 논고〉, 《향토문화》 32집, 106면.

후손 창신(昌臣)이 1830년에 '광산지'를 근거로 찬한 〈관찰사부용정문 발행적〉을 기저로 수록한 것으로 보인다.⁴⁰⁰

"21세 문발: 태종 조에 은일하였다. 가정대부 황해도 관찰사를 하였다. 천성이 공손 청렴하고 간결하였다. 평장동으로부터 서쪽 칠석리로 이거하여 부용정을 지었다. 광산지에 나타나 있다. 살피니 '제종[종친들]의 계첩(보첩[譜牒])에 삼도 관찰사'로 다 쓰여 있다. 부인은 '김씨'이고 임신년에 졸하였다. 묘는 유등곡 이동 방축안에 있고, 임좌 향(壬坐向)이며 상하로 합폄(合窆)하였다. 표석이 있다."《광산김씨 평장대보》 2016년 간행. 조선대학교 도서관 소장). 김문발 정부인(貞夫人)도 '김씨'라고만 족보에 기록되었다. "부인 묘 앞에 세운 비면에 有明朝鮮國 嘉靖大夫 黃海道觀察黜陟使 金文發之 妻 貞夫人 光山金氏(김씨는 아마 광주토성의 다른 사람[부곡김씨]일 것이다. 광산지를 살펴보면 우리 '광산현 김씨' 이외에도 별도로 토성 김씨[양과부곡김씨·경지부곡김씨·벽진부곡김씨]가 있었던 것 같다. 그리하여 우리 가전과 서로 같으니 그 선계를 알아보고자 여러 책을 참고하였으나 끝내 찾지 못하였다. 우리 족보를 보면 휘 대린(大鱗)의 배를 광산김씨라 쓰여 있고 언거(彦琚)의 배를 광산김씨라 쓰고 있으니 또한 관향이 같은 김씨요 흥광의 후예가 아닌 즉, 토성의 다른 김씨가 틀림없다) '지묘(之墓)'라고 쓰여 있고 후면에는 '경태(景泰) 3년[1952년] [...] 측면에는 '前全州判官金昇平立(전 전주 판관 김승평 세움)'이라고 쓰여 있다."⁴⁰¹ 태종조에 부곡이 폐지될 때 '부곡김씨'들은 '광주김씨'

---

400 부록 5) ③을 참조.
401 《찬자미기》 부용정관찰사공사적, 《광주향약자료집(부용정 김문발)》(광산김씨감사공문중 편), 32-34면.

로 본관을 바꾸었다고 전하나[402] 일부는 '광산김씨'로 바꾼 것 같다.

광주 토성은 13개인데 정확한 시기는 모르지만, 필자의 추정으로는 숙종 조 인근에 토성 전체 본관이 '광주'에서 '광산'으로 바뀐 것 같다. 지금까지 아무도 그 '사유'도 '시기'도 모른다. 전체가 동시에 일어나는 것은 강력한 '관권(官權)'이라고 추정된다.

한편 규장각 소장의 국내 유일본이라는《국조문과방목》1권에 '조선 광해조(朝鮮 光海朝) 신유(辛酉, 1621년)'까지 '광주 출신 본관'은 모두 '광주인'으로 기록되었다. 그러나 '國朝文科榜目 권 9'에 순조조(純祖朝)에서부터 본관 '광산인(光山人)'이 처음으로 등장한다. 이전에는 '광주인(光州人)'으로 기록되어 있다.

'1936년 조선총독부에서 조사 자료 제41집 생활상태 조사 기 8'로 발표한《조선의 취락 후편》〈본관별 성씨 일람표〉에 수록된 것을 이기하여 본다.

"'光州' 本貫: 李氏·金氏·朴氏·鄭氏·申氏·趙氏·吳氏·姜氏·安氏·許氏·張氏·任氏·徐氏·成氏·黃氏·林氏·禹氏·羅氏·盧氏·蔡氏·丁氏·郭氏·全氏·嚴氏·田氏·玄氏·文氏·池氏·陳氏·庾氏·朱氏·潘氏·方氏·劉氏·泰氏·卓氏·馬氏·盧氏·宣氏·蔣氏·車氏·承氏·千氏·程氏·陰氏·范氏.

'光山' 本貫: 崔氏·柳氏·申氏·元氏·呂氏·梁氏·釋氏."[403]

광주 토성은 모두 본관이 '광주'로 기록되어 있다.《조선의 취락 후편》〈본관별 성씨 일람표〉의 '본관'은 현지 조사가 아닐 가능성도

---

402 이수건,《한국의 성씨와 족보》(서울대학교출판문화원, 2011) 93면.
403 〈본관별 성씨 일람표〉,《조선의 취락 후편》(민속원, 1991), 66~119면.

있다.

　〈표 8〉 경제기획원 인구 센세스를 보면, 광주 토성 13개 중 탁(卓)·이(李)·김(金)·노(盧)·정(鄭)·반씨(潘氏) 등 여섯 개 성만 유지되고 있다. 그 중에서도 유일하게 반씨(潘氏)만 본관을 '광주(光州)'로 사용하고 있다. 앞에서 지적한 대로 '본관(本貫)이 전체가 바뀐 이유를 왜 아무도 모를까?' 고민했다. 그러나 이제 1985년부터 노씨(盧氏)를 선두로 본래의 본관으로 찾아가고 있다. 비록 다소 늦었지만 다행스런 일이 아닐 수 없다. 나머지 7개 성씨는 광주 본관을 버렸다. 하지만 承(승)·許(허)·朴(박)·張(장)·蔡氏(채씨) 등 소수이지만 되돌아오는 경우도 있다.

〈표 8〉 인구 센세스 - 광주 土姓(토성): 경제기획원 조사통계국

	1985년		2000년		비고
	가구수	인원수	가구수	인원수	
光山金氏	174,912	750,701	258,936	837,008	
光州盧氏	9,481	38,073	15,265	48,574	1985년
光山盧氏	8,201	34,281	8,747	28,355	"光州"로 통일
光山李氏	7,113	31,119	11,416	36,741	
光州鄭氏	3,446	14,922	4,717	15,149	2001년
光山鄭氏	925	4,105	1,709	5,794	"光州"로 통일
光山卓氏	3,672	15,196	4,891	15,691	
光州卓氏	232	1,057	490	1631	
光州潘氏	1,311	5,415	2,031	6,660	
光山承氏	140	648	188	643	
光山許氏	27	100	547	1,669	
光山朴氏	22	148	302	1,076	
光州張氏	10	61	486	1,569	
光州蔡氏	8	47	141	418	
光州成氏	0	0	0	0	亡姓
光州陳氏	0	0	0	0	亡姓

〈표 9〉 급제자 성씨별 통계표

성씨	인원	시기		성씨	인원	시기	
		부터	까지			부터	까지
光山李氏	12	태조(1393)	선조(1577)	陰城朴氏	3	연산(1501)	선조(1574)
咸平李氏	2	태종(1405)	선조(1603)	長興高氏	6	중종(1519)	선조(1577)
光山鄭氏	9	태종	명종(1566)	瑞山鄭氏	1	중종	
安東權氏	5	태종(1411)	중종(1507)	瑞山柳氏	2	중종(1528)	중종(1534)
磧城李氏	1	태종(1411)		竹山安氏	1	중종(1534)	
光山金氏	3	태종(1405)	중종(1531)	淸州韓氏	2	중종(1541)	명종(1558)
高靈申氏	1	세종(1439)		靈山申氏	1	명종(1549)	
光州金氏	4	세종(1441)	명종(1549)	洪州宋氏	1	명종(1556)	
光山盧氏	1	세종(1450)		幸州奇氏	1	명종(1558)	선조(1592)
樂安吳氏	2	세조(1465)	명종(1549)	延日鄭氏	2	명종(1562)	선조(1592)
慶州崔氏	1	성종(1438)		文化柳氏	1	선조(1605)	

| 密陽朴氏 | 2 | 성종(1492) | 중종(1513) | 完山李氏 | 1 | 선조(1605) | |
| 忠州朴氏 | 3 | 연산(1501) | 명종(1553) | | | | |

* 본관 미기록: 김요란(金曜란), 김우석(金禹錫), 김언거(金彦琚), 최송년(崔松年), 정인귀(鄭仁貴), 이방주(李邦柱), 배승무(裵承武), 오빈(吳玭), 고용후(高用厚) 등
* 《광주시사》 제1권. 광주직할시사편찬위원회. 1995년. 579면에서 인용.

〈표 9〉은 《광주시사》에 수록된 '급제자 성씨별 통계표'는 원전 출처가 누락되어 언급되기 어렵지만, 조선 초기 광주토성 본관은 '광주'였으나, 현재 대다수의 서적에서 본관은 '광산'으로 기록되어 있는데, 그 당시 사용되었던 '광주'로 표기하는 것이 바람직하다고 생각한다. 유일하게 '광주김씨'·'광산김씨'가 함께 기록된 것은 눈길이 간다.

'문과방록'은 본관이 기록되어 있으나, 실제 광주 거주자가 아닌 경우도 있다. 따라서 인물 명을 병기하는 것이 바람직하다.

"실제로 '[여지]승람'에 등재된 인물들은 대부분이 광주 밖에서 살면서 출세한 광주 본관 인물들이다. […] '여지승람'이나 '읍지'에 나와 있는 광산김씨 인물 김약채, 김국광 등은 충남 연산에서 뿌리내린 사계 김장생의 선조들로 본관만 광산 일뿐 광주 토박이들은 아니었다. 오늘날 광산김씨는 전국에 82만 7,000여 명이고, 광주에 7만 명 가량 거주하고 있어 가장 번창한 토박이라 할 수 있다."[404]

---

404 《광주산책》(김정호 저, 광주문화재단, 2014), 158면.

5.
김문발 선생의 고향

"태종 정유 1417년에 出爲黃海監司(출위황해감사)하고 明年(명년)에 遂謝病(수사병)하여 還鄕後自平章洞(환향후자평장동)에서 移卜州西漆石里(이복주서칠석리)하여 別墅(별서)에 建芙蓉亭(건부용정)하고"《광산김씨록사공파보》6권 2. 감사공 문발 손록(孫錄). 1면. 1999년. 무등도서관 소장)라고 족보에 나온다. 그러나 1999년에 건립한 '부용정 보존비'에는 "1398년 무인년[조선조 정종 1년]에 일시 귀향하여 1403년 계미년[조선조 태종 3년]사이에 건립한 정자[부용]"[405] 라고 했는데, '귀향하여 1403년 계미년[조선조 태종 3년]사이에 건립한 정자'란 칠석동이 본고향이란 의미가 될 수 있다. 족보와 다른 말을 문중에서 하니 감을 잡을 수가 없다.

김정호 원장은 "향등, 지산, 수춘, 광곡, 야평의 다섯 동네를 합해 고려 때 이곳에 있던 양과부곡(良瓜部曲)의 이름을 이어 양과동 이라 했다. 광곡(일설은 이장동 황산이라 함)에서 광산김씨 김문발이 태어나 세 곳 절제사와 황해도 감사를 지내고 칠석동에 자리잡아 부용정을 짓고 향약을 만들었다."[406] 김문발 선생의 고향은 평장동이 아니고 양과부곡(良瓜部曲)의 광곡 마을 이라고 하였다. 그 말은 '광산김씨'가 아니라 '양과김씨'란 의미로 해석될 수도 있다. 이는 앞서 지적 한 대로 1999년 건립한 '부용정 보존비'에 '1398년에 일시 귀향하

---

405 〈부용정 보존비〉,《광산김씨부용김선생실기》(광산김씨 문정공파 녹사공종중. 1999), 95면.
406 《광주산책》(김정호 저, 광주문화재단, 2014), 115면.

여 1403년 사이에 건립한 정자[부용정]'라고 했는데 이를 인정한 것 같은 느낌을 주고 있다.

"하천(霞川, 高雲의 號. 1479-1530)은 글을 잘했을 뿐 아니라 그가 그린 맹호도(猛虎圖)는 명화로 꼽히고 있다. 그의 처가가 광주에 사는 광산(光山)이씨였으므로 처가를 따라 그 아버지를 모시고 영광에서 광주로 이거한 것이다."[407] "압촌 마을에 인접한 황곡(黃谷) 마을이 김문발의 출생지로 알려져 있으니 만큼 광산 김씨들이 이곳에서 세거하고 있었을 것이다."[408] 원문에 '광산김씨'인지 '광주김씨'인지 모르겠다. "운(雲)의 배(配) 光州李氏好善女(광주이씨호선여)"[409]라고 기록되어 있다. 하천 고운 선생은 중종조 압촌 마을에 기거하셨으므로 의미가 있다고 본다. "이 마을[黃山]는 조선조 태종 때 전라감사[공식 기록은 부재]를 지낸 김문발의 출생지이기도 하다."[410] 《광주군사》에는 "김문발 출생지: 대촌면 이장리"[411]이라 하였다.

후손 봉현(鳳鉉. 1817-1881. 부친은 태기[兌其])은 〈제영(題詠)〉에서 "감사공의 생졸하신 해와 입사하신 때는 문헌이 증거가 없고, 해영 선생안을 얻어 참고하여 대략 근거할 수 있다."[412]라고 한 말을 보면, 출생지는 모른 것이 당연하다고 본다. 그러니 여러 설이 등장할 수밖에 없는 것이다.

---

407 《충의와 효열-고씨가문과 그 혼친》(양만정· 고홍석 편, 2001), 5면.
408 고운, 《霞川遺集(하천유집)》(2006), 136면.
409 《충의와 효열-고씨가문과 그 혼친》, 127면.
410 《광산마을사》(광산문화원, 1990), 382면.
411 〈광주군사. (야마모토 데쓰타로)〉, 《일제강점기 광주문헌집》(광주민속박물관, 2004), 285면.
412 〈제영〉, 《광주향약자료집(부용정 김문발)》(광산김씨감사공문중 편) 43면.

6.
김문발 선생의 향약 공식 명칭

　박익환 국사편찬위원회 교육연구사는 "이선제가 주도하여 시행하였다는 '광주향약조목'이 '광주읍지' 등에 나타나는 김문발의 '광주향약'과는 어떤 관련이 있는지 추급(推及)이 가능한 한에서 살펴보기로 하겠다."[413]라고 하였고, 1996년 박순 교수(중앙대)도 "세종 년간에 김문발이 광주에서 처음으로 실시했다는 향약이 비록 시행되었다는 기록이 남아 있기는 하지만 그 실체는 현재로서는 알 수가 없다. 다만 김문발의 '광주향약'과 이선제[1390- 1453]의 '광주향약'이 거의 같은 내용이었으리라는 추측만 가능할 뿐이다. 그렇게 유추할 수 있는 단 하나의 근거는 김문발과 이선제가 거의 비슷한 시기의 인물이라는 점이다."[414] 그러나 실제는 31세 차이가 난다. 한 세대를 30년이라고 한다. 그렇다면 근거로 제시한 '거의 비슷한 시기의 인물'이란 말이 안 된다.

　2007년 김문발 선생의 후손인 김일중 교수는 "김문발을 중심으로 시행된 향약을 '칠석동(漆石洞)향약'· 이선제를 중심으로 시행한 향약을 '양과동향약'이라 부르기로 한다."[415] 허나 2011년에는 '부용정향약'

413　박익환, 〈15세기 광주향약의 향규약적 성격〉, 《한국사의 이해, 조선시대(1)》(1991), 459면.
414　박순, 〈조선전기 광주지방의 향약과 동계〉, 《동서사학》 5집(1996), 45면.
415　김일중 〈향약의 문화적 가치와 지방행정에의 적용가능성 탐색-칠석동·양과동 향약을 중심으로〉(남구포럼 주관, 남구청 후원 심포지움, 2007)》 《광주향약자료집(부용정 김문발)》 107면.

이라고 바꾸었다.[416]

    2008년 신혜숙은 광주향교에서 실시한 '조선시대 향촌사회사 세미나'에서는 '부용정향약'이라고 표현하고, 석사학위 논문에서는 '칠석동향약'이라고 했다. 그러나 "광주지역의 향약은 태종18년(1418)에 김문발의 주도하에 향약이 입조되어 실시되었다가 후에 이선제가 다시 시행하여 그 기록을 '수암지에 남긴 것으로 여겨진다."[417]이라고 하여 '칠석동향약'이나 '부용정향약'이란 표현이 없었다.

    한종수 연구원은 2011년 6월 10일 사단법인 광주·전남발전협의회 주최 "부용정향약과 민족정신'고찰을 위한 세미나' 주제 발표자로 주제어인 '부용정향약'이 아닌 〈부용 김문발의 생애와 '광주향약'〉이라는 주제로 '주제어를 왜 교체 했는지' 부연 설명도 없이 발표하였다. 부연 설명이 아쉬웠다. 후에 국립중앙박물관 도서관에서 《광주향약자료집(부용정 김문발)》(광산김씨감사공문중 편)을 보니 뒷표지가 없어 담당 직원에게 발행년도를 대장에서 찾아 알려달라고 부탁했다. 조사 후에 처음부터 없었다는 대답을 주었다. 내용을 살펴보니 2008년 광주향교에서 실시한 '조선시대 향촌사회사 세미나'가 수록된 것으로 미루어 2009년이라는 추정을 하게 되었다. 신혜숙 석사과정을 지도한 박경하 교수는 다음과 같이 말했다. "이 논문 발표[〈조선시대 향촌사회사 세미나〉광주향교. 2008년 8월]에서는 '부용정향약

---

416 김일중 〈부용정이 양과동 향약에 미친 영향〉《2011 금당문화대학 남구의 전통문화교육》광주광역시 남구문화원). 주 1.
417 신혜숙 〈광주양과동향약의 성립과 특징〉,《문화금당》9호. (광주 남구 문화원. 2009) 106면.

이라고 써라' 이렇게 지도를 했습니다. 원래 부용정향약이라 안 썼어요. 그래서 부용정향약으로 썼고, 이것[부용정향약]를 1411년으로 보고, 1451년에 향약을 이선제가 한 것을 광주향약으로 부르고, 1604년에 시행한 것을 동네[정자] 이름을 붙여서 양과동향약이라 부르고, 이것이 세 가지 향약이죠." 그러나 신혜숙은 논문에서 '칠석동향약'이라고 서술했다. 그는 지도교수의 '이 논문 발표에서는 '부용정향약'이라고 써라'를 '이 논문 발표에서만'이라고 이해하였다고 생각했다. 그렇게 추론한 이유는 2018년 4월 24일 광주향교에서 사단법인 광주·전남발전협의회 주관 "광주향약 발전과 공동체 의식'제고를 위한 세미나' 주제발표자로 나선 박경하 교수는 〈조선시대 향약과 광주향약의 성격〉에서 '김문발의 칠석동향약(1418년)'·'이선제의 광주향약(1451년)'[418]이라고 서술했다. 김문발 선생의 향약 명칭과 시행년도가 신혜숙의 학위논문과 동일하게 바뀌었다. 바뀔 때는 사유를 밝히는 것이 상례인데 왜 사유가 생략되었는지 의문이다.

"광주향약: 1418년(태종 18), 김문발이 광주에서 시행한 향약. 황해도 도관찰사 김문발이 관직을 사임하고 고향인 광주 평장동으로 내려왔다가 대촌면 칠석리로 이사하여 부용정이라는 정자를 짓고 이시원·노자형 등과 더불어 〈남전여씨향약〉과 〈백록동규〉를 시행하며 향촌 교화에 힘썼는데 광주향약은 이로부터 비롯되었다. 이 향약의 조목은 현재 전하지 않고 이선제가 1451년에 시행했다는 〈광주향약조목〉이 전해 오는데 양자의 내용이 크게 다르지 않았던 것으로 추

---

418 박경하 〈조선시대 향약과 광주향약의 성격〉, 《광주향약 발전과 공동체 의식' 재고를 위한 세미나》 (사단법인 광주·전남발전협의회 주관. 2018년 4월 24일. 광주 향교) 15면.

정된다. 〈광주향약조목〉은 상등벌 6조목, 중등벌 11조목, 하등벌 2조목, 기타 5조목 등 총 24조목으로 이루어져 있으며 주로 지방 사족의 자치규약 성격을 띤 내용들이 많다. 명종 대 박순과 기대승이 김문발의 향약을 계승하여 시행하기도 했으나 1766년(영조 42)에 폐지되었다. 전라남도 지역에서 시행된 최초의 향약으로 이후 호남 여러 군현의 향약에 모범이 되었으며 이황의 예안 향입약조(鄕入約條)와도 형식과 내용에서 비슷한 점이 많아 영향을 미쳤을 것으로 여겨진다."[419]을 보면서 퍽 아쉬운 마음을 느낀다.

7. 한종수 연구원의 「부용 김문발의 생애와 광주향약」

"위 기사['가정대부형조참판김공 신도비명' 조경한 1983년 찬]만으로는 그 정확한 시기[부용정을 짓고 향약을 만든 시기]가 언제인지는 알 수가 없다. 그의 이주 시기를 알아내는 작업은 '광주향약[김문발 향약]'의 실시 시기와 연관이 있어 칠석리로 이주 시기와 부용정 축성 시기를 밝혀내는 일이 중요할 것으로 보인다. '부용정관찰사공사적'에는 '김문발이 칠석리로 이주할 시기에 그곳은 아직 사람이 살지 않는 곳이어서 그가 새로이 개발하여 경치가 좋은 곳에 정자를 세우고 땅을 파, 연꽃을 심고 부용이라 이름하였다'고 기록되어 그 사

---
[419] 《전남향토문화백과사전》(전라남도· 전남대 호남문화연구소, 2002), 115–116면.

실을 중심으로 추정을 해본다면, 우선 김문발은 태조[태종의 오기] 18년(1418) 3월에 사망하였다. 김문발이 '광주향약'을 입규한 시기는 1418년으로 본다면, 사망하기 3개월 안에 사람이 살지 않았던 칠석리를 개발, 부용정을 건축하여 그 장소를 중심으로 향인들과 향약을 입조했다는 주장으로 저자[한종수]가 생각하기에는 시간상으로 가능성이 낮고 생각된다. 위 〈표-3〉[김문발의 생애 및 관력]를 보면, 태종 11년(1411) 3월부터 태종 12년(1412)까지 약 1년 6개월 정도를 고향에 머물고 있었는데, 이 기간 동안 김문발이 '광주향약'을 입규할 수 있는 충분한 시간적 여유가 있었을 것으로 보인다."[420]라고 하였다. 《광산김씨록사공파보》(1999)에 '1417년에 出爲黃海監司(출위황해감사)하고, 명년에 遂謝病(수사병)하여 還鄕後自平章洞(환향후자평장동)으로 移卜州西漆石里(이복주서칠석리)하여 별서(別墅)에 建芙蓉亭(건부용정)'라고 기록된 것과 상충(相衝)된다. '위 기사['가정대부형조참판 김공 신도비명' 조경한 찬 1983년] 만으로는 그 정확한 시기[부용정을 짓고 향약을 만든 시기]가 언제인지는 알 수가 없다'라고 했는데, "태종 정유 1417년에 '황해도 도관찰출척사'를 제수하였다. […] 부임 한 지 일마 못되어 휴되(休退)힐 뜻이 있으므로 길병(乞病)하여 환향힌 후 평장동으로부터 광주 서쪽 칠석리로 이거(移居)하여 정원을 수축하고 부용으로 현판을 하였으니 대개 주렴계의 애련한 뜻을 취함이요 전에 부사 이시원과 대사성 노자형과 더불어 남전여씨의 향약과 주씨의 백녹동규를 설행"[421]이라고 서술되어 명확히 1418년에 설행(設

420　한종수, 〈부용 김문발의 생애와 '광주향약'〉, 《부용정향약과 민족정신》고찰을 위한 세미나〉(사단법인 광주·전남발전협의회, 2011), 31면.
421　조경한 (찬), 〈가정대부형조참판김공 신도비명〉, 《광산김씨녹사공파보》(1999), 241~244면.

行)했다고 했다.

앞에서 주장한 '김문발이 '광주향약'을 입규한 시기는 1418년으로 본다면, 사망하기 3개월 안에 사람이 살지 않았던 칠석리를 개발, 부용정을 건축하여 그 장소를 중심으로 향인들과 향약을 입조했다는 주장으로 저자[한종수]가 생각하기에는 시간상으로 가능성이 낮다고 생각된다.'라는 주장은 족보 내용을 전면 부정하는 점에서 매우 중요한 사항이므로 보충 설명하려 한다.

"海營先生案[황해도관찰사안]曰 嘉善大夫李迹永樂丁酉[태종 17년] 六月來 嘉靖大夫金文發永樂丁酉十二月下批[임금의 재가] 戊戌[태종 18년] 正月十五日[13일의 오기]到界(도계, 감사취임[監司赴任]) 嘉善大夫李惟戊戌三月來"[422] "전 황해도 도관찰사 김문발이 졸하였다."[423] 족보에는 기일이 3월 15일로 기록되었다.

태종 18년(1418) 1월 15일[태종실록에는 13일] 황해도 관찰사에 부임하였는데, 후임 가선대부 이유가 3월에 부임하였고, 3월 15일에 졸하셨다면, 시간적으로 여유가 없다.

"김문발이 주도하여 '광주향약'이 입규되어 실시되었다는 기록만이 보일 뿐, 구체적인 조목이나 실시 기간 등은 알 수가 없다. 다만 다) ['가정대부형조참판김공 신도비명' 조경한 찬 1983년]와 라) ['부용정관찰사공사적' '선조관찰사부용정부군유장']에서 전 부사 이시원(李始元)과 대사성 노자형(盧自亨)에 의해 계승되어 있다고만 언급할 뿐

---

422 후손 김봉현 찬 〈제영〉,《광주향약자료집(부용정 김문발)》(광산김씨감사공문중 편). 41면.
423 태종실록 태종 18년 4월 초4일 갑신.

이다."⁴²⁴ 제시한 다) 기사 '가정대부형조참판김공 신도비명' 셋째 줄에
"而其前府使李始元大司成盧自亨繼承存續焉"⁴²⁵이라 했지만, 실제로
는 둘째 줄부터 편집되어서 이를 바로 잡으면 " 與前府使李始元大司
成盧自亨設行藍田呂氏鄕約白鹿洞規以勵風敎光州之有鄕約座目自此
爲始 (전에 부사 이시원과 대사성 노자형과 더불어 남전여씨의 향약
과 주씨의 백록동규를 설행하여 풍교를 장려하였으니 광주의 향약
좌목이 있는 것이 이로부터 비롯되었고)"⁴²⁶ 이 두 문장은 완전히 다
른 의미이다. 김문발 선생은 1359-1418년(1999년 간행 족보), 이시원
선생은 1410-1471년 (한국학중앙연구원), 노자형 선생은 1414-1490
년 (한국학중앙연구원) 이다. '부용정향약'이 1418년 설행이라고 할
때 김문발 선생은 60세이고, 이시원 선생은 9세이고, 노자형 선생은
5세였다. '부용정향약'이 1411년 설행이라고 할 때 김문발 선생은 54
세고, 이시원 선생은 2세며, 노자형 선생은 출생 전이다.

8.
유문(遺文)과 후손들

　김만기 서, 1856년 간행 1856년 간행 추정《광산김씨족보》에서 후
손 창신(昌臣. 1774-1847)이 1830년 찬한 〈관찰사부용정문발행적〉에

424　한종수, 앞의 책, 31면.
425　한종수, 앞의 책, 30면.
426　〈가정대부형조참판김공 신도비명〉,《광산김씨녹사공파보》(1999), 241-242면.

는 '김문발은 세종 기해생(1419년, 세종 1년)이고, 1457년(세조 3)에 전 부사 이시원과 대사성 노자형과 더불어 남전여씨의 향약과 주씨의 백록동규를 설행하여 풍교를 장려하여 광주에서 향약을 처음 시작' 했다고, 처음으로 밝혔다. '1457년(세조 3)에 전 부사 이시원(李始元) 과 대사성 노자형(盧自亨)과 더불어 남전여씨의 향약과 주씨의 백록 동규를 설행'이라 한 것은 '김문발 선생이 1419년(세종 원년) 출생이고, 1457년(세조 3)에 향약을 설행'했다는 전제이기에 가능한 것이라고 본다. 1457년(세조 3)에 향약 설행이라면 김문발 38세, 이시원 47세, 노자형 44세이므로 함께 향약을 설행할 수 있었다고 말할 수 있었을 것이다.

"노자형(盧自亨, 1414-1490) 장흥(長興) 사람으로, 생원을 거쳐 문종 즉위년 문과에 급제하여 벼슬이 성종조에 대사성(大司成, 정3품 당상관)에 이르렀다. 학문이 깊어 유생들의 존경을 받았다. 《방목》에는 벼슬과 아버지 이름만 보이고, 본관이 광주로 되어 있다. 그러나 《청구》, 《만성》, 《씨족》의 《광주노씨보》에는 노자형의 가계가 보이지 않는다."[427]라고 기록되어 있다. '위키 백과사전'에 "1489년에 퇴직하고 전리(田里, 고향)로 내려와 이듬해 돌아가셨다고 한다."에 비추어본다면 앞의 설명을 이해할 수가 없다.

1857년에 간행된 것으로 보이는 김태기(金兌基) 서 《광산김씨족보》에서 후손 태기(兌基, 1791-1858)가 1857년 봄에 종숙 창신 구기 오자(誤

---

427 한영우, 《과거(科擧), 출세의 사다리–족보를 통해 본 조선 문과 급제자의 신분 이동: 태조–선조 대》 (지식산업사), 237면.

差)를 바로 잡아 수록한 〈관찰사부용정행적〉에는 '태종 17년(1417) '황해도 도관찰출척사'로 취임했으나 이듬해 겨울[1418년 2-3월]에 병환으로 사직하고, 환향한 후 고을 서편 칠석동으로 복거[이거]하여 부용정을 건립했다고 기록했다'라고 하였다.

1866년 후손 봉현(鳳鉉. 1817-1881)은 선친(태기) 구기(舊記)를 수정하여 "공[김문발]이 남전향약과 백록동규에 의하여 향적 및 동적을 닦을 제 공이 수위가 되어 내외자성(內外子姓)으로 하여금 대대로 지키게 하였다. 공에 후(後)를 이어 향적은 향인 전부사인 이시원과 대사성 노자형(1414-1490)등이 도모하였으며"[428]라고 하여 '전 부사 이시원(李始元)과 대사성 노자형(盧自亨)과 더불어 남전여씨의 향약과 주씨의 백록동규를 설행' 대신에 '공의 후를 이어 향적은 향인 전부사인 이시원과 대사성 노자형(1414-1490) 등이 도모하였으며'라고 고쳤다. '백록동규'를 '학규'가 아니고 '동규'로 이해하여 '동적(洞籍)'을 만들고 이를 대대로 지키게 하였다는 전혀 다른 표현을 하고 있다.

김봉현 손자 혁수(赫洙. 1867-1958)가 "아 개탄스럽도다. 공의 사행(事行)을 옛적에 신조 휘 창신과 나의 증조고 어추자부군(휘 태기)과 조고 우헌부군(휘 봉현)께서 전후에 차기(箚記, 글을 읽고, 느낀 바나 요긴한 것을 수록)하셨으나 혹 차오(착오의 오기인 듯)하여 상실함을 면하지 못 할 바 감히 그 기록함을 모아 그 실을 근거하여 우(右)와 같이 정리하노라."[429]고 하여 '선조관찰사 부용정부군 유장(遺

---

428 김봉현, 〈관찰사부용정행적〉, 《광주향약자료집(부용정 김문발)》(광산김씨감사공문중 편), 28면.
429 김혁수, 〈선조관찰사 부용정부군 유장〉, 《광산김씨부용김선생실기》(1999), 25면.

狀)'이란 제목으로 찬했는데, '부용정부군유장'이란 부용정(김문발) '선조께서 남긴 유물'이란 의미가 되기에 이는 잘못 선택한 어휘다. 후손이라도 이를 바로 잡아야 될 일이지만 그대로 책자에 올린 처사는 후대에 착오를 가져올 위험한 일이라 생각한다. 〈관찰사부용정문발행적〉을 두 번이나 수정 및 보완하였으나 여전히 그 필요성을 느끼고 제목을 바꾸고 다듬었다. 저자의 소견으로는 아직도 새로운 작업이 절실하다. 앞서 지적 한 대로 향적은 광주에서 처음으로 명종 15년(1560) 유경심 목사가 팔행이 구비한 선비 30인을 선발하여 교궁(校宮, 향교·문묘)에 입적하였는데, 마치 김문발·이시원·노자형이 조직한 것처럼 기록되었다. 특히 조선조에서 이선제·김문발·최영원·신숙주 등의 순서를 사실대로 적었다. 그러나 '향약 향적'과 '향규 향적(향안·좌목·유안)'을 동일시 한 것은 아쉬웠다. 행적(行蹟)이란 역사 기록이다. 사실 그대로 남기는 것이 도리라고 생각한다.[430]

9.
후손 봉현(鳳鉉)의 〈제영(題詠)〉[431]

후손 봉현(1817-1881)은 "감사공의 생졸하신 해와 입사(立仕, 입사[入仕]의 오기)하신 때는 문헌이 증거가 없고, 해영 선생안을 얻어 참고하여 대략 근거할 수 있다. 대개 관안[벼슬아치의 성명을 기록한

---

430 부록 5) ②, ③, ④, ⑥을 참조.
431 부록 5) ⑤을 참조.

책]에 이른바 영락 정유(丁酉, 1417년)는 곧 영락 기원의 15년이요. 아 태종 17년[18년의 오기] 무술(戊戌)이니 곧 영락 16년이요 태종 18년이니 세종께서 왕위를 물려받으신 해이다. 기해(己亥, 1419년)는 이에 세종 원년이니 영락 17년이다. 이로서 미루어 볼 진데 공께서 입사하심은 태종 세종의 양조에 있었다."[432]라고 했는데, 태종실록에 "1418년 8월 10일 왕세자(세종)가 내선을 받고 근정전에서 즉위하셨다"고 나오고, 김문발 선생의 졸기가 《태종실록》에 기록된 것은 '1418년 4월 4일'(족보 3월 15일)이니 틀린 주장이다.

"공의 배위 이신 김씨의 묘비 후면에 이르기를 경태 3년 임신(壬申, 1452년) 9월 3일에 가옹묘전에 장례하였다. 대개 김씨의 래(來)하심이 공보다 뒤였고 묘하 임신(壬申)은 곧 우리 문종께서 즉위하신 2년이라 그윽히 생각건대 부부의 년치가 대체로 서로 같은데 공의 위(位)가 2품에 올라 외직으로 海伯(해백, 황해도 도백)이 된 해가 정유(丁酉, 1417년)[《태종실록》에는 1418년 무술(戊戌) 1월 13일 '김문발을 황해도관찰사로 삼았다.'라고 기록]에 있고 부인의 졸하심도 정유에 있었고['가 있고'로 수정] 그 후 35년 임신(壬申, 1452년)인 즉 들어보면 대개 공께서 일찍이 재열(宰列, 권징시얼)에 오름 알았으되 다민 벼슬이 해백에 그쳤은즉 의심컨대 공의 향년이 길지 못 하였도다."[433] 감사공의 생졸하신 해와 입사(立仕, 入仕의 오기)하신 때는 문헌이 증거가 없다고 하셨지만 실제로 출생년도도 몰랐을 것이라고 추정된다. 나이가 같았다면, 부인은 94세경에 돌아가셨다는 의미인데, 당시 상황으

---

432 봉헌, 〈제영〉, 《광주향약자료집(부용정 김문발)》(광산김씨감사공문중 편), 43면.
433 위의 책, 43-44면.

로 보아 이해하기가 어렵다. '공의 향년이 길지 못 하였도다' 즉 젊은 나이에 돌아가셨다는 의미인데 실제는 60세였다.

"본주 향적에서 공[이] 제학 선제와 더불어 상두(上頭)에 있어 갑을(甲乙)이 되었은즉 아마도 양공(兩公)은 나이가 서로 비등하지 아니한가 또한 국조 문과 방목을 살펴보건대, 이제학은 세종 원년 기해(己亥, 1419년)에 등제(登第)하였으니 공이 해백(海伯)됨이 이제학의 등제 전 2년 태종 정유(丁酉, 1417년)[《태종실록》에는 1418년 무술(戊戌) 1월 13일 황해도 두관찰사 임명]인 즉 또한 공이 묘령(妙齡, 수년) 등제 당하신 일단을 대개 알지로다. 일찍이 동종(同宗)의 장덕(長德) 께서 서로 전해온 말을 들은 면, 공이 나이 약관이 못되어 유일(遺逸, 도백추천)로 추천에 올라 이미 대시(臺侍, 내직)를 지냈다고 한다. […] 읍호를 청복(請復)함은 기해(己亥, 1419년 후 32년 문종 신미(辛未, 1451년)에 있은 즉 이제학은 그때에 이미 늙었다. 이를 근거하여 역으로 미루어보면 이제학의 태어남은 태조조(1392-1398년)에 있는 것 같다."[434] '본주 향적에서 공[이] 이제학 선제와 더불어 상두에 있어 갑을이 되었은즉 아마도 양공은 나이가 서로 비등하지 아니 한가'라고 했는데, '더불어'를 정확하게 표현 하면 '이제학 선제 다음 순으로 문발공이 기록'이 되며, '나이가 서로 비등하지 아니한가' 했지만 실제는 정반대로 부용정 김문발이 1359년 생이고, 이제학 선제가 1390년 생으로 31세나 차이가 난다. 그러나 출생년도를 모르기 때문에 1417년이면 59세인데도 불구하고, '태종 정유(1417년)인 즉 또한

---

434 위의 책, 44-45면.

공이 묘령등제 당하신 일단을 대개 알지로다.'라고 하였다. '일찍이 동종의 장덕께서 서로 전해온 말을 들은 면 공이 나이 약관이 못되어 유일로 추천에 올라 이미 대시를 지냈다고 한다.'라고 했는데, 종친 어르신들의 근거가 약한 주장이라고 본다. 그 당시에는 조건 없이 믿는 것이 도리라고 보았던 데에서 연유한 문제였으리라 본다.

"공의 맑은 이름과 아름다운 덕과 선계의 빛나는 업적은 반드시 상실(祥實)한 문자가 있을 지로되 세대가 멀었으니 그 정묘(丁卯, 1867년] 수보할 때에 묘지(墓誌)를 굴구(掘求)하였으나 마침내 얻지 못하였다. 그러나 태사씨(太史氏, 사관[史官])가 반드시 기록한 바가 있는 것은 그 장차 뒷날에 기다림이 있음인가."[435]라고 했는데, 정묘(1867년) 수보할 때 '묘지를 굴구'한 뒤에 작성 된 것으로 추정된다. '태사씨가 반드시 기록한 바가 있는 것은 그 장차 뒷날에 기다림이 있음인가(太史氏必有所書者其將有待於後來也歟)' 의미를 저자는 이해하지 못하고 있다. 신도비명에 "태사씨가 평론하기를 문발은 광산인이라. 도평의록사 출신으로서 홍무 병인 1386년에 전라원수를 따라 남원 보성에서 왜적을 격멸하여 공이 있으므로 말미암아 이름이 알리 돌산민호 및 순친부사를 제수하고 여러 차례 승첩(勝捷)으로써 드디어 중탁(重擢, 많은 사람 중에서 뽑아 씀)에 이르러 경기 충청 경상 전라도 수군도절제사를 역임하였으며 사람됨이 온공겸양하여 청염 간묵(簡黙, 말 수가 적고 묵중함)하고 수(壽)는 60이요 자(子)는 승평(昇平)이라 하였다."[436] 아마도 그 외 기록이 있으리라고 본다. 그

---

435 위의 책, 45면.
436 조경한 찬(撰), 〈가정대부형조참판김공신도비명〉, 《광산김씨록사공파보》(1999), 244면.

렇다면 태사씨가 기록한 것이 있다면 왜 공개를 안 했을까? "신이 엎드려 성하고 아름다운 것을 보고, 삼가 성상의 명을 받았으나 능히 큰 휴명을 포장(鋪張, 펼쳐서 관대하게 찬양함)할 수 없어서 삼가 대강의 줄거리만 기술하고 태사씨로 하여금 상고하게 하여 다른 날 문자문손(文子文孫, 글을 좋아하는 후손)도 보게 될 수 있을 것이다"[437]가 상기 된다.

1866년(고종 3) 김봉현은 아버지[태기]계서 정사(丁巳) 수보시에 구기를 수정한 〈관찰사부용정행적〉을 다시 수정 보완하였으나, 여전히 "공에 후를 이어 향적은 향인 전 부사인 이시원과 대사성 노자형(1414-1490) 등이 도모하였으며"[438]라고 하였다. 기우만(奇宇萬) 선생이 '양심당이공시원유사'를 출처의 제시 없이 찬하여 1879년 간행《광주지》에 수록하였다. 당시 대 유학자이신 선생 작품을 조건 없이 믿을 수밖에 없었을 것이다. "[李公始元]與金觀察文發盧大[同]成自亨(이공시원, 노대사성자형, 김관찰사문발과 더불어)으로 麗澤相資(학우끼리 서로 도움)하야 共修藍田約(공수남전약)하야 以立風敎(이립풍교)하고 荷衣蕙帶(하의혜대)로 逍遙山水之間(소요산수지간)하다."[439] 저자는 기우만 선생이 "[이시원]공이 생(生) 영락 경인(庚寅)[1410년] 2월 간지(干支)하다."[440]라고 한 것으로 보아 〈관찰사부용정문발행적〉(후손 창신이 1830년 찬)을 참조한 것으로 보인다. 〈관찰사부용정문발

---

437 《세조실록》 24권, 세조 7년 6월 5일.
438 김봉현, 〈관찰사부용정행적〉, 《광주향약자료집(부용정 김문발)》(광산김씨감사공문중 편), 28면.
439 〈양심당이공시원유사〉, 《광주지》(광주향교, 1964), 593면/ 기우만, 《한국역대문집총서 394, 송사문집 8》(기우만 저, 경인문화사, 1990), 548-551면.
440 《광주지》, 592면.

행적〉(후손 창신이 1830년 찬)에 '김문발은 세종 기해(己亥, 1419년·세종 1년] 생이고, […] 만년에 전 부사 이시원과 대사성 노자형과 더불어 남전여씨향약과 주씨의 백록동규를 설행하여 풍교를 장려하여 광주에서 향약을 처음 시작했다'고, 처음으로 밝혔다. 이미 잘못된 정보임에도 불구하고 이후 지금까지 사실 인양 전개 하고 있고, 읍지 편찬자들도 그대로 전재하여 역으로 사실임을 증거하는 원인이 되는 악순환이 일어나고 있다.

10.
이종일 원장의
「조선시대 광주향약의 성립과정 연구」

"1411년에 충청도 수군절제사를 사양하고 고향에 돌아와 부용정을 짓고 여씨향약과 주자의 백록동 규약을 베풀어 풍속 교화에 힘썼는데, 이것이 광주향약좌목의 유래가 되었다. 그 후 전라도수군절제사와 1413년 경상도절제사가 된 것으로 되어 있으나 부임 여부와 퇴임 시기는 알 수 없다. 따라서 이 기간 동안에 고향에서 향약을 시행하였다고 볼 수 있다. 그 이유는 황해도 관찰사를 제수할 때 전직이 없이 임명되었기에 휴직 기간이 있었음을 알 수 있다. 그렇다면 앞서 전국의 향약 실천의 기록 중 가장 빠른 시기에 김문발에 의한 광주향약이 1411(태종 11)년에서 1417(태종 17)년 사이에 시행되었음을 추정할 수 있다.'[441]라고 했다.

태종실록 35권, 태종 18년 1월 13일 6번째 기사 '김문발을 황해도 도관찰사로 삼다'에 보면, '임금이 불러서 보고, "경이 근년에 외방에 출사하였는데, 이제 또한 이러한 행차가 있다고 근심하지 말라." 하니, 김문발이 대답하기를, "신의 이번 행차에는 직임이 절제사를 겸하였으니, 잘 아는 사람 한두 명을 데리고 가기를 청합니다."'라고 기록되어 있다. '경이 근년에 외방에 출사하였는데, 이제 또한 이러한 행차가 있다고 근심하지 말라.'라고 임금께서 직접 말씀하셨다. 즉 직전에 외관(外官)으로 근무하였다는 의미이다. 1416년(태종 16) 전라도수군도절제사 근무를 지칭하는 것 같다. 따라서 그 이유로 제시한 '황해도 도관찰사'를 제수할 때 전직이 없이 임명되었기에 휴직 기간이 있었음을 알 수 있다'라고 한 것은 잘못된 판단이다.

'그 후[1412년] '전라도 수군 절제사'와 1413년 '경상도 절제사'가 된 것으로 되어 있으나 부임 여부와 퇴임 시기는 알 수 없다. 따라서 이 기간 동안에 고향에서 향약을 시행하였다고 볼 수 있다.'는 논리적으로 이해가 안 된다. 1412년 '전라도 수군 절제사'와 1413년 '경상도 절제사'를 임지에서 근무하지 않고 고향에서 향약을 시행하였다는 의미라면, 《태종실록》을 믿지 못한다는 의미이다. 따라서 '1411년에 충청도 수군절제사를 사양하고 고향에 돌아와 부용정을 짓고 여씨향약과 주자의 백록동 규약을 베풀어 풍속 교화에 힘썼는데, 이것이 광주향약좌목의 유래가 되었다.'는 주장은 의미가 없다.

---

441 이종일, 〈조선시대 광주향약의 성립과정 연구〉, 《문화금당》 9호(광주광역시 남구문화원, 2009), 94-95면; 〈조선시대 광주향약의 시원(始原)은 부용정에서〉, 《21 광주·전남》 79호(사단법인 광주·전남발전협의회, 2009), 68면.

"이것이 광주향약좌목의 유래가 되었다."[442]는 말은 이해하기 어렵다. '향약좌목'은 향약 참여자의 명단인데, 좌목을 향규나 유안의 향안 즉 좌목으로 이해하시어 '유래'라는 표현이 돌출 되었다고 추정된다.[443] "여기에서 우리들의 주목을 끄는 것은 '서치별적(書置別籍)'하였다는 별적이 향안이나 유안을 특별히 마련하였다는 것으로 보이는데"[444] 앞서 지적한 대로 수암지에 수록된 '광주향약조목'의 '서문'이 아니고, 그 당시 수암지 편집자들의 '주석'이다. 신숙주 선생의 〈희경루기〉에는 '향적'이라고 기록되어 있다. 향약 참여자의 명단인 '향적'은 특별히 마련한 것이 아니고 필수적으로 마련되어야만 한다. "향적(鄕籍, 鄕案)은 향약 삼적 중 하나이다."(《주자증손여씨향약》,《조선시대 사회사연구 자료총서 1》 김인걸·한상권 편집. 3면: "置三籍 凡源入約者書又一籍. 3권의 책을 마련한다. 그중 제1권은 향약에 찬동하여 가입한 자들의 기록이다.")라고 기록되었다.

"향약을 실행하기 시작한 사실을 수암지에 기록한 것으로 보아 광주향약이 태조 7년에 향헌을 만들어 반포한 후 즉시 광주에서도 시행한 것으로 알려지고 있다."[445] '태조 7년에 향헌을 만들어 반포'한 사실이 없었다. '반포'했다는 것은 관례대로 《태조실록》에 실려 있어야 한다. 그러나 향헌이 알려진 것은 1903년 간행된 《향헌》이다. 세조 4년(1458) 효령대군(보)이 교지를 받들어 쓴 '선향헌목서(璿鄕憲目

---

442 이종일, 위의 책, 94면.
443 3장의 "10. 광주향좌목"을 참조.
444 이종일, 앞의 책, 95면.
445 이종일, 〈광주 양과동 동계의 성격〉,《향토사랑 문화사랑 II》(2007), 28면.

序)'도 《함흥신구향헌목》에 수록되어 있다.[446]고 했지만, 조선시대 향약·향규를 집대성한 《조선시대 사회사연구사료총서 1》(김인묵·한상권 편저)에는 수록되어 있지 않다. '수암지를 기록한 것으로 보고 알게 되었다'는 표현은 부적절하다. 수암지의 기록 중 어느 구절을 보고, 무엇을 알게 되었는지 이유를 밝혀야만 한다.

"분명한 것은 김문발의 '부용정향약'의 영향으로 이선제가 '광주향약조목'을 작성해 시행할 수 있었다는 것은 틀림없는 사실이라고 여겨진다."[447]라고 했는데, 같은 책자 67면에 '광주향약'이 태조 7년에 향헌(鄕憲)을 만들어 반포한 후 바로 광주에서 김문발이 시행하였다는 '부용정향약'의 규약이나 조목에 관한 기록은 전하지 않고 있지만, 김문발의 '부용정향약'으로 이선제가 '광주향약조목'을 작성하여 향약을 시행할 수 있었던 것으로 사료된다.'라고 하며, 같은 페이지에 '주) 10, 신혜숙. '조선후기 광주 양과동향약에 관한 연구' 석사학위논문. 중앙대학교대학원. 2008.' 이라고 표현을 바꾸어 서술하였다.

정작 학위논문에는 '비록 김문발이 행하였다는 칠석동향약에 관한 자세한 기록 즉, 향약의 규약이나 조목에 관한 기록은 전해지지 않고 있지만, 김문발의 칠석동향약의 영향으로 이선제가 '광주향약조목'을 작성하여 향약을 시행할 수 있었던 것으로 사료된다.' (신혜숙

---

446 박익환, 〈함흥지방 향헌과 향규〉, 《조선향촌자치사회사》(1995), 86면.
447 이종일, 〈조선시대 광주향약의 시원(始原)은 부용정에서〉, 《21 광주·전남》 79호(사단법인 광주·전남 발전협의회, 2009), 73면. 여기에 달린 각주 24의 내용은 다음과 같다. "신혜숙. '조선후기 광주 양과동향약에 관한 연구' 석사학위논문. 중앙대학교대학원. 2008."

석사학위논문. 지도교수 박경하. 〈조선후기 광주 '良苽洞鄕約'에 관한 연구〉 2008년 12월)라고 기록되었다. 그러나 2008년 9월 6일(토) 14시에 광주향교 명륜당에서 개최한 '조선시대 향촌사회사 세미나'(주최: 향촌사회사연구회, 주관: 광주향교, 광산김씨감사공문중)에서 " 분명한 것은 김문발의 '부용정향약'의 영향으로 이선제가 '광주향약조목'을 작성해 시행할 수 있었다는 것은 틀림없는 사실이라고 여겨진다."[448]이라고 기록된 것이 더욱 이상하다.

11.
후손 김일중 교수의
「부용정이 양과동 향약에 미친 영향」

"분명한 것은 김문발의 '부용정향약'의 영향으로 이선제가 '광주향약조목'을 작성해 시행할 수 있었다는 것은 틀림없는 사실이라고 여겨진다. 그런데 이를 뒷받침할 수 있는 고문서 자료가 김문발의 부용정 지(池) 바로 위에 남평의 안봉언(安奉彦)이 투장(偸葬, 암장[暗葬])을 하여 후손 김만직(金萬稷, 1738-1819) 상서의 내용에 부용정에서 "남전향약과 백록동규를 설치 시행할 때에 옛 제학 이선제와 제공이 더불어 춘추로 강마하여 길이 법이 되게 하였다"라고 기록하고 있어 지금까지 논란이 되었던 광주향약의 전래 과정은 위의 논지를 확실

---
448 《광주향약자료집(부용정 김문발)》(광산김씨감사공문중), 179면.

하게 입증하게 되었다."⁴⁴⁹ 남평의 안봉언이 투장을 하여 후손 김만직 상서 2편의 내용은 1816년 3월 9일 "전년 11월에 남평 신탁막에 교활한 사내 안봉언이라는 이름을 가진 자가 그 모질고 무엄함을 믿고 정지의 위에다 투장을 하였으니 […] 그 교활한 사내를 빨리 체포하여 그 법을 엄정하게 집행하여"⁴⁵⁰이다. 3월 9일 제출한 상서문이 뜻대로 법의 집행이 아니 됨으로 5달 후인 8월에 재차 상서문을 제출할 때 '안봉언' 대신에 '안보원(安保元)'이라고 하고, 김문발 선생을 돋보이기 위하여 "남전향약과 백녹동규를 설치 시행할 때에 옛 제학이었던 이공 선제제공과 더불어 춘추로 강마하여 길이 법이 되게 하였다"⁴⁵¹이라고 덧붙였다. 이는 상서 내용과 무관한 신청자의 일방적인 주장이다. 이를 마치 신빙성 있는 고문서인 양하는 것은 이해할 수 없다. '고문서 자료에 김문발의 부용정지 바로 위에 남평의 안봉언 […] 이선제와 제공이 더불어 춘추로 강마하여 길이 법(法)이 되게 하였다'라고 한 것은 두 편의 상서문을 혼합하여 편집하였다. 그뿐만 아니라 이종일 회장이 '1756년[1816년의 오기] 김만직 등장'이라고 하여 위에서 제시한 '1816년 8월, 동복의 유학 김만직(1738-1819) 등은 순찰사에게 백번 절하고 글월을 올립니다' 라는 상서문을 사진판으로 올렸다. 축소판이라 글자를 알아보기 어렵지만, 본문 3째줄 맨 위에 '세종조'라고 되어 있다.⁴⁵² 그러나 앞서 제시한 《광주향약자료집(부용정 김문

---

449 김일중, 〈부용정이 양과동 향약에 미친 영향〉, 《2011 금당문화대학 남구의 전통문화 교육》(광주광역시남구청·광주광역시 남구문화원, 2011), 101면.
450 〈광산김씨문중 상서문 1편〉, 《광주향약자료집(부용정 김문발)》(광산김씨감사공문중), 100-102면.
451 김일중, 앞의 책, 101면.
452 이종일, 〈조선초 호남사림의 형성과 광산이씨의 활동 토론문〉, 《호남 사림과 필문 이선제 학술대회》(호남사학회·향토문화개발협의회, 2018), 47면.

발》103면 본문 4째줄 중간에 '태종조'라고 나와 있다.[453] 《광주향약 자료집(부용정 김문발)》이란 책자의 신뢰성을 의심할 정도이다. 3대에 걸쳐 11분이 연서로 상서(上書, 제소[提訴])하였는데, 그중 맨 앞쪽 김만직·김창환(1767-1834) 두 부자가 남긴 글월을 아직 보지 못했지만, 세 번째 김창신(1774-1847)은 앞서 제시한 것처럼 〈관찰사부용정문발행적〉(후손 창신이 1830년 찬)에 '김문발은 세종 기해(己亥, 1419년·세종 1)생이고, 1457년(세조 3)에 전 부사 이시원과 대사성 노자형과 더불어 남전여씨의 향약과 주씨의 백록동규를 설행하여 풍교를 장려하여 광주에서 향약을 처음 시작했다'고, 처음으로 밝힌 분이고, 상서문에 참여한 25세인 김태기(1791-1858)는 41년 후인 1857년 간행 추정 《광산김씨족보》에 구기(김창신 찬)를 수정하여 수록하였다. 따라서 김창신이 주도적으로 앞장서 행사했을 것으로 추정된다. 더 큰 문제는 후손 창신이 오류투성인 〈관찰사부용정문발행적〉(후손 창신이 1830년 찬)을 찬하기도 전인 1816년에 상서문을 제출하였다는 것이다. 따라서 '광주향약의 전래 과정은 위의 논지를 확실하게 입증하게 되었다.'는 주장은 의미가 없다는 것이 결론적인 판단이다.

---

453 부록 5. ⑧의 '광산김씨문중 상서문' 1·2편을 참조.

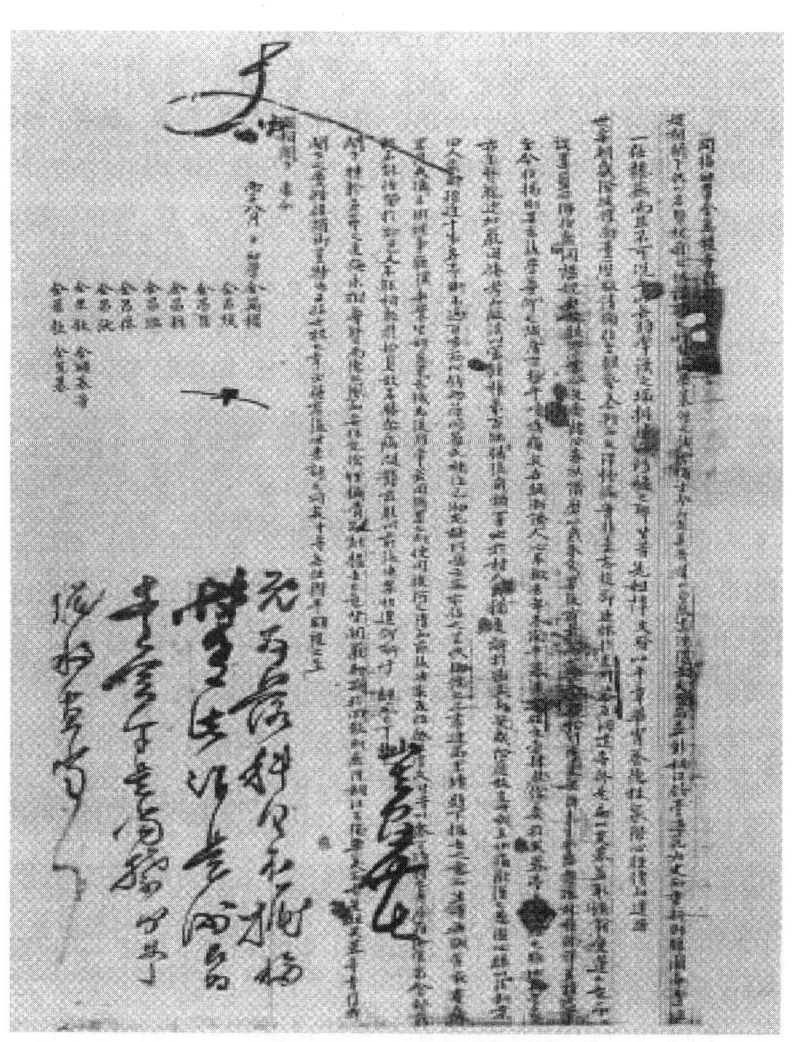

1756년['1816년'의 오기] 김만직 등장
《호남 사림과 필문 이선제 학술대회》 47면 이기(移記)

제10회 남구포럼에 대한 기사 가운데 "인조 17년(1639)에 최초의 광주향교지로 발간된 광주읍지 재학편(才學編)에 의하면"[454]이라는 부분에 관심이 생겼다. '1639년 간행 광주읍지'란 일대 발견이었다. 광주 남구문화원을 찾아 '제10회 남구포럼' 책자를 열람 신청을 했으나, 자료가 없다고 하였다. 그 후 국립중앙박물관 도서관에서 별도의 책자에 수록 된 것을 찾아보니, "1639년(인조 17)에 최초의 광주향교지(設始誌)로 발간된 '광주읍지' 재학편에 의하면 황해감사를 지낸 부용 김문발이 광주에서 최초로 향약을 설행(設行)했다는 기록이 있다.

金文發 : 文正公台鉉七世孫太宗朝隱逸刑曹參判黃海監司 早年退休 修治園池扁以芙蓉亭 與鄉人行藍田之制白鹿之規 以勵風敎 光州之鄉約自此始."[455] 여기에 달린 각주 14의 내용은 다음과 같다.

"광주읍지, 崇禎紀元五己卯維夏光州邑誌開刊. 재학편. '숭정 12년은 1639년(인조 17, 기묘)이고'라고 했는데, 숭정기원5기묘(崇禎紀元五己卯)는 숭정 기원 후 5번째 기묘년으로 1879년(고종 16 기묘)를 의미한다.

그러니까 주 14번의 내용도 '1879년 발행 광주읍지'와 동일하다. 최초의 광주향교지는 1952년에 발간되었다. "이조 태조 7년[1398년] 무인(戊寅)에 창건되었고 기후(其後, 그 후) 532년 경오(1930년)에 비로서 당시 직원인 기세진씨가 기문장(其門長, 그 당시 문장) 기동설씨

---

454 광주향약. 조선조 향약의 효시주장(제10회 남구포럼)", 〈뉴시스〉 21007년 2월 27일자.
455 김일중 〈향약의 문화적 가치와 지방행정에의 적용가능성 탐색〉 (일시: 2007. 2. 27, 장소: 남구청 2층 대회의실, 주관·후원: 남구포럼, 광주광역시 남구청).《광주향약자료집 (부용정 김문발)》광산김씨감사공문중. 118면."

와 향노인 고언주·최채환 제씨와 합의하여 전 현(前現)의 문헌) 및 태학지(太學誌)를 고거(考據, 참고)하여 교지(校誌) 1권을 초성(抄成)하였으되 인쇄치 못하고 기후 22년이 지난 광복 8년 임진(1952년)에야 당시 전교 고재련이 향사와 더불어 간행할 것을 결의하고 […] 현행 교지 제1집을 발행"[456]이라고 기록되었다. '주 14) 光州邑誌, 崇禎紀元五己卯維夏光州邑誌開刊. 재학편'이란 '1879년 간행 광주읍지 인물편 재학 본조 6번째 김문발 조'의 인용을 의미한다. 같은책 마지막 장에 '행주기동익근발 崇禎紀元五己卯維夏光州邑誌開刊(숭정기원후 5번째 기묘년 여름에 광주읍지 개간)'이라고 수록되어 있다.

   광주시(당시 직할시)에서 1990년에 1879년 간행《광주읍지》를《광주고전국역총서(사학 1) 광주읍지》로 국역 간행 하였는데, "1879년 기묘 사월에 장흥 고제우(高濟尤) 서 1879년 기묘 사월에 평양 박제방(朴濟邦) 서"라고 번역하였지만, 원문에는 "崇禎二百五十二年己卯維夏長興高濟尤序(숭정252년기묘유하고재우서)·崇禎四己卯維夏平壤朴濟邦序(숭정4기묘유하평양박제방서)"라고 되어 있다. '崇禎二百五十二年己卯'란 '1879년 기묘'을 의미한다. 숭정원년은 1628년이므로 '숭정 252년 기묘'다. 이어서 '崇禎四己卯'는 '崇禎五己卯'의 오타다. 문제는 서문 어디에도 '광주향교'에 대한 언급이 없다. '1639년(인조 17)에 최초의 광주향교지(設始誌)로 발간된 광주읍지'란 표현은 틀린 표현이다. 지도자의 주장은 공동체에 신뢰를 주기에 많은 분들이 이를 믿고 있다. 실로 아쉬운 대목이다.

---

456 최선진,〈광주향교지속수 병서〉,《광주향교지》(1987), 3면.

12.
《광산지(光山誌)》

　김문발 선생에 관한 족보 기록은 여타 족보와 달리, '광산지'란 읍지를 근거로 서술했다고 대부분 기록되어 있다.[457] 각 문중에서 족보를 편찬할 때, 종인들로부터 수단을 모아, 편집위원회의 심의를 거쳐 결정하고, 읍지 등은 자료를 각 문중에서 족보·문집·저서 등을 통해 수합하고, 아울러 여러 사회단체에서도 자료를 수합하는 것이 상례인데, 역으로 읍지를 보고 족보를 편찬하는 것은 이해하기가 어렵다. '광산지'에 대한 부연 설명이 없고, '인용'된 내용도 차이점이 있어 혹시 수종의 종류인지도 모르겠다.

　1879년《광주읍지》(기묘지) 기동익 발문에 "숙종 기묘(1699년) 손재 박공(朴公, 光一)과 나옹 유공(柳公, 益瑞)이 사문의 연원으로서 〈여지승람〉을 증보하여 비로서 지(誌)를 찬술하였고, 정종(正宗, 정조[正祖]의 오기인 듯] 임자(壬子, 1792년)에 나의 고조고 교리공[기학경]이 김공 효일과 더불어 이어서 윤색하니 […] 그 규모와 강령은 일제 기묘(己卯)와 임자(壬子)의 두 지(誌)를 따랐다."[458] 2003년 광주민속박물관 국역《광주읍지》(1924년 갑자지[甲子誌]) 발간사에서 "광주읍지는 조선 성종 22년(1491) 최초로 간행된 이래 숙종 25년(1699)과 고종 16년(1879), 마지막으로 1924년에 증보판이 간행된바 있습니다."라고 선언한 것은 중요한 일이다.

457　《광산김씨평장대보》(광산김씨대종중, 2016), 542면.
458　〈기묘지 역문〉,《광주읍지》(광주직할시, 1990).

"1758년(영조 34, 무인)에 전국에 명하여 읍지를 찬술하려 하였는데, 본 읍에서도 기묘지[1699년 광주읍지]에 증보하여 올렸으나 인정을 받지 못하였다. 그 후 1775년(영조 51)에 무인지(戊寅誌)를 고쳐 제출토록 하므로 또 올렸으나 잘못된 점이 많음을 지적당한 것은 이를 주관하는 사람들의 책임뿐만 아니라 전후의 부사(府使, 목사[牧使]의 오기)들이 본 읍의 옛 사실을 다 파악하지 못하고, 고을 사람들의 공의(公議)를 채택하지 아니하고 자기의 주장을 내세움으로 그러한 결과를 초래하였던 것이라 하였다. 읍지가 있음은 나라에 역사가 있음과 같아서 참으로 없어서는 안 되는 일인데, 2차에 걸쳐 수정한 자료가 모두 인정을 받지 못 하였으니 우리 광주읍지의 문헌이 이것으로 믿음이 없이 되었다."[459]

'원본'은 '광주읍지'인데 왜 '광산지'로 되어 있을까? '원본'(1792년)은 사라지고 없는데 '필사본'을 어떻게 믿을 수 있을까? '1775년(영조 51 을미)에 무인지를 고쳐 제출토록 하므로 또 올렸으나 잘못된 점이 많음을 지적당한 것은 이를 주관하는 사람들의 책임뿐만 아니라 전후의 부사[목사의 오기]들이 본 읍의 옛 사실을 다 파악하지 못하고, 고을 사람들의 공의를 채택하지 아니하고 자기의 주장을 내세움으로 그러한 결과를 초래하였던 것이라 하였다.'라고 하여 책임을 목사에게 돌렸는데, "1791년(정조15) 겨울에 전국 주현에 명하여 지지를 개수하여 보내도록 하니, 부사[목사의 오기] 이정련(李鼎連)이 김효일과

---

[459] 이종일, 〈초고본 광산지 논고〉, 《향토문화》 32집 (향토문화개발협의회·광주광역시·광주문화재단, 2013), 104-105면. 여기에 달린 각주 77을 주목할 필요가 있다. 그 내용은 다음과 같다. "광산지 초안본은 1792년에 김효일과 기학경이 편찬한 광주읍지로 원본은 없고 초안보본이 유일하게 남아있는 광주읍지중의 하나이다."

기학경에게 청탁하여 수정케 하였다."[460] '목사명으로 찬하였다'고 하였다. 모든 책임은 찬한 고을 선비들에게 있다.

본 읍에서도 기묘지[1699년 광주읍지]에 증보하여 올렸으나 인정을 받지 못 하였다'고 하였는데, 정종(正宗, 정조[正祖]의 오기) 임자(壬子, 1792년)에 나의 고조고 교리공[기학경]이 김공 효일과 더불어 이어서 윤색하니 […] 그 규모와 강령은 일체 기묘[1699년]와 임자[1792년]의 두 지를 따랐고. 《광주읍지》 기묘지[1879년] 역문(광주직할시, 1990년)'을 다시 고찰하여 보면, '기묘지(1699년)를 증보하여 올렸으나 인정을 못 받았는데', 규모와 강령은 일체 기묘[1692년. 원본 없음]와 임자[1792년. 원본 없음]의 두 지를 따른 《광주읍지》(기묘지, 1879년 간)를 인정해야하는지 의심스럽다.

이미 말했듯이 읍호는 읍명(邑名)과 읍격(邑格)으로 이뤄진다. 광산은 읍명이므로 '광산현지' 또는 '광산읍지'라고 하는 것이 바람직하다. 1792년(정조 16)에 필사한 초고본(草稿本)이라고 했는데, 그 당시 명칭은 '광주목'이었다. 1701년부터 1707년까지 '광산현'이었다. 85년 전 7년 동안 장희빈의 오라비 장희재의 첩인 숙정(淑正, 읍지에는 淑貞으로 기록됨)는 숙종실록 27년 10월 3일에 무고(巫蠱, 남을 혹독하게 저주함)로 옥에서 처형당했는데 그녀의 관향(貫鄕, 본관)이 '광주'이므로 연대 책임으로 '광산현'으로 강등당했다. 고려시대에는 '광산'이란 읍호는 없었다. "태종 13년의 도명 개편과 아울러 읍호도 개칭되었다. 즉 종 2품인 부윤의 임지인 부(府)와 정3품 임지인 목(牧)

460　이종일, 위의 책, 105면.

이외의 고을에서는 '주(州)'자 사용을 금하여 도호부 이하 군현(郡縣)은 모두 '산(山)', '천(川)'의 두 글자로 대체하였다. '광산'으로 개칭되고 한 것은 이 때문이다."[461] 조선시대 500여 년 동안 '무진군'으로 21년, 그리고 4번에 걸쳐 30년 동안만 '광산현(光山縣)'으로 지냈고 그 외는 '광주목'으로 지냈다. 1935년 '광주군'이 '광주부'로 승격 될 때, 탈락한 나머지 '광주군'이 '광산군'으로 되었다가 53년 만인 1988년에 '광주직할시'에 편입되었다.[462] 일상 대화에서 '촌놈'이라고 하듯이 읍격이란 관향이 투성인 사족(士族, 선비)에게는 치명적이다. '광산지'를 사족이 찬한 초고본이라고 믿어지지 않는다.

"앞의 초고본과 동일한 지지[읍지]가 〈광산읍지〉라는 이름으로 국립중앙도서관에 소장되어있다."[463] 국립중앙도서관에서 간행한 《선본해제 12》〈광산읍지〉에 "《여지도서》와 유사하나 일부항목에 있어서는 항목명에 차이가 보인다. 첫 번째는 《여지도서》의 조전(旱田)과 수전(水田) 항목이 전총(田摠)으로, 두 번째는 군병 항목이 군기(軍器)와 군액(軍額) 항목으로 세분화되었다. 세 번째는 《여지도서》에서는 없었던 항목으로 학교, 서원, 책판 항목이 추가되었다."[464]고 하였다. 필사본이지만, '건치연혁조'에 세종 12년에 무진군(武珍郡, 茂珍郡의 오기)로 강등되었고, 숙종 27년에 무고를 알아보지 못할 이상한 한자로 기록하여 매우 의심스럽다. 〈표 7〉 성씨조에 보면《광산읍지》(1792년)·《조선호남지》(1924년)에만 '함평(咸平)이씨'라고 기록되었다.

461 《광주시사 제1권》(광주직할시사편찬위원회, 1992), 33면.
462 〈표 10〉의 읍호를 참조.
463 이종일, 앞의 책, 106면.
464 《선본해제 12》(국립중앙도서관)

그 외의 읍지에는 모두 '함풍(咸豊)이씨'라고 수록되었다.

"이 책[1792년에 필사한 《광산지》]가 초고본인 관계로 한지의 종이가 귀해서 이었는지 남평문씨의 보첩(譜牒, 족보)을 뒤집어 섰[썼]으나 초고본으로서는 내용면에서 초고 원본으로 활용 제출용 《광산지》를 정서한 것으로 보이는"[465] 당시 문화로 보아 보첩 즉 타성 문중 족보를 훼철하여 개인 용도로 사용했다는 사실은 상상할 수가 없다. 남평문씨 족보가 1731년에 초시(初始) 간행하여, 1870년에 수보하였다.[466] 그렇다면 이는 초간본으로 귀중한 자료가 된다고 본다. 그러나 남평문씨 족보가 훼철당했다는 것은 그 당시 남평문씨가 광주 향교나 유향소에서 활동하지 않았다는 것을 의미한다고 본다. 이 책은 복사본조차도 접할 수가 없는 실정이지만, 동일하다고 한 〈광산읍지〉 '성씨조'에 '남평문씨'가 빠져 있고, '성씨조'는 당시 '광주목'이지만 '성씨본현'이라고 했고, 《여지도서》와 동일하다고 했으나 항목에 차이가 난다. '봉수(烽燧)' 항목이 없다. 광주에 봉수대[봉화대]가 없으니까 당연한 처사라 본다. 단묘(檀廟)와 公廨(공묘) 항목이 없다. 전총 항목이 진총(田摠)으로, 봉품(俸稟) 항목이 봉름(俸廩)으로, 인물 과훤(科宦) 항목이 조선판관·인물·조선 문과·무과로 세분화 되었고, 효녀 항목이 추가되었다. "이 책[《광산지》]의 말미 발문에 초고 작성자인 수정유사 유학 김효일(金孝一) 자신이 1792년(정조 17)['정조 16'의 오기] 12월 일로 기록하고 있으며 글 말미에 평장후인 김효일 근식(謹

465　이종일, 앞의 책, 104면.
466　〈편수후기〉, 《남평문씨대동보》 권 1, 176면.

識)으로 저작자와 연대를 밝히고 있다."⁴⁶⁷ 김문발 선생 후손 효일 선생이 다른 문중 족보를 훼손한 것이 아니라, 이를 필사하신 분의 소행으로 초고본이 아닐 것으로 추정된다. "광주의 여타 자료에는 보이지 않고 《광주목 중기》[1889년 작성]에만 보이는 것으로서 주목되는 것은 지소(紙所)와 조선청(造扇廳)일 것이다."⁴⁶⁸ "광주의 장인 중 지장(紙匠)이 제일 많은 것[10가지 '장인' 17명 중 8명]은 광주의 산품 중 저(楮, 닥나무)나 완(莞, 왕골)같은 게 있어 제지가 비교적 활발하였음을 말해주고 있다."⁴⁶⁹ 순조조(1801-1834년) 간행된 《임원경제지》 〈아규집(倪圭志)〉 4 광주편 '부동장(不動場)' 거래 품목에 '지지(紙地)'라고 기록되어 있다.⁴⁷⁰ "〈표〉 전라도 지역장에서의 거래 품목에 '종이 19개 장(총 55개 장. 소 18개 장, 보리 19개 장)'"⁴⁷¹으로 기록되어 있다. 광주지방에 한지가 귀했다고 보기는 어렵다. "1791년(정조15) 겨울에 전국 주현에 명하여 地誌(지지)를 개수하여 보내도록 하니, 부사[목사의 오기] 이정연(李鼎連)이 김효일과 기학경에게 청탁하여 수정케 하였다."⁴⁷² 목사명으로 찬하였다면, 종이가 귀해도 마련해주었을 것이다.

광주의 읍지는 다 원본이 없다. 광주민속박물관에서는 "본 고을의 읍지가 숙종 기묘년(1699)에 비롯하여 정조 임자년(1792)에 재수에

---

467 이종일, 앞의 책, 105면.
468 김덕진, 《광주목 중기》 해제), 《호남문화연구》 21집, 190면.
469 〈상공업의 상태〉, 《광주시사》(광주시사편찬위원회, 1985), 456면.
470 《임원경제지 (5)》(민속원, 1991), 543면.
471 《광주의 재래시장》(광주민속박물관, 2001), 37면.
472 이종일, 앞의 책, 105면.

이어 고종 기묘년(1879)에 삼수를 거치었다."⁴⁷³고 했지만, 1699년과 1792년 간행 원본이 없으니, 1879년 '광주읍지'도 의심스럽다. 하물며 그 외 읍지들은 원천적으로 배척된 작품들이다.

"광복 8년 임진(壬辰, 단기 4285년/서기 1952년)에야 당시 전교 고재련이 향사와 더불어 간행할 것을 결의하고, 본교 동재 루상고(樓上庫)에 소장된 향좌목·사마안·읍지중 소장 충효열 기타 고적을 수집하여 현행 교지 제일집을 발간"⁴⁷⁴이라고 한 것을 볼 때에 광주향교는 그 당시 수집한 '읍지'의 종류와 권수를 알려주고, 아울러 현존 상태도 소개해 주면 좋겠다.

---

473 〈범례〉, 《국역 광주읍지》(광주민속박물관, 2003), 11면.
474 최선진(崔善鎭), 〈광주향교지속수〉, 《광주향교지》(1987), 3면.

〈표 10〉 읍호

년도	변동		기간	비고
1430년	세종 12년	광주목→무진군 光州牧 茂珍郡	21년	읍인 노홍준이 목사 신보안 구타 (후유증으로 사망)
1451년	문종 원년	무진군→광주목		이선제 중심으로 노력한 결과 (향약 실천과 상소)
1481년	성종 20년	광주목→광산현 光州牧 光山縣	12년	판관 우윤공이 유시에 맞은 사건. 읍인 소행으로 의심
1501년	연산군 7년	광산현→광주목		광주목으로 복원
1624년	인조 2년	광주목→광산현	10년	이괄(李适)의 난에 광주사람 원(愿)이 기담히여 대역죄로 치단되이 강등
1634년	인조 12년	광산현→광주목		광주목으로 복원
1701년	숙종 27년	광주목→광산현	6년	광주가 숙정(장희빈 오빠 장희재의 첩, 무고로 사형)의 관향이라 광산현으로 강등
1707년	숙종 33년	광산현→광주목		광주목으로 복원
1869년	고종 6년	광주목→광산현	2년	사령 인성이 모친 살인으로 강등
1871년	고종 8년	광산현→광주목		광주목으로 복원

1895년 고종 32년 나주부 관할의 광주군이 됨

1896년 고종 33년 전라남도 광주부(도 관찰부 소재지)

1910년 8월 29일 일본(日本)에 병탄합병(併吞合併) : 관찰부(觀察府) → 도청(道廳)

1914년 광주군

1931년 광주군 광주면 → 광주읍

1935년 10월 1일 광주읍 → 광주부

　　(광주군 → 광산군)

1949년 8월 15일 광주부 → 광주시

1986년 11월 1일 광주시 → 광주직할시

1988년 1월 1일 광산군·송정시를 광주직할시에 편입

1995년 3월 1일 광주직할시 → 광주광역시

13.
부용정 건립 연도

〈표 3〉 '부용정 건립 년도'(227면)는 기문(記文)이 없어 정확한 년도를 알 수 없기에 여러 설이 난무하다. 그 가운데 문중에서 오래 전 건립한 '사유비(事由碑)'에 더 신뢰가 간다. 왜냐하면 1422년(세종 4)이라고 구체적으로 기록한 것을 보면 부용정 건립자명은 누락되었지만 분명 근거가 있었으리라고 본다. 현재는 새로운 안내비가 세워져 관례대로 지하에 매설되어 볼 수가 없지만, 최근의 사항이라 문중에서 정확한 소재지를 알 수가 있다고 생각한다.

"'광산군지'(1981년 간), '호남문화연구'(1985년 간) 등 기타 관련 기록에 의하면 이 정자의 1500년도에 이루어진 것으로 되어있다. 이 정자의 원기(原記)나 기타 기문이 없기 때문에 정확한 년도는 알 수 없으나 김문발의 생졸년 대를 보면 1359년(고려 공민왕 8)에 태어나 1419년(세종 1년)에 졸한 것으로 되어 있다[《태종실록》에는 1418년 4월에 졸기가 있고, 족보에는 1418년 3월 15일 기일]. 이 때문에 1500년도에 지었다는 이 기록이나 세종 4년인 1422년에 건립되었다는 사유비의 내용은 잘못된 기록임이 분명하다. 김문발의 생존 년대로 보

아 이 정자가 그의 만년인 1416년대의 건립으로 생각되며"[475] 김문발 선생이 건립했다는 전제 아래서 내린 결론인데, 문중에서는 후손들이 1422년에 지었다는 뜻인데, 생존 년대만 앞세워 잘못된 기록이라고 단정하는 것은 무리라고 본다. 또 이해가 안 되는 점은 동일 책자 36면에서는 '부용정, 김문발이 전라감사, 황해도 관찰사, 형조참판을 역임하고, 1418년 낙향하여 건립했다'라고 기록되어 있고, 72면에는 1500년경에 세워졌다고 하였고, 180면에는 1422년도에 창건 되었다고, 동일 책자에 4가지로 기록하였다. 물론 181면에서 '1422년과 1500년경'은 잘못된 기록이라고 지적하면서 1416년대에 건립되었다고 하였는데, 36면의 1418년 건립을 왜 기록했는지 이해하기 어렵다. 아마도 여러분들이 나누어 작성하였기 때문에 생긴 일로 본다. 1418년 건립은 '광주목지'와 '족보'에도 기록되어 있다.

　1416년에 건립했다는 설은 앞서 지적한 대로 최근에 나온 가설인데, 이종일 원장이 2009년 〈조선시대 광주향약의 성립과정 연구〉 논문에서 "1411년에 충청도 수군절제사를 사양하고 고향에 돌아와 부용정을 짓고 여씨향약과 주자의 백록동 규약을 베풀어 풍속 교화에 힘썼는데, 이것이 광주향약좌목의 유래가 되었다."[476]라고 했는데, 태종실록 35권, 태종 18년 1월 13일 6번째 기사 '김문발을 황해도 도관찰사로 삼다'에 보면, '임금이 불러서 보고, "경(卿, 김문발]이 근년에 외방에 출사하였는데, 이제 또한 이러한 행차가 있다고 근심하지 말

475　《광주 남구 향토자료 모음집 Ⅱ- 문화유적》(광주 남구 문화원, 2001), 181면; 《누정제영》(광주직할시, 1992), 264면.
476　이종일 〈조선시대 광주향약의 성립과정 연구〉 《문화금당》 9호 (광주광역시 남구문화원, 2009), 94면.

라."라고 하셨다. '경이 근년에 외방에 출사(出仕, 부임[赴任])하였는데'라고 한 것을 보면, "황해도 관찰사를 제수할 때 전직이 없이 임명되었기에 휴직 기간이 있었음을 알 수 있다."[477]라는 판단이 틀렸다고 이해된다. 따라서 앞서 지적한 것과 같이 이 주장은 의미가 없다.

국사편찬위원 김철희는 〈부용정 연혁기〉를 《광산김씨녹사공파보 권지일》에서 "觀察使 諱 文發先生之始創斯亭也"[478]라고 하여 관찰사 퇴임 후 창건하신 것으로 이해합니다. 문제는 정확한 근거를 제시해야만 한다.

문중에서 오래 전에 건립한 '사유비'를 대신하여 상산인 김경호(金景鎬) 찬 〈부용정 유사비(遺事碑)〉를 1999년 간행 《광산김씨부용김선생실기》에 수록되어 있다. '칠석으로 돌아온 지 580년 전'이라고 하셨는데, 칠석으로 돌아온 것이 1418년을 의미함으로 1998년에 찬했다고 본 다. 앞에서 지적한 대로 대부분의 내용이 오류다. '유사(遺事)'는 사적(史蹟) 즉 역사 기록인데, 오류가 있다면 안 될 일이다. '유사'란 앞서 지적한 것처럼 고인이 남긴 유물이란 의미가 있으므로 오해를 가져 올수 있으므로 피하는 것이 좋겠다.

후손들이 선조를 위하여 꾸미는 것도 안 될 일이지만 그나마 이해는 된다. 그러나 현대 저명인사로서 남의 문중을 위하여 정확한 사료 조사도 하지 않고, 문중에서 준비한 '사전 자료'를 보고 마치 직접 조

---

477 이종일, 위의 책, 94면.
478 이철희 〈부용정 연혁기〉, 《광산김씨녹사공파보》 권 1 (1999) 235-237면; 이철희 〈부용정현판〉, 《광산김씨부용김선생실기》(1999) 16-17면.

사한 것처럼 위장하는 것은 잘못이다. 이미 간행되었다고 간과할 일이라고 접어둘 일이 아니라, 바로 정정하는 것이 바람직하다고 생각한다.

14.
박익환 교수의
「15세기 광주향약의 향규약적 성격」

 박익환 교수는 이선제 선생이 주도한 '광주향약조목'이 《광주읍지》 등에 나타나는 김문발의 '광주향약'과의 관계에 대해 주목한다. 하지만 그의 연구를 살펴보기 전에 다시 확인해야 할 부분은 이선제 선생의 생몰연도이다. 1390년에 태어나서 1453년에 돌아가셨다. 그런데 박교수의 연구는 이 기본적인 사실에서부터 착오가 있다. 그는 이선제 선생이 1399년에 태어나서 1488년에 향년 86세로 세상을 떠났다고 소개한다.

 "먼저 《광주읍지》 본조 인물조에 보이는 김문발의 생애와 업적을 보면, 문정공 김태현의 7세손이며, 태종조에 은일로 관직에 나와 형조참판과 황해감사를 지냈다. 이른 나이에 퇴휴하여 동산과 연못을 수치하고 부용정을 세워 현판을 달았으며, 향인들과 같이 남전지제와 백녹지규를 행하였다. 이로써 풍속의 교화에 힘썼으니 광주의 향약은 이로부터 시작되었다. 여기에서 주목되는 사실은 세종조에 벌써 향약이 행하여졌다는 사실과 그 향약이 남전여씨향약과 백운동 서원의 학규를 아울러 참고한 것이었다는 점이다. […] 김문발과 이선제의 연배관계를 검토하여 보면, 이선제는 1399년(정종 1)에 태어나서 1488년(성종 15)에 향년 86세로 세상을 떠났다. 이에 비추어 생몰년이 잘 알려지지 않은 김문발의 연배관계를 미루어 살펴보면, 그는 태종말 세종초에 은일로 관직에 나온 것 같다. 은일로 천거되어 관직에 나오려면 아무리 명가의 후예라도 그 자신의 학문적 소양과 덕행이 있었기에 가능했을 것이다. 만약 태종이 선위(禪位)하고 세종이 즉위하는 1418년(무술년)에 김문발의 나이가 30세 전후라고 본다면 이 해에 이선제의 나이는 20세가 된다. 또 《광주읍지》 인물편에 이선제는 빠져 있고 '김문발'은 이선제의 형으로서 현감을 지낸 이선수의 바로 뒤에 실려 있다. 그렇다면 김문발과 이선제는 광주출신들로서 동년배이거나 서로 10세 이내의 동시대인으로 보아도 무방할 것 같다.[주-23 김문발이 25세 전후에 천거되었다면 이선제보다 5-6세 위인 셈이지만 광주향교에 소장되어 있는 '향좌목'〈高晴沙序文載在上篇(고청사서문재재상편)〉 '향안'에는 이선제도 역시 김문발의 앞에 실려 있다.]⁴⁷⁹

"김문발이 세종조에 실시하였다는 향약도 '광주향약조목'이었을 것으로 추찰(推察)되었다. 시기적으로 보아도 그렇고 양인의 연배관계를 보아도 별도의 향약은 아니었을 것으로 보인다. 다만 김문발이 먼저 실시 하였음은 사실이었던 것으로 보인다. 그렇다면 전해오는 '광주향약조목'은 김문발이 처음 주도적으로 입정실시하였던 향약조목

---

479 박익환, 〈15세기 '광주향약'의 향규약적 성격〉, 《용암차문섭교수화갑기념논총조선시대사연구》(1989), 459-460면.

에 이선제가 수정·보완하여 시행하다가 그의 유고에 기록하였을 것으로 보인다. 그러나 김문발의 향약은 그 조목들이 전해오지 않으니 자세한 실상은 알 수 없다.'[480]

박익환 교수의 〈15세기 '광주향약'의 향규약적 성격〉에 수록된 김문발 선생 관련 구절을 것을 중심으로 의견을 내고자 한다. '태종조에 은일로 관직에 나와 형조참판'와 '이른 나이에 퇴휴하여'에 대해서는 앞에서 지적 하였으므로 여기서는 넘어간다. '주 19)《광주목지》(규-10800)에는 '세종조'라고 명기되어 있다'와 '주 21) 그렇게 보는 이유는《광주읍지》에는 태종조에 은일로 천거되었다 했고《광주목지》에는 세종조라 하였기 때문이다.'라고 하셨는데, 앞서 지적한 것처럼 김문발 후손 창신의 〈관찰사부용정문발행적〉에서 '김문발은 세종 기해생(己亥生)'에 따라서《광주목지》에 '세종조'라고 수록되었으나, 후에 발간된《광주읍지》에는 후손 태기의 〈관찰사부용정행적〉에 의해서 '태종조'로 수정되었다. 더군다나 '태종이 선위하고 세종이 즉위하는 1418년(무술년)'은 오해 소지가 다분히 있다.《태종실록》1418년 4월 4일자 기사에 '김문발 졸기'가 수록되어 있고, 8월 10일자 기사에 '세자가 내선을 받고 근정전에서 즉위하셨다.'라고 수록되어 있다.

이어서 "《광주읍지》인물 편에 이선제는 빠져 있고 '김문발'은 이선제의 형으로서 현감을 지낸 이선수의 바로 뒤에 실려 있다."라고 했는데,《광주읍지》'인물 본조 문과 조에 이선제가 수록되어 있고, '재학 본조 조에 이선수 바로 뒤에 김문발이 수록되어 있다.[481]

---
480 박익환, 위의 책, 462면.
481 《광주고전국역총서(사학1) 광주읍지》(광주직할시 기획담당관실 편집, 1990), 69면, 100면.

"김문발과 이선제는 광주 출신들로서 동년배이거나 서로 10세 이내의 동시대인으로 보아도 무방할 것 같다."라고 하였는데, 앞서 지적한 대로 부용정 김문발은 1359년 생이고, 이선제 선생은 1390년 생으로 31세 차이가 난다.

"김문발이 먼저 실시하였음은 사실이었던 것으로 보인다."와 "'광주향약조목'은 김문발이 처음 주도적으로 입정 실시하였던 향약조목에 이선제가 수정·보완하여 시행하다가 그의 유고에 기록하였을 것으로 보인다."라고 하였지만, 어디까지나 추정일 뿐 그 근거는 제시하지 않았다.

"김문발이 세종조에 실시하였다는 향약"이라고 하였지만, 앞서 지적한 대로 세종조에 살아 본 적조차 없는데 무슨 말이 필요할까?

박순 교수(중앙대)는 "세종 연간에 김문발이 광주에서 처음으로 향약이 그것으로, 비록 시행되었다는 기록이 남아있기는 하지만 그 실체는 현재로서는 알 수가 없다. 다만 김문발의 '광주향약'과 이선제 (1399-1484)의 '광주향약'이 거의 같은 내용이었으리라는 추측만 가능할 뿐이다. 그렇게 유추할 수 있는 단 하나의 근거는 김문발과 이선제가 거의 비슷한 시기의 인물이라는 점이다."[482] 앞에서 지적한 것처럼 31세 즉 한 세대 이상의 차이가 난다.

신혜숙은 학위논문에서 "광주지역의 향약은 태종 18년(1418)에 김

---

482 박순 〈조선전기 광주지방의 향약과 동계〉, 《동서사학》 5집. (1990) 44-45면.

문발의 주도하에 향약이 입조(立條)되어 실시되었으나, 현재 기록만 남아 있고 조약이 남아 있지 않아 어느 정도 영향을 미쳤는지는 알 수 없다. 그러나 후에 이선제가 다시 시행하여 그 기록을 《수암지》에 남긴 것으로 여겨진다. 비록 김문발이 행하였다는 칠석동향약(漆石洞鄕約)에 관한 자세한 기록 즉, 향약의 규약이나 조목에 관한 기록은 전해지지 않고 있지만, 김문발의 칠석동향약의 영향으로 이선제가 '광주향약조목'을 작성하여 향약을 시행할 수 있었던 것으로 사료된다.'[483] 인용 표시는 없지만, 위의 논문 61면에 '참고문헌 논문에 박익환 〈조선전기 향규와 향규약고〉외 4편'이라고 수록된 것으로 보아 참고했을 것 같다. 그러나 2008년 9월 6일 광주향교에서 '조선시대 향촌사회사 세미나'가 개최되었는데, 첫 번째 주제 발표자(신혜숙)는 이렇게 말한다. "분명한 것은 김문발의 부용정향약의 영향으로 이선제가 '광주향약조목'을 작성해 향약을 시행할 수 있었다는 것은 틀림없는 사실이라고 여겨집니다.'[484] '틀림없는 사실'이라고 제시한 증거가 없다. 이해할 수가 없다. "《광주읍지》(1879년) 인물 편에 이선제는 빠져있고, 김문발이 이선제의 형으로서 현감을 지낸 이선수의 바로 뒤에 실려 있다. 그렇다면 김문발과 이선제는 광주 출신들로 동시대인으로 보아도 무방할 것이다." 《광주읍지》 인물 편에 이선제는 빠져 있고, 김문발이 이선제의 형으로서 현감을 지낸 이선수의 바로 뒤에 실려 있다.'라고 했는데, 앞서 지적한 한 것처럼 인물 본조 문과에 이선제가 수록되었고, 재학 본조에 이선수 바로 뒤에 김문발이 수록되어

---

483 신혜숙 중앙대 석사학위 논문 (2008) 〈조선후기 광주 '양과동향약'에 관한 연구〉 14면.
484 산혜숙 〈조선시대 광주지역 향약에 관한 연구〉, 《광주향약자료집(부용정 김문발)》 179면.

있다.

    덧붙여 《국사관 논총》 제55집에 수록된 기록을 살펴보면, "이 사건 [세종 12년에 일어난 읍호 강호사건]가 있은 뒤부터 광주지방 향사족들 가운데 명망이 높았던 김문발에 의해 향규약적 성격의 향약이 입정·실시되었던 기록이 《광주읍지》에 의해 확인되고 있다."[485]라고 하였는데, 《태종실록》 태종 18년 4월 4일 졸하였다. 세종 12년(1430년) 사건[읍호 강호사건] 이후 향약을 입조하여 실시했다는 것은 말이 안 된다. '《광주읍지》에 의해 확인되고 있다.'라고 하였는데, 저자가 보기에 그 근거 자체를 못 찾았다. 정확한 증거를 제시하여야 할 것이다.

---

485   박익환 〈여말선초 유향소의 지방 자치적 기능과 성격 변화〉, 《국사관논총》 55집. 256면.

부록 5)

① 부용정 유사 비문[486]

부용정은 감사 金文發이 건립한바 본관은 光山이며 호는 부용인데 高麗朝에 文正公 台鉉의 七世孫이다. 恭愍王 八年(一三五九年)에 광주 서쪽마을 현 담양군 대전면 평장동에 태어났으며 문무의 지략이 뛰어나 십팔세때 遺逸薦에 들어갔으며 一三六七年 丙辰에 水軍節制使가 되어 전라도 관찰사 安景恭과 더불어 남원과 보성에서 왜적을 격멸한 공로로 병기인 활과 화살 벼단 및 은기를 하사받았다.

一三八四年 갑자에 전라도 수군단무사로 도관찰사 朴블과 도절제사 金繼志 및 경상도절제사 柳龍生등과 함께 왜적을 무찌르고 포로로 끌어드린 功勞가 커서 나라에서 상을 받았으며 예조로 하여금 하사케한 탁주 아홉 항아리와 熟馬一匹로 병졸을 회식케 하였으며 一三九五年 을해에 충청 전라도 도채찰 추포사로 병선 십오척을 인솔하고 왜적을 격퇴시켰고 一三九八年 무인에 신병으로 물러나와 隱居하면서 뜻을 기리기 위하여 산수가 아름답고 광활한 들판을 앞으로한 칠석마을에 정착하여 연못을 파고 정원을 꾸몄으니 이는 옛적의 어진 사람 周濂溪가 연꽃을 사랑하였다는 뜻을 살려 공께서 부용이라 이름하였으며 손수 은행나무와 괴목을 심었으며 현재 보존되어 있어 지방천연기념물로 지정되었다.

그 당시 저명한 학자로 친우인 부사 李始元과 대사성 盧自亨은 도의지교로 정자에서 시를 짓고 읊었으며 람전향약과 백농동규를 베풀

---

486 《光山金氏芙蓉金先生實記》文正公派 綠事公宗中 監司公門中. (1999), 60-61면.

고 시행하여 미풍양속을 교화장려 하였으니 광주의 향약좌목이 이로부터 시작되었다.

太宗 삼년 1403년 계미에 내직으로 사헌부 지평과 장영을 거쳐 당상관인 호조참의가 되었으며 太宗팔년 1408년 무자에 순천부사를 지냈는 등 그 치적이 많았으며 가정대부 형조참판으로 승진되었다.

太宗십칠년 一四一七年 정유에 황해도 도관찰겸 출척사로 부임 선정을 베풀었으며 겨울에 사임하고 칠석으로 돌아와서 남은 생애를 마치니 우금 오백팔십년전이다.

정자에 梁應鼎 高敬命 李安訥 朴齊珩 金迴등 제현의 시가 걸려있다.

麗史列傳 王朝實錄 光山誌에 실여있다.

商山人 金景鎬 삼가 지음

② **1830년 김창신 찬 〈관찰사부용정문발행적(觀察使芙蓉亭文發行蹟)〉**

《광산김씨족보(光山金氏族譜) 一》 김만기 서. 1857年 丁巳. 부천족보도서관 소장, 이기.

공의 휘는 문발로 광산인이다. 고려 쾌헌(주 1) 문정공 휘 태현(台鉉)의 7대손인데 아버지는 가정대부 한성부좌윤으로 이조참판에 추증된 휘 거안(巨安)으로 영락 17년 세종 기해년(1419)에 태어나면서 영오(穎悟)하여 넓게 학문에 힘썼으며, 효도하고 우애를 실천하였다.

세종 병진(1436년) 18(세)에 유일(주 2)에 들어 천거되었는데 정통(正統) 12년 정묘년(1447) 29(세)에 지평(持平)으로 부름을 받았으나 나아가지 않았고, 세 번이나 소명하자 이윽고 나아가 장령(掌令)에 부임하였다가 호조참의에 올랐다. 걸군(乞郡, 주 3)하여 어버이를 모시며 순천을 맡아 다스리는데 치행이 뛰어나 조정에 들어가 형조참판이 되었다.

단종 계유년(1453)에 특제(特除, 주 4)로 황해도도관찰출척사에 제수되었는데, 천순(天順) 원년 정축년(1457) 39(세)에 관직에서 물러날 뜻을 두어 그 해 겨울에 병으로 사직하였다. 고향으로 돌아와 원정(園亭)을 조성하여 '부용'이라 편액을 하였으니 주렴계가 연꽃을 사랑하였던 마음을 취하였다.

만년에 고향사람 전부사 이시원(李始元, 주 5)·대사성 노자형(盧子亨-주 6) 등과 더불어 남전향약 백녹동규로 써 풍속을 권면하였으니 광주에 향약이 있게 된 것이 이로부터 시작하였는데, 유풍과 여운이 지금에 이르도록 아직 남아있다.

부용정은 고을의 서쪽 칠석동에 있는데, 동악 이안눌(李安訥, 주 7)은 " 代詩豪兩色絲, 下章舊里好園池, 小才那堪追高韻, 獨恨登臨己太遲."라는 시를 지었다. 또 송천 양응정(楊應鼎, 주 8)과 재봉 고경명(高敬命, 주 9)의 시가 있다.

아들 휘 승평(昇平)은 절도있는 행실이 고결하여 문종 때 처음 관직에 나아가 전주판관이 되었다. 손자 휘 숙손(淑孫)은 음보(蔭補)로 신창 현감이 되었고, 휘 순손(順孫)은 병천(兵薦)으로 임치진 수군첨절제사가 되었으며, 휘 간손(艮孫)은 음보로 청주판관이 되었고, 증손 휘 진(震)은 음보로 서산 군수가 되었으며, 증현손 이하는 생원과 진사에 음사로 나아가는 이가 많아 다 기록할 수 없다.

숭정(崇禎) 후 4 경인(庚寅, 1830년) 불초 후손 창신(昌臣)이 가정에 오래전부터 간직한 것과 광산지(光山誌)를 근거로 삼가 쓰노라.

주 1) 쾌헌(快軒): 고려말기의 학자이며 명신인 김태현(金台鉉, 1261-1330)의 호이다. 그는 벼슬이 중찬(中贊)에 이르렀으며, 시호는 문정(文正)이다. 그가 일찍이 《동국통감(東國通鑑)》을 편찬했는데, 우리나라 고대로부터 고려 말기에 이르는 제가(諸家)의 시문을 수록한 것으로, 우리나라의 시문을 수록한 책은 이것이 처음이다.

주 2) 조선의 관료 충원 방식에 의하면, 문과에 급제하지 않아도 사마시에 입격 하면 일단 예비 관료집단에 편입되어, 학행(學行)이 출중하면 지방 장관의 천거, 이른바 '유일천(遺逸薦)'을 통해 벼슬길에 나갈 수 있었다.

주 3) 걸군(乞郡): 문과 출신의 관원으로서 늙은 부모가 계실 때 그 봉양을 위하여 수령이 될 것을 주청하는 것을 말한다.

주 4) 특제(特除): 임금의 특지(特旨) 즉 특명으로써 벼슬을 시킴.

주 5) 이시원(李始元, 1410(태종10)-1471(성종2): 본관은 광산. 자 원경(源卿) 호는 양심당(養心堂). 아버지는 이선제이다. 1450년 문종 즉위 경오(庚午) 식년시(式年試) 병과에 급제하여 사간원 헌납 선산 부사 숭정대부 판중추부사를 지냄. (한국민족문화대백과)

주 6) 노자형(盧子亨, 1414(태종14)-1490(성종21): 본관은 광주. 아버지는 노의(盧義)이다. 1450년 추장 문과에 병과로 급제하였다.

1477년 사예가 되고, 1482년 사성, 대사성 등을 역임하면서 인재양성에 전념하였다. 1488년 첨지중추부사로 봉직하였다. (한국민족문화대백과)

주 7) 이안눌(李安訥, 1571-1637): 자는 자민(子敏). 호는 동악(東岳). 예조참판을 지냈으며 시문에 능하고 글씨도 잘 썼다. 저서에 《동악집(東岳集)》이 있다.

주 8) 양응정(楊應鼎 1519-1581): 자는 공섭(公燮). 호는 송천(松川). 공조참판을 거쳐 대사성을 지냈고, 시문에 능하여 이름이 높았다. 저서에 《송천집(松川集)》이 있다.

주 9) 고경명(高敬命, 1533-1592): 임진왜란 당시 금산전투에 참전한 의병장으로 호남의 대표적인 인물. 본관은 장흥. 자는 이순(而順). 호는 제봉(霽峰) 혹은 태헌(苔軒). 조부는 하천 고운. 1558년에 문과에 장원급제하여 홍문관 교리역임. 19년 공직을 물러나 고향에서 자여과 벗삼아 지냈다. 1581년 영암군수로 기용되었으나 1591년 동래부사 시절 서인 정철의 실각으로 인하여 파직되었다. 1603년 선조가 표충사 사액하고, 1607년 의정부좌찬성에 추증되었다. 저서에 《재봉집》, 《유시석록(遊瑞石錄)》이 있다.

- 역주는 모두 이은진 박사의 것이다

③1857년 김태기 찬(김창신 구기 수정) 〈관찰사부용정행적(觀察使芙蓉亭行蹟)〉

《광산김씨족보 권지일(光山金氏族譜 卷之一)》 김태기 서 1857년. 국립중앙도서관 소장 (古 2518 10-9991 1-複). 이기.

공 휘 문발은 광산인으로 고려시대 문정공 쾌헌 태현(台鉉)의 7대손이요, 본조 가선대부이조참판 휘 거안(巨安)의 아들이다.

태어나면서부터 영오하여 넓게 학문에 힘썼다. 10세 무렵에 재덕이 효재를 행하는 배운 바를 실천하는 행실을 겸비하여 널리 소문이 났다.

18세에 유일천에 들어 27세 전후에 이르러 천거를 받은 것이 4차례였다. 29세에 지평(持平)으로 부름을 받았으나 나아가지 않았다. 봄부터 가을까지 세 차례 소명하니 곧 소명에 응하여 알현하니 왕께서 크게 기뻐하셨다. 장령(掌令)으로 옮겼다가 바로 당상(堂上)으로 올라 호조판서에 제수되었다. 일설에는 강원 감사가 되었다고 함.

걸군하여 순천에 제수되었는데 치행으로써 가정 경삼감사에 올라 조정에 들어가 형조참판이 되었다. 일설에는 공조참판이라고 함.

태종 17년 정유 명나라 영락 15년(1417)에 출사하여 황해도도관찰출척사가 되었으나 벼슬에서 물러나려는 뜻이 있어, 다음 해 겨울에 마침내 병으로 사직하고 고향으로 돌아와 고을의 서쪽 칠석리에 집을 짓고 살면서 원정(園亭)을 가꾸어 '부용'이라 편액 하였으니 어찌 주렴계가 난을 사랑한 마음을 취하지 않았겠는가?

만년에 고향 사람 전 부사 이시원 대사성 노자형 등과 더불어 남전향약 백녹동규를 행하여 풍교에 힘썼으니 광주의 향약좌목3)이 있게 된 것은 공으로부터 시작 되었는데, 유풍과 여운이 백세토록 없어지지 않았다.

부용정은 지금 언당의 언덕 위에 있는데 송천 양응정(楊應鼎) 재봉 고경명(高敬命) 동악 이안눌(李安訥) 및 제현들의 제영시가 남아 있다.

아 – 이른 나이에 청현(淸顯)의 직에 올랐고 만년에 임천(林泉)에 뜻을 두어 중앙에 진출하였으나 물러나기를 바랐다. 명나라 명재상 배진공(裵晉公) 녹야(綠野)는 의당 언행이 유집(遺集)에 전해지고 있으나 관찰사의 언행은 전혀 알 수가 없으니 아마도 중엽에 자손들이

쇠락하여 그렇게 된 것인져. 아- 개탄스럽도다. 그러나 6, 7세손이 음사(蔭仕)로 진사에 나아가 하인이 되는 지경에 빠지지 않은 것은 진실로 조상들이 은혜를 베풀고 보호해 준 덕분이니, 후손이 되는 자 어찌 힘쓰지 않겠는가? 욕됨이 없도록 도모할지어다.

해는 정사년(1857) 2월에 후손 태기가 삼가 고종숙 휘 창신의 옛 기록에 생졸년대가 착오가 있어서 감히 이렇게 바로잡아 기록하노라.

④ **1866년 김봉현 찬(김태기 구기 수정) 〈관찰사부용정행적(觀察使芙蓉亭行蹟)〉**

《광주향약자료집 (부용정 김문발)》 광산김씨감사공문중. 27-29면. 이기. (정사수보시에 후손 태기가 구기를 수정하여 기록하였다)

公의 諱는 文發이니 光山人이다. 高麗賢相인 쾌헌 문정공 휘 태현의 칠세손이요 본조 형조참의 휘 방영의 손이요 호조참판 휘 거안의 아들이다.

태어나서부터 총명하여 博學하고 力行하여 십여세에 才와 德을 겸비하였다. 孝悌의 행실과 실천한 사실이 遠邇(원이)에 널리 퍼져 十八세에 遺逸로 천거되고 나이 이십칠세 전후로 추천을 받은 것이 네 번에 이르렀다. 二十九세에 持平으로서 불러 봄부터 가을에 이르기 까지 세 번을 부르거늘 이에 부임하였다가 얼마 되지 않아 掌令으로 옮겼고 곧 바로 戶曹參議에 승진되거늘 順天府使로 가기를 청하여 치적이 많았고 嘉靖에 올라 慶尙監司로 승진되고 내직으로 들어와서

刑曹參判이 되었다.

永樂丁酉(1417년)에 나가서 黃海道監司가 되었다가 그만두고 물러날 뜻이 있어서 이듬해에 병으로 사직하고 고향으로 돌아와 太宗 十八年 戊戌(一四一八) 三月에 卒하다.

公이 먼저 平章洞으로부터 광주 西便 漆石里로 옮겨 살면서 좋은 곳에 亭子를 지어 芙蓉으로 扁額하니 대개 周濂溪의 愛蓮의 뜻을 취함이라.

公이 藍田鄕約과 白鹿洞規에 의하여 鄕籍과 洞籍을 닦을 제 公이 首位가 되어 內外子姓으로하여금 대대로 지키게하였다. 公에 後를 이어 鄕籍은 鄕人 前府使인 李始元과 大司成 魯子亨(一四一四-一四九0) 等이 도모하였으며 一鄕의 望族을 籍入하여 古賢을 奉錄할 제 快軒 文正公이 首位에 居하고 그 다음은 卓光茂(光山人 麗朝 開城府尹) 高麗 恭愍王 때의 文臣(文正公) 號는 景濂堂이요 내서사인을 거쳐 예조판서에 이르으며 文名이 높았다. 鄭地(光山人 麗朝 判開城府事 景烈公)와 李弘吉(光山人 麗朝 密直提學) 高麗 末期 密直司에 둔 정三품의 官職과 李日英(弘吉의 아들 麗朝 長興府使)과 卓愼(光茂의 아들 麗朝 參贊 文貞公)이고 時人을 記錄함에 이르러서는 李先齊(李日英의 아들 李朝世宗 己亥에 文科로 藝文大提學) 및 公이 首位가 되고 그 다음 崔永源(慶州人 世宗 丁卯에 司馬)과 申叔舟(高嶺人으로 世宗 己未에 文科로 領相文忠公)와 李始元(先齊의 아들 世宗 庚午에 文科로 參判)과 盧子亨 以下 諸公은 鄕射에 留藏하여 대대로 繼守하여 風敎를 勸獎하였으니 光州에 鄕約座目이 있는 것이 公으로부터 비롯되었다. 유풍과 여운이 백세토록 없어지지 아니하니

슬프다 젊어서는 淸絃하고 만년에는 林泉에서 즐기면서 中央에 進退하기를 裵晉公 綠野와 같이 하였은즉 太史氏가 반드시 기록한바가 있을 것임에 마땅히 言行을 기록한 遺集이 있을 것이나 오직 이 光山誌 약간의 문헌과 부용정의 자취가 희미하게 남아 있을 뿐이요. 다른 곳에 상고할 것이 없으니 어쩌면 중세에 자손이 미약하야 능히 계승하지 못하여 그러한 것이냐?

公이 居한바 옛터는 芙蓉亭內에 있어 昇平(全州判官) 淑孫(新昌縣監) 아우 順孫(兵馬薦으로 臨淄鎭節制使) 艮孫(淸州判官) 震(蔭으로 瑞山郡守) 保門(蔭으로 宣陵參奉) 瑾(蔭으로 參奉) 蘊沉(처사) 栻(濟用監判官) 孝로서 旌을 받고 妻朴氏와 季妹는 모두 烈로써 旌을 받음) 胤宗 善鳴에 傳하여 九世를 世居하다가 이제는 別人의 소유가 되었다.

肅宗乙亥(1965)에 외손에게 斥賣(척매. 헐값에 팔다)하여 洪 李 辛이 서로 살다가 지금은 遺墟가 되어 石築과 階段만 완연하도다.

아! 개탄스럽도다. 그러나 六-七世를 蔭仕와 生員 進士를 하며 벼슬이 끊어지지 아니한 것은 실로 선조의 음덕이니 자손된 자는 각각 힘써서 선조를 욕되게 함이 없어야 할 것이다. 重修翌年 丙寅冬 십이월 일에 후손 鳳鉉이 사실을 모아 삼가 기록하다.

⑤ 김봉현(1817-1881) 찬 〈제영〉

《광주향약자료집(부용정 김문발)》 광산김씨감사공문중. 43-45면. 국립박물관도서관소장 이기.

해영(海營) 先生案에 이르기를 가선대부(嘉善大夫) 이적(李迹) 永樂丁酉(一四一七) 六月來하다. 가정(嘉靖)은 경국대전(經國大典)을 살펴보면 가정 품계는 가선의 위에 있으니 皇命紀元을 가정의 후에 가선으로 고쳤다.

大父 김문발(金文發)은 永樂丁酉(一四一七年) 十二月에 하비(下批 나라 下敎)하니 戊戌(一四一八年) 正月 十五日에 도계(到界 황해도로 부임)하고 가선대부 이추(李推)는 戊戌 三月에 來하다. 삼가 살펴 보건데 이적(李迹) 이추(李推)는 이에 감사공의 前後에 교승(交承 교체) 하였으데 모두 來하다 기록하고 감사공에 이르러서는 來라고 이르지 아니하고 도계(到界)라 이른 것은 (아마 겨우 경상(境上)에 이르러 혹 승소(承召)하였거나 혹 사직(辭職)하였기 때문에 그러한 것이 아닌가 이는 감히 알수 없도다) 이추(李推)는 戊戌 三月에 來到하였은 즉 公께서 곧 해관(解官) 하심을 가히 미루어 알지로다 이에 아울러 前後 交承함을 기록하여 참고하기를 갖추노라 後孫 휘 봉현(鳳鉉)은 기록하였으니 아래 三段도 한가지다.

監司公의 生卒하신 해와 立仕하신 때는 문헌(文獻)이 증거가 없고 해영(海營) 先生案을 얻어 참고하여 보면 대략 근거할 수 있다 대개 官案에 이른바 永樂丁酉는 곧 永樂紀元의 十五年이요 我太宗 十七

年 戊戌이니 곧 永樂十六年이요 太宗 十八年이니 世宗께서 왕위를 물려받으신 해이다 己亥는 이에 世宗元年이니 永樂十七年이다 이로써 미루어 볼진데 公께서 立仕하심은 太宗世宗의 兩朝에 있었다 또 살펴보건대 公의 配位이신 金氏의 墓碑後面에 이르기를 景泰三年 壬申(一四五二年) 九月 三日에 家翁墓前에 장례하였다. 대개 金氏의 來하심이 公보다 뒤였고 墓下 壬申은 곧 우리 文宗께서 卽位하신 二年이라 그윽히 생각건대 夫婦의 년치가 대체로 서로 같은데 公의 位가 二品에 올라 外職으로 海伯(황해도백)이 된 해(年)가 丁酉에 있고 夫人의 卒하심도 丁酉에 있었고 그 後 35년 壬申인 즉 들어보면 대개 公께서 일찍이 宰列(관장서열)에 오름 알았으되 다만 벼슬이 海伯에 그쳤은 즉 의심컨대 公의 享年이 길지 못 하였도다. 또 살펴 보건데 本州鄕籍에서 公 李提學 先齊와 더불어(李提學 先齊 다음 순으로 기록됨-著者 註) 上頭에 있어 甲乙이 되었은 즉 아마도 兩公은 나이가 서로 비등하지 아니 한가 또한 國朝 문과 榜目을 살펴보건데 李提學은 世宗元年己亥(1419년)에 登第 하였으니 公이 海伯됨이 李提學의 登第前 二年 太宗丁酉(1417년)인 즉 또한 公이 妙齡(소년)登第唐 하신 一端을 대개 알지로다. 일찍이 同宗의 長德께서 서로 전해온 말을 들은 면 公이 나이 약관이 못되어 遺逸(도백추천)로 추천에 올라 이미 臺侍(내직)를 지냈다고 한다.[…] 邑號를 請復함은 己亥後三十二年 文宗辛未(1451년-著者 註)에 있은 즉 李提學은 그때에 이미 늙었다. 이를 근거하여 역으로 미루어보면 李提學의 태어남은 太祖朝에 있는 것 같다. 삼가 살펴 보건데 公의 맑은 이름과 아름다운 덕과 先系의 빛나는 업적은 반드시 祥實한 文字가 있을 지로되 세대가 멀었으니

그 丁卯修補할 때에 墓誌를 掘求하였으나 마침내 얻지 못하였다. 그러나 太史氏가 반드시 기록한 바가 있는 것은 그 장차 뒷날에 기다림이 있음인가.

英宗十四年 戊午(一七二八年)에 외손 李判書 주진(周鎭) 시호는 충익(忠翼)이니 東岳 안눌(安訥)의 玄孫이요 左相 추의 아들이다 충익공의 아들 충목공 은(溵)의 아우 숙(淑)이 본 고을 지사로 있을 때에 전주판관공과 신창현감 二代 묘소에 사초하고 제를 올렸고 本道伯으로써 감사공묘와 아들 판관공 묘소에 사초하고 제사를 올렸다.

⑥ 후손 혁수(1867-1958. 봉현의 손자) 찬 〈선조관찰사부용정부군유장(先祖觀察使芙蓉亭府君遺狀)〉

《광주향약자료집(부용정 김문발)》광산김씨감사공문중. 37-40면. 국립박물관도서관소장 이기.

유장

공의 휘는 문발이니 광신인이라. 고려 헌싱 괘헌 문징공 휘 태현의 칠세손이요 병조참의 휘 방영의 손이며 이조참판 휘 거안의 아들이라. 원나라 지정십칠년 고려 공양왕 팔년 己亥(1359)에 공이 광주 평장동에서 태어났다. 어려서부터 영오하고 영특하며 박학하고 역행하였다. 십여 세에 재주와 덕을 겸비하고 효제 부모에 대한 효도와 형제에 대한 우애의 행과 踐履(실천함)를 몸소 이행함에 실로 원근에 떨쳤다. 우창(禑昌, 고려 32대 왕). 신돈(辛旽)의 시녀 반약(般若)의 소생. 이인임(李仁任)의 유배로 정치적 기반을 잃자 강릉에 유배된 후, 아들 창왕(昌王 재위 1388-1389년)과 함께 이성계에 의해 살해되었다)의 즈음에 여러번 제수 추천에 의하지 않고 임금이 직접 관리를 임명함이 있었으나 취임하지 아니하였다. 태조께서 등극함에 공의 무예가 초범하고 유장 무재나 병략에 뛰어나 무장으로 삼거나 그 역할을 겸하게 했던 문신을 이르던 말의 풍도가 있음으로써 전라도 수군절제사로 특제(特除, 왕이 특별히 명하여 벼슬을 내림)하였다. 그때에 왜적이 침범하니 적선 십여 척을 격침하고 그 병사를 모두 섬멸하였다. 이와 같이 두어번 하였으니 이로부터 순천부사 충청도관찰사(조선시대 임금의 명령을 받고 지방에 파견되어 제반 군무를 총괄하던 임시 벼슬. 처음에 정이품의 관원으로 임명하면 도체찰사(都體察使)라 함. 경삼감사를 제수받았고 內職으로 들어와 호조참의 형조참판이 되었고 황해감사가 된 것은 영락 무술(1418) 태종 18년이다. 공이 이미 휴퇴할 뜻이 있어 병으로 사임하고 향리로 돌아와 이 해 삼월에 졸하였다. 이에 먼저 평장으로부터 광주 서쪽 칠석으로 이우 이거하였는데 칠석은 처음에 사람들이 살지 아니하였음으로 공이 새로 창설하고 원정을 수치하고(북쪽에 연못을 파고 남쪽에 향단 학문을 닦은 곳. 공자가 은행나무 단에서 제자를 가르쳤다는 고사에서 유래을 쌓다) 부용으로 현판을 걸었으니 대개 주념계 주돈이(周敦頤)(1017-1073. 중국 송나라의 유학자. 도가사상의 영향을 받고 새로운 유교이론을 창시]의 애련한 뜻을 취함이다. 송천 양응정 1530年(중종 35) 생원시(生員試)에 자원급제하였고 이어 1552년(명종 7) 식년문과(식년문과)에 급제하여 공조좌랑이 되었으며 1556년 문과중시(문과중시)

에 장원하여 공조정랑, 진주(晉州)목사, 경주부윤(慶州府尹) 등을 거쳐 대사성(大司成)을 지냈다.

苔軒 高敬命 東岳 李安訥(1571-1637, 조선 중기 인조 때의 문신. 형조참판·함경도관찰사 등을 지냄) 및 제현들의 제영시가 걸려있다.

남전향약과 백녹동규에 의하여 향적 및 동적을 닦을제 공이 수위가 되어 내외자성으로하여금 대대로 지키게 하였다. 공이 향인들과 도모하여 一鄕의 望族을 籍入하여 古賢을 奉錄할제 快軒 文正公이 首位에 居하고 그 다음은 卓光茂 高麗 恭愍王 때의 문신(文正公) 號는 경렴당(景濂堂)이요 내서사인을 거쳐 예조판서에 이르렀으며 문명(文名)이 높았다.

유집으로 '경렴정집'이 있다. (光山人 麗朝 開城府尹) 鄭地(光山人 麗朝 判開城府事 景烈公)와 李弘吉(光山人 麗朝 密直提學) 高麗 末期 密直司에 둔 정삼품의 官職과 李日英(弘吉의 아들 麗朝 長興府使)과 卓愼(光茂의 아들 麗朝 參贊 文貞公)이고 時人을 記錄함에 이르러서는 李先齊(李日英의 아들 李朝世宗 己亥에 文科로 藝文大提學) 및 公이 首位가 되고 그 다음 崔永源(慶州人 世宗 丁卯에 司馬)과 申叔舟(高嶺人으로 世宗 己未에 文科로 領相文忠公)의 李始元(先齊의 아들 世宗 庚午에 文科로 參判)과 盧子亨 以下 諸公은 鄕射에 留藏하여 대대로 繼守하여 風敎를 勸奬하였으니 光州에 鄕約座目이 있는 것이 公으로부터 비롯되었다.

광주지에 이르기를 가정년간 1522-1566(世宗)에 문충공 박순과 문헌공 기대승 등이 주나라 향예를 모방하여 향대부가 사대부의 위망이 있는 자를 택하여 향선생 一員을 두고 향노, 향장, 향유사 각각

六員은 향집강으로 향사당에 표제하여 향좌목을 수호하고 백녹동의 고사를 설행하여 과제를 엄립 하고 음사 강신에 사풍이 바르고 향강을 떨쳤으며 헌장과 문물이 燦然히 갖추어 遠邇이 취하여 법을 삼았는데 英宗 丙戌에 이르러 폐지하다. 문충 박순과 문헌 기대승은 인하여 그 제도를 정정하여 유풍여운이 백세에 泯沒하지 아니하다.

오호라 公은 부년에 英才를 발휘하고 晩歲에 林泉을 自娛하였으며 그 藍約을 닦고 향저을 창설하여 후세에 현사대부의 矜式 준경하여 본보기를 삼는 일한 바 되었으니 곧 이에 일사로서 가히 規畵의 아름다움을 볼 것이요. 立朝 벼슬에 오름한 사업도 생각건대 또한 많았을 것인데 전한 바가 이에 그쳤으니 아마 태사 씨의 기록한 바가 혹 玉 도서의 府庫에 소장됨이 아닌가 감탄스럽도다. 公의 居한 바 옛터는 부용정내에 있어 昇平(전주판관) 淑孫(신창현감) 아우 順孫(병마천으로 임내진절도사) 艮孫(청주판관) 震(음으로 서산군수) 保門(음으로 선능참봉) 瑾(음으로 참봉) 蘊沉(처사) 栻(제용감판관, 효로서 旌을 받고, 妻朴氏와와 季妹는 모두 烈로서 旌을 받음) 胤宗 善鳴에 전하여 9세를 세거하다가 이제는 別人의 소유가 되었다.

肅宗 乙亥(1695)에 외손에게 척매(斥賣)[헐값에 팔다.]하여 洪 李 辛이 서로 살다가 지금은 遺墟가 되어 석축과 階段만 완년하도다.

아! 개탄스럽도다. 公의 事行을 옛적에 族先祖 諱 昌臣과 나의 曾祖考 漁樵子府君(諱 兌基)과 祖考 憂軒府君(諱 鳳鉉)께서 前後에 箚記(차기)[독서하여 얻은 바를 그때그때 적음]하셨으나 혹 差誤하여 상실함을 면하지 못할바 감히 그 기록함을 모아 實을 근거하여 위와 같이 정리하노라.

⑦ '광산김씨문중 상서문' 1·2편

《광주향약자료집(부용정 김문발)》 99-102면. 103-106면.

同福의 幼學 金萬稷 등은 삼가 목욕재계하고 光州城主에게 上書하나이다.

엎드려 생각하니 光州 漆石里 芙蓉亭은 곧 民等의 十一代祖 監司公이 退休하여 講學하던 곳으로 뜻밖에 前年 十一月에 남평 新灘幕에 교활한 사내 安奉彦이라는 이름을 가진자가 그 모질고 無嚴함을 믿고 亭池의 위에다 투장을 하였으니 세상이 비록 어지럽다 할지라도 어찌 이러한 무뢰배가 있단 말입니까?

그윽히 생각해 보면 民等의 先祖께서는 太宗朝 儒賢으로 학문이 고상하여 隱逸로 벼슬하여 官이 二品에 이르렀으되 벼슬에 뜻이 없어 晩年에 退休하여 이곳에 정자를 짓고 芙蓉이라 이름하니 대개 周濂溪先生에 愛蓮의 뜻을 취함이다.

呂氏鄕約과 白鹿講規을 설치하여 春秋로 講磨하여 光州에 영원토록 지켜야힐 규약을 완성하니 훌륭한 선비들이 感慕하여 일어나서 마침내 三百六十州의 최초가 되었으니 후학의 欽慕가 어찌 다만 亭池에서만 뜻을 취하겠으며 후손들에게 어찌 아름다운 자취를 寓慕함이 없겠는가?

高齋峯 梁松川 李東岳 等 諸賢들이 시를 읊고 懸板하여 後學들의 尊仰을 받고 있으니 李東岳의 詩에서 말한바 '平章舊里에 좋은 園池'라는 것이 바로 이 부용정이다.

아! 슬프도다. 후손이 비록 零落하여 各處에 散在함으로 능히 수호를 다하지 못하고 있으나 높다랗게 독립하여 오히려 없어지지 않는 자취가 있는즉 그 사람의 마음을 갖은자라면 누가 바라보고 존경심이 일어나며 가슴에 감동함이 없으리요.

교활한 저 남평의 사내는 본래 시랑의 성품을 익혀 富豪하고 사나운 세력을 믿고 그 무뢰배 수백 명을 인솔하여 부용정 용미에다 그 아비를 偸葬할세 한편으로는 운상하고 한편으로는 천광을 하면서 칼과 몽둥이를 소지하고 위협하며 소리를 지르되 사생결단하니 정자 아래 거주하는 洪氏 柳氏 두 사람은 곧 民家에 外裔(외예)라. 비록 금지코자 하였으나 그 형세를 당=할 수 없어 끝내 투장의 변고를 당하였으니 그 子孫 되는 자 뼈가 아프고 마음이 애통하여 이미 뭐라고 말을 할 수 없으며 길 가는 사람도 슬퍼하고 온 고을 사람들이 모두 분통을 터트렸으며 題詠한 집안의 후손들과 마을 사람들이 연명으로 소장을 올리니 관청에서 말하기를 名亭에 가까운 곳은 법으로 마땅히 금지해야 하니 해당 面의 책임자와 산지기는 三步를 限定하여 둘레를 파고 가시나무로 울타리를 만들라는 엄준한 조치를 하였으면 저들은 마땅히 그 죄를 自服하고 즉시 그 무덤을 파 가야 할 것이거늘 도리어 술을 먹고 밤중에 마을을 오르내리며 소장에 쓰여진 여러 사람들의 이름을 부르며 방자하게 위협을 가하니 이와 같이하여 관청의 명령이 시달되지 않고 법의 뜻이 행해지지 않는다면 名園을 어찌 보존할 것이며 어진 이의 자취를 어찌 지키리오.

아! 슬프도다. 亭子아래 거주한 자손이 없고 民等의 弱孫이 멀리 他官에 있으니 그 교활한 사내를 빨리 체포하여 그 법을 엄정하게 집

행하여 분수를 모르는 죄를 엄형으로 다스려 말한바 투총(偸塚)은
즉각 파 가도록 법으로 독촉하여 시골의 간악한 풍습을 징계함으로
서 民等의 岡測한 원통함을 펴주기를 간절히 밀며 城主의 처분을 기
다리노라.

丙子(1816年)三月 初九日

金萬稷 金昌煥 金昌臣 金昌沃 金昌鉉 金昌瑞 金昌休

金光欽 金景欽 金洪基 等

同福의 幼學 金萬稷등은 巡察使에게 백번 절하고 글월을 올립
니다.

엎드려 생각하니 名賢이 노닐던 땅과 講學하던 곳은 後學들의 仰
慕하는 정성이 어찌 古今에 다름이 있겠는가. 이러하므로 白鹿書院
이 朱子를 얻어 더욱 들어났고 桐江釣臺가 范六丈을 만나 거듭 새
로워졌은즉 비록 園亭遺址라도 荒廢하도록 방치함은 오히려 不可
하니 하물며 교활한 사내의 무덤이 핍박하여 더럽힘이랴 生等의 先
祖 諱 文發은 平皐의 華族으로 林泉에서 養德하여 經傳에 潛心하다
가 太宗朝 盛時際에 벼슬에 발탁되어 여러 직책을 역임하다가 직위
가 觀察과 參判에 이르렀으나 벼슬살이를 오래함은 실로 본래의 뜻
이 아니라 곧 바로 光州 칠석동에 퇴휴하여 이곳에 정자를 건립하고
부용으로 扁額(편액)하니 아마도 周濂溪先生에 愛蓮의 뜻을 취함이
다. 呂氏鄕約과 白鹿講規을 설치하여 옛 提學이었던 李公 先齊 諸公
과 더불어 春秋로 講磨하여 길이 法이 되게하였다. 그 뒤에 高齋峯

梁松川 李東岳 等 諸先生이 登臨하여 시를 쓰고 노닐었으며 그 詩와 글씨가 지금도 밝게 걸려 있은즉 그 후학들에 尊仰의 정성이 어찌 다함이 있겠는가?

아! 슬프도다. 세상이 험해지고 人心이 착하지 못하여 去年 겨울에 南平의 교활한 사내 安保元이란 자가 멋대로 芙蓉亭 위 地脉(地脈)에다가 偸葬함에 관청에서도 놀래 듣고 매질을 하고 가두었거늘 그 교활한 사내가 돈이 있고 권세가 있다하여 여러 가지로 거짓을 지어내어 혹 村人에게 그 땅을 買得하였다 말하고 혹 그곳 居民들에게 허가를 받았다하여 法庭을 어지럽힌 고로 光州城主께서 그 교활한 자의 어리석고 참람한 마음에 切痛하여 法으로 斷案을 내려 人家로는 十步에 가깝고 名亭과의 거리는 百步에 不過하거늘 돈으로서 愚民들과 符同하여 자기 물건이라 칭하여 더욱 간사한 짓을 하였다고 말하였다.

이에 本孫이 올린 소장과 鄕儒들의 上書가 連篇으로 올렸으나 生等이 無誠하고 官家 또한 여러 달 失攝하여 그 일에 겨를 하지 못하였더니 그 교활한 자가 틈을 타서 간사한 짓을 하고 귀신같이 비상출몰하니 만약 조치하지 않고 그대로 놔둔다면 黃河의 물이 맑아지기를 기다리는 것과 같고 前後에 판결하였던 일들이 도리어 빈 문서가 되리라.

生等이 殘弱한 몸으로 他官에 居住하고 家貧勢窮하여 이곳에 오래 머물러 있을 수 없고 또 재판관들을 만날 수도 없는 고로 걱정스러움을 이기지 못하고 이에 감히 결정되었던 여러 문서로 城主에게 仰訴하오니 엎드려 빕니다.

城主께서는 특별히 名亭이 모욕당함을 마음 아파하여 尊賢尙德의 氣風을 세워 安保元이 투장한 穢骨을 즉시 파 가도록 조치하여 주시면 鹿苑과 桐江만 아름다울 뿐이 아니다. 우리 先祖의 芙蓉亭도 다행스럽게 城主의 愛惜히 여기고 保護함을 얻으면 어찌다만 子孫과 士林의 다행만이겠습니까. 반드시 뒷날 많은 칭송이 있을 것입니다.

生等이 손을 모아 비노니 城主께서 處分하여 주시기 바랍니다.

丙子(1816년)八月 日에

幼學 金萬稷 金昌煥 金昌臣 金昌鉉 金昌瑞 金昌休

金昌沃 金光欽 金景欽 金鴻基 金兌基 等

⑧ 태종 실록(太宗 實錄)

ㄱ. 김문발을 황해도 도관찰사로 삼다

태종실록 35권, 태종 18년 1월 13일 갑자 6번째 기사 1418년 명 영락(永樂) 16년

김문발을 황해도 도관찰사로 삼았다. 김문발이 배사(拜辭)하고 장차 떠나려 하니, 임금이 불러서 보고,

"경이 근년에 외방에 출사하였는데, 이제 또한 이러한 행차가 있다고 근심하지는 말라."

하니, 김문발이 대답하기를,

"신의 이번 행차에는 직임이 절제사를 겸하였으니, 잘 아는 사람 한두 명을 데리고 가기를 청합니다."

하매, 임금이 이를 허락하였다. 인하여 묻기를,

"또 말할 일이 없는가?"

하니, 김문발이 대답하기를,

"황해도는 사신의 내왕으로 인하여 역마(驛馬)가 피곤하고 쇠약하니, 만약 불우의 변이 있으면 이를 감당하기가 어렵습니다. 청컨대, 사마(私馬)를 가지고 가게 하소서."

하니, 임금이 이를 허락하였다. 김문발은 부임한 지 얼마 아니되어 병으로 사직하였다.

【태백산사고본】 16책 35권 5장 B면【국편영인본】 2책 200면
【분류】인사-임면(任免) / 교통-육운(陸運)

○以金文發爲黃海道都觀察使. 文發拜辭將行, 上召見曰:"卿近年出仕於外, 今者亦有此行, 勿以爲憂." 文發對曰:"臣之此行, 職兼節制, 請奉行素知一二人." 上許之, 因問曰:"無乃亦有所言之事乎?" 文發對曰:"黃海道因使臣來往, 驛馬困弱, 儻有不虞之變, 難以當之. 請將私馬以行." 許之. 文發赴任未幾, 以病辭.

ㄴ. 전 황해도 도관찰사 김문발의 졸기
　태종실록 35권, 태종 18년 4월 4일 갑신 3번째 기사 1418년 명 영락(永樂) 16년

전 황해도 도관찰사 김문발이 졸하였다. 김문발은 광주 사람으로서 도평의 녹사(都評議錄事) 출신으로, 홍무 병인(丙寅)에 전라도 원수를 따라가 왜구를 남원·보성에서 쳐서 공로가 있었다. 이로 말미암아 이름이 알려져, 돌산 만호·순천 부사에 제배(除拜)되었다. 여러 번 승첩(勝捷)을 보고하였기 때문에 드디어 탁용(擢用)되기에 이르러서 경기·충청도·경상도·전라도의 수군 도절제사를 두루 역임하였다. 사람됨이 공손하고 청렴하고 간묵하였으며, 졸한 나이가 60세였다. 아들은 김승평(金昇平)이었다.

○前黃海道都觀察使金文發卒。文發 光州人, 由都評議錄事, 出身。洪武丙寅, 從全羅道元帥, 擊倭寇于南原、寶城有功。由是知名, 拜突山萬戶、順天府使, 屢以捷聞, 遂至擢用, 遍歷京畿、忠淸、慶尙、全羅道水軍都節制使。爲人恭遜廉簡。卒年六十。子昇平。

【태백산사고본】 16책 35권 33장 B면【국편영인본】 2책 215면
【분류】 인물(人物)

ㄷ 왕세자(世宗)가 내선을 받고 근정전에서 즉위하다
태종실록 36권, 태종 18년 8월 10일 정해 1번째 기사 1418년 명 영락(永樂) 16년

왕세자가 내선을 받고 근정전에서 즉위하였다. 임금이 최한(崔閑)을 보내어 승여(乘輿)와 의장(儀仗)을 보내고, 또 명하여 궐내에 시위

하던 사금(司禁)·운검(雲劍)·비신(備身)·홀배(笏陪)를 보내어 왕세자를 맞이하여 오게 하였다. 세자가 이에 최한으로 하여금 사양하기를 청하게 하고 오장(烏杖)과 청양산(靑陽傘)으로 전에 나아가니, 임금이 내신을 시켜 이를 보게 하고 노하여.

"명을 따르지 않으려거든 오지 말라."

하니, 세자가 마지못하여 주장(朱杖)과 홍양산(紅陽傘)으로 앞을 인도하게 하여 왔다. 임금이 세자를 불러들이니, 세자가 친히 소매에서 사전(辭箋)을 바쳤는데, 그 글은 이러하였다.

"신이 성품과 자질이 어리석고 노둔(魯鈍)하며 학문이 이루어지지 못하여 위정하는 방도를 몽연(懵然)히 깨닫지 못하고, 저부(儲副)의 지위에 외람되이 거하니, 이른 아침부터 밤늦게까지 걱정하고 근심하여 오히려 그 자리에 합당하지 못할까 두려운데, 어찌 오늘이 있으리라 헤아렸겠습니까? 이에 왕위를 부탁하여 내려 주시는 어명이 있으시니, 일이 뜻밖에 나온 것이므로 정신이 없어 몸둘 곳이 없습니다. 삼가 생각하건대, 주상 전하께서는 춘추가 바야흐로 한창이시고, 성덕이 바야흐로 융성하신데 갑자기 만기(萬機)를 귀찮아하시고, 종묘·사직의 중책을 어리석은 이 몸에 맡기고자 하시니, 어찌 오직 신자의 마음에 두렵고 황송함이 갑절이나 더하지 않겠습니까? 진실로 조의 영(靈)이 경동할까 두렵습니다. 또 나라를 서로 전하는 일은 실로 오직 나라의 대사인데, 모두 갑자기 이와 같이한다면 중외 신하와 백성들이 놀라지 않음이 없을 것입니다. 거듭 생각하건대, 전하께서 신을 세워 후사로 삼을 때에도 오히려 감히 마음대로 하지 못하고 천자에게 아뢰었는데, 더구나 군국(軍國)의 중함을 신에게 마음대로 주시니, 신이 사대의 예를 또한 잃을까 두렵습니다. 엎드려 바라건대, 전하께서 어리석은 신의 지극한 정을 살피시고 국가의 대계를 생각하여서 종사와 신민들의 소망을 위로하소서."

임금이 윤허하지 않으니, 그때 정부·육조(六曹)·삼군 도총제부(三軍都摠制府)·문무 백관(文武百官) 및 전함(前銜) 2품 이상이 모두 전문(殿門)에 나아가니, 문을 지키는 갑사(甲士)가 막아서 지키고 들이지 않았다. 유정현(柳廷顯)이 문지기를 꾸짖고 들어가려고 하였으나, 문지기가 굳게 막았다. 유정현이 문을 밀치고 들어가니, 군신들이 전정(殿庭)에 따라 들어와 복위(復位)하기를 굳이 청하면서 호곡하여 마지않았다. 임금이 좌대언(左代言) 하연(河演)·도진무(都鎭撫) 이춘생(李春生)에게 명하여 갑사로 하여금 중문을 굳게 지키게 하여 대소 신료(大小臣僚)가 들어오는 것을 금지하였다. 임금이 한상경(韓尙敬)·박은(朴訔)·이원(李原)과 육조 판서에게 명하여 새 임금이 즉위하는 모든 일을 같이 의논하게 하였다. 박은이

"전하께서 군신의 청을 굳이 거절하니, 어찌할 것인가? 어찌할 것인가?"

하고, ㄱ 형세가 마침내 청을 얻지 못하면, 육조(六曹)와 더불어 즉위할 여러 일을 의논하려고 하였다. 성석린(成石璘)·유정현(柳廷顯)과 군신들이 또 중문을 헤치고 내정에 들어가 호곡하니, 그 소리가 어좌에까지 들렸다. 임금이 효령 대군으로 하여금 명을 전하기를

"내가 이성(異姓)의 임금에게 전위한다면 경들의 청이 옳겠지만, 내가 아들에게 전위하는데, 어찌 이와 같이하는가? 지난번에 내가 전 세자(世子)에게 전위하여 하였으나, 그러나 아들을 아는 것은 아

비와 같은 이가 없으므로 내가 제(禔)의 불선(不善)한 것을 알았던 까닭으로 전위하지 않았다가 이제 전위하는 것이니, 청하지 말라."

하니, 군신들은 더욱 통곡하면서 물러가지 않았다. 김점(金漸)이,

"전하의 이러한 거론은 전하와 세자에게 있어서 다 같이 실덕(失德)함이 있습니다. 왜냐 하면 신이 중국에 봉명(奉命) 사신으로 갔을 때 황제가 전하에 대하여 권고하는 마음이 간곡하여 마지않았습니다. 원민생(元閔生)이 세자를 세우는 청을 가지고 이제 아직도 반명(反命)하지 않았는데, 전하께서 하루아침에 왕위를 물러나시고 세자가 하루아침에 즉위한다면, 황제의 마음이 어떠하겠습니까? 이것이 모두 실덕함이 있는 까닭입니다. 청컨대, 우선 원민생이 돌아올 때까지 기다리게 하소서."

하니, 임금이 모두 윤허하지 않고, 친히 충천 각모(衝天角帽)를 세자에게 씌워주고, 드디어, 세자로 하여금 국왕의 의장을 갖추어 경복궁에 가서 즉위하게 하였다. 왕세자가 부득이하여 명을 받고 내문을 열라고 명하여 나와서 말하기를,

"내가 어리고 어리석어 큰 일을 감당하기가 어려우므로, 지성으로 사양하기를 청하였으나, 마침내 윤허를 받지 못하고, 부득이하여 경복궁으로 돌아간다."

하였다. 군신들이 세자가 충천모(衝天帽)를 쓴 것을 보고 곡성을 멈추고, 혹은 꿇어앉고, 혹은 땅에 엎드려 서로 돌아보면서 한 마디의 말도 없었다. 세자가 홍양산(紅陽傘)으로 경복궁에 가니, 박은(朴訔)이,

"세자는 우리 임금의 아들이다. 굳이 사양하였으나 윤허하지 않았

고, 이미 상위(上位)의 모자를 쓰셨으니, 신 등이 굳이 다시 청할 이유가 없다."

하니, 군신들이 모두,

"부득이한 일이다."

하고, 이에 즉위할 여러 가지 일을 의논하였다.

【태백산사고본】 16책 36권 19장 A면【국편영인본】 2책 246면

⑨ 부용정관찰사공사적(芙蓉亭觀察使公事蹟)

- 광주향약자료집(부용정 김문발) 32-34면.

家傳에 말하기를 遺逸로써 불러 官이 嘉靖大夫觀察使첨철사에 이르렀다.(이하 4단도 같음)

평장동으로부터 광주 서편 칠석리 칠석으로 이주하니 처음에는 사람이 살지 아니 하였다. 공이 새로 개발하여 거주하에 경치가 좋은 곳을 가려 정자를 세우고 땅을 파고 연꽃을 심어 芙蓉이라 이름하니 名士들의 題詠詩가 있다.

公이 藍田鄕約과 白鹿洞規에 의하여 洞籍과 및 鄕籍을 만들어 洞籍은 公이 제일 앞에 이름을 기록하여 內外子姓들로하여금 대대로 지키게 하고 鄕籍은 鄕人 등과 의논하여 一鄕의 望族을 기록하여 快軒先生(諱는 台鉉이요 諡는 文正이니 公에 七世祖요 麗朝에 門下侍中이다)을 卷頭에 제일 먼저 쓰고 그 다음으로는 卓光茂(麗朝에

開城尹이요 光山人이다) 鄭地(광산인이요 麗朝에 判開城 府使요 景烈公이다) 李弘吉(광산인이요 麗朝에 密直提學이다) 李日英(홍길의 子요, 麗朝 長興府使이다) 卓愼(광무의 子요 麗朝 叅贊이며 文貞公이다)과 時人之際로 기록한 李先齊(일영의 子요, 本朝 世宗 文科하여 예문관 대제학이요 慶昌君이다) 및 公을 또 제일 앞에 기록하고 그 다음으로 崔永源(慶州人으로 세종 丁卯에 中司馬하다) 申叔舟(高靈人으로 세종 乙未에 文科하여 領議政으로 文忠公이다) 李始元(선제의 자요, 세종 庚子에 문과하여 참판이다) 盧自亨 이하 諸公은 鄕社에 머물러 있게하여 후인들로 하여금 대대로 이어 지켜서 풍교를 勸勉케 하니 광주의 鄕約座目이 공으로부터 시작되었다.(光山誌에 曰 嘉靖년간에 문충공 朴淳과 문헌공 奇大升 등이 周鄕禮를 모방하여 鄕大夫가 士大夫로 位望이 있는지를 선택하여 鄕先生一員을 두고 鄕老 鄕長 鄕有司 각 6명으로 鄕執綱이라 이름하고 鄕射堂에 걸어 표시하여 향좌목을 수호하고 백록동 故事를 설행하되 科條를 嚴立하여 飮射하고 講信하여 士風를 바르게 하고 鄕綱을 진작하니 헌장과 문물이 燦然히 구비하여 원근의 선종조에 음으로 법을 취함이 되었더니 英朝 丙戌에 罷하였다.)

公이 살았던 옛 터에 부용정이 있으니 안으로 昇平(감사공이 순천부사로 있을 때에 공을 낳으므로 기뻐서 순천의 별호로써 小字를 지어 그 기쁨을 기억하였더니 뒤에 그대로 이름이 되었다. 문종조에 蔭官으로 전주판관이다.) 淑孫(蔭으로 신창현감이다) 震(瑞山郡守이다) 保門(宣陵參奉) 瑾(음으로 참봉) 蘊沉(처사) 栻(음으로 濟用監판감이요 효로 旌閭를 받고처에 박씨와 매재가 烈로 旌閭를 받으니 一

門에 三旌이 있다) 胤宗 善鳴에게 전해져서 九世가 世居하였으나 지금은 다른 사람이 살고 있으니 슬픈 일이다. (9세손 선명이 肅廟 乙亥에 비로서 팔아서 외손 홍씨 이씨 辛氏 등이 교대하며 살았다. 지금은 유허가 되었으나 石築한 섬돌이 완연히 남아있다)

묘는 광주 서편 20리인 梨洞 방축내 임좌원에 있으니 위 아래 무덤이 있는 제도를 이용했다. 부인 김씨를 아래 약간 거리에 附葬 하고 작은 표석을 부인 묘앞에 세웠으니 碑面에 '有明朝鮮國 嘉靖大夫 黃海道都觀察黜陟使 金文發之妻 貞夫人光山縣金氏(김씨는 아마 광주토성의 다른 사람일 것이다. 광산지를 살펴보면 봄에 우리 광산김씨 이외에도 별도로 토성김씨가 있었던 것 같다. 그리하여 우리 家傳과 서로 같으니 그 先系알아 보고자 여러 책을 참고 하였으나 끝내 찾지 못하였다. 우리 족보를 보면 諱 大鱗의 配를 광산김씨라 쓰여 있고 彦琚의 배를 광산김씨라 쓰여있으니 또한 관향이 같은 김씨요 興光의 후예가 아닌즉, 토성의 다른 김씨가 틀림 없다) '之墓'라고 쓰여있고 후면에는 '景泰三年壬申九月十三日葬于家翁墓前'이라고 쓰여 있다.

광산지에 말하기를 김문발은 태종조에 은일로 불러서 관이 황해도 도관찰출척사(하단도 같음)라 하고 부용정은 광주 서남 30리에 있으니 감사 金文發의 別墅이라. 梁應鼎(제주인이요 號는 松川이다) 高敬命(장택인이요 號는 霽峯이다) 金迥(公의 6세손 號는 鳴巖이다) 李安訥(덕수인이요 호는 東岳이요 諡는 文惠니 곧 공의 증손 郡守 震의 사위요 李荇의 증손이다)의, 제영시가 있다.

VI 양과동약 良苽洞約

1.
향약이 아니라 동약(洞約)이다

"양고(良苽)는 한자대로 푼다면 질 좋은 오이라 할 것이나 본디 초두(++)변이 없는 '과(瓜)'가 참외를 뜻하고 초두가 위에 붙으면 참외 넝쿨을 뜻해 '줄 고(苽)'라 한다고 자전에 실려 있으나 이 동내에서는 '고(苽)'자를 '과'로 읽어 양과동(良苽洞) 이라 한다."[487] 필자 역시 '양고동'(良苽洞)을 '양과동'(良苽洞)으로 기술한다.

"이 '양과동약계(良苽洞約契)' 자료는 1989년 4월 남원과 광주지방 사료조사를 하고 돌아온 국사편찬위원회의 김광(金洸)·김현영(金炫榮) 양씨에 의해 수집되었는데, 홍치년간(弘治年間)에 시작되어 전기에 약 1세기 시행된 기록과 후기에 약 4세기 동안이나 실시된 계좌목(契座目) 자료가 현지의 유사 댁에 보관되어 있음."[488]

둘의 연구사는 '양과동향약(良苽洞鄕約)'이 아니라 '양과동약계' 자료라고 판단한 것으로 보인다. 고문서자료집 표지에는 '동향약(洞鄕約)'이라고 했으나, 유사경(柳思敬)의 서문에는 '양과동적입의서(良苽洞籍立議序)'이라고 되어 있다.[489] '표지'는 통상 새로 바꾸므로 '서문'을 신뢰한다면, '동약'이라고 생각된다. 그 당시에는 동약도 향약이라

---

487 《광주산책 하(下)》(김정호 저, 광주문화재단, 2014), 118면.
488 〈15세기의 광주향약〉, 《조선향촌자치사회사》, (박익환 저, 1995) 88쪽, 주 55.
489 《고문서자료집 광주양과동향약》(광주민속박물관, 2013), 28면.

고 하던 때라 후대에 표지를 교체할 때 일어난 일이라고 생각한다.

    1992년 이종일 원장은 〈광주 양과동 동계의 성격〉의 결언에서 "광주 양과동 동계의 자료들을 통해서 조선후기 광주지역의 촌락조직과 운영 모습을 밝힐 수 있을 것이며, 특히 이 자료가 군·현 단위의 향약 조직과도 일정한 연계 구조를 가지고 있었다고 보여주어 당시기의 사족 지배 체재의 내용을 살피는데 매우 유용 하리라고 생각된다."[490]라고 하여 동계이며, 아울러 '향약 조직과도 일정한 연계 구조를 가지고 있었다고 보인다고 판단하여 동계임을 밝혔다.

2. 양과동계(良苽洞契)의 규약은 입약범례(立約凡例)다

    광주민속박물관에서 《광주의 계》를 간행했다. 이종일 관장은 발간사에서 "광주지역에 산재해 있는 각종 계를 조사하여 발간하게 되었습니다."《광주민속박물관조사연구서. 제5집 광주의 계》 1996년)라고 하여 '동약'임을 밝혔다. '대촌 양과동계(大村 良苽洞契)'는 자체 학예 연구사들이 문헌, 현지조사에 의해 제보자와 1996년 9월 15일 조사 일정까지 밝혔다. 김형주 연구사에게 고재희(70세), 고재선(71세) 두 분이 제시한 '계안'은 '입약범례(立約凡例)' 한 가지 뿐이다(135-136면). "계의 창계 시기는 1500년 전후로 추정된다. 최초 양과동계의 설립자들의 명

---

490 이종일, 《광주양과동향약》(광주민속박물관, 2013), 352면/ 《향토사연구》 4집(1992), 92면.

단"(131면)라고 서술한 것을 보면 확실히 '동약'으로 규정한 것 같다.

"식리활동을 보면 창계 초기 상황은 알 수가 없고 창계 중기 10냥을 빌려주고 4-5냥의 이자를 받는 등 5할 대의 이율로, 쌀 1석 2두의 이자로 2할 5푼인 3두씩을 받는 등의 꾸준한 식리활동으로 드디어 동답을 마련하게 된다. 1800년 3배미(12두락) 논을 구입해서 토세(총 6석)를 받고 소작시키다가 1863년 고재달(高濟達)에게 4두락(1배미)짜리 논을 32냥에 매매한 뒤 나머지 2배미를 포한 한때 36두락(9배미)까지 늘렸으나 지금은 10두락 정도만 남아있다."(133면)

계(契)의 운영도 역시 마찬가지다.

"초기 혼상(婚喪)시 부조(賻助)는 진임자(眞荏子, 참깨) 1되와 백미 2되씩을 냈으며 아울러 혼가에는 거화군(땔나무꾼) 1명을, 상가에는 죽목(竹木) 및 새끼줄과 함께 노비 2명을 보내서 돕도록하였다. 지금은 계원 사망시 3-4만원의 정도의 부조만 하고 있다. 양과동계 운영의 요체는 향약[동약도 향약의 일종으로 인식]의 근본목적인 향촌자치와 풍속 교화라 할 수 있다."(133면).

"규약을 살펴보면 유교 이념 확립을 위해 조선 초기 실시된 향약의 실체를 어느 정도 파악해 볼 수 있다. 계안은 서문과 계의 목적 사업 의무 및 벌칙 조항으로 나누어진다."(133면)

〈입약범례(立約凡例)〉 25개조: 혼상부조(婚喪賻助) 9조, 동답(洞畓) 3조, 임원 4조, 강신 계회 9조. 〈주자증손여씨향약(朱子增損呂氏鄉約)〉은 《퇴계선생동중족계입의(부 여씨향약)》(금난수 저)에 수록된 〈주자증손여씨향약언해〉(1517년)을 한문 원문에 차자구결(借字口訣)만 남기고, 한글 역주는 빼고 기록되었고, 〈약조(約條)〉도 《퇴계선생동중족계입의(부 여씨향약)》(금난수 저)에 수록된 〈약조[문집에 누락된 2조 삽입]〉를 옮겼다. 《퇴계선생동중족계입의(부 여씨향약)》 원안에는 〈주자증손여씨향약〉 후면에 부록으로 수록된 '월단집회독약지도(月旦集會讀約之圖)'를 〈약조(퇴계향약 원안)〉 후면으로 옮겨 수록되었다.[491] 《광주양과동향약》에 있는 〈주자증손여씨향약〉〈약조[퇴계 향립약조 원안]〉은 참고 자료로 보관한 듯하다.

    퇴계 선생의 제자 금란수(琴蘭秀)의 문집 《성재선생문집(惺齋先生文集)》에 수록된 〈퇴계 선생 향립약조후식(退溪先生鄉立約條後識)〉이 1598년(선조 31) 작품인데, "향론 불일치로 선생문집에 기록되지 못하여, 이제야 원안을 베껴 향사당(鄉射堂)에 걸어 두었으니 선생의 뜻을 완수했다고 하겠다."[492] 하시면서, '퇴계의 '향립입조서', '약조(約條)'[예안약조 원안]'를 발표 하셨으므로, 후손들이 글을 모아 '퇴계선생동중족계입의(부 여씨향약)'을 간행한 것은 1598년 이후[임란 이후] 라고 추론된다.[493]

    고문서자료집에 '홍치년간(1488-1505)에 이루어졌을 것으로 보이는

---

491 《고문서자료집(II) - 증보판 광주양과동향약》(광주광역시립민속박물관, 2013년), 31-45면.
492 남민수, 〈예안향약 소고〉, 《동양고전읽기》 9집, 151면.
493 4장 퇴계향약을 참조.

양과동향약을 100여년이 지난 임란 직후인 1604년(선조 37) 유사경(柳思敬)이 이전의 향약을 토대로 새로 작성한 약조이나 1716년에 중수한 것임[양과동적입의서(1604년 류사경 근서·1716년 고한원(高漢元, 1672-1745) 후서)·주자증손여씨향약·약조·입약범례 수록]⁴⁹⁴ "白猿閏朝月上澣長澤高漢元後序(흰원숭이 해 윤달 이른 상순에 장택 고씨 한원 후서)"⁴⁹⁵라고 기록된 것을 보고, '백원(白猿)'을 '171년 병신(丙申)'으로 보았는데, 저자 친구(이상우)는 오행으로 풀어 '1740년 경신(庚申)'이라고 하였다. 동일하게 해석한 기록이 있다. "만력 갑진력(甲辰年, 1604) 6월과 백원(白猿) 경신년[1704, 1740년의 오기] 윤조월 상한(閏朝月上澣, 윤달[6월] 이른 상순)에 옛날의 향약을 다시 시행하였다는 기록이 남아 있다."⁴⁹⁶ "백원은 천간의 과 지지 신에 해당하는 경신년의 이칭이다."⁴⁹⁷ 여기서 지적하는 경신년은 고한원 선생을 고려할 때 1740년이다.

1740년 중수할 때 '퇴계선생동중족계입의(부 여씨향약)'을 참고하여 수록한 것으로 보인다. "고경명(高敬命) 선생 자 고종후(高從厚, 1564-1593) 배위인 이부인[이씨 부인]이 두 아들을 거느리고 안동의 친정에서 피난하고 있었다"⟨증이조판서고공청시행장⟩, 《약천집(藥泉集)》 권 23. (남구만 저). 고종후 선생 후손이 '퇴계선생동중족계입의(부 여씨향약)'를 고향에 전한 것으로 추정한다. 그렇다면, 1604년 다시 중수할 때는 유사경(柳思敬)이 이전의 향약을 토대로 새로 작성한

---
494 〈양과동향약〉, 《광주양과동향약》(광주민속박물관, 2013), 28면.
495 위의 책, 30면.
496 《광주시사 부록(제일권)》(광주광역시사편찬위원회, 2001), 247면.
497 《부용정 양과동정》(김희태 저, 광주문화재단, 2019년), 156면, 주 58.

약조는 〈입약범례(立約凡例)〉 뿐이라고 할 수 있다. '입약범례' 맨 끝에 "옛 조약은 유사가 가리어서 공론에 따라 시행한다."[498]라고 1604년으로 추정되는 '옛 조약'이 수록되어 있다.

"양과정을 중심으로 하여 이루어졌던 마을의 향약은 홍치년간(1488-1505)에 만들었던 동적(洞籍)에 의해 실시되었으나 임진왜란으로 말미암아 폐지되었다가 만력 갑진년(1604) 6월과 백원 경신년(1704, 1740년의 오기) 윤조월 상한에 옛날의 향약을 다시 시행하였다는 기록이 남아있다. 향약은 동약보다 늦게 만들어졌다. 고한원이 그 서문을 썼다."라고 했는데, 1604년 유사경이 동약 서문을, 1740년에 고한원이 향약서문을 찬했다는 의미가 된다. 이는 '주자증손여씨향약·약조'는 앞서 지적한 것과 같이 1740년 고한원이 향약 서문을 찬할 때 준비되었다는 의미이다. 따라서 향약으로 결론 내렸다고 할 수 있다. 이는 입약범례만 보면 동약인데, '주자증손여씨향약·약조'를 보고 향약이라고 착각했다고 본다. '향약은 동약보다 늦게 만들어졌다.'는 표현은 통상적으로 사료에 부합하지 않다.

"덕업상권 이하 16자의 사강(四綱)에 있어서는 주자도 한 자의 고침이 없이 '남진'의 유법을 그대로 인용하였으나, 이는 주사뿐 아니라 퇴계도 주자의 뒤를 이어 그러하였고, 율곡도 퇴계의 뒤를 이어 또 그러하였다."[499]라는 부분을 보면 이해하기가 어렵다. '퇴계향약'에는 '덕업상권 이하 16자의 사강' 자체가 없었기 때문이다.[500]

---

498 《광주양과동향약》 앞의 책. 48-49면.
499 〈양과동정 향약 서문〉. 《부용정· 양과동정》(김희태 저. 2019) 152면.
500 부록 6. ① 참조.

박순은 "양과동약문은 크게 세 부분으로 구성되어 있다. 하나는 전반부의 것으로 〈주자증손향약〉을 그대로 인용한 부분이고, 하나는 퇴계의 〈예안향립약조〉 그대로 전제한 〈약조(約條)〉, 다른 하나는 순수한 양과동의 것인 〈입약범례〉이다. 따라서 양과동약의 성격 파악을 위해서는 마지막의 〈입약범례〉가 가장 좋은 자료라 할 수 있다."[501]라고 했다. '양과동약의 성격 파악을 위해서는 마지막의 〈입약범례〉가 가장 좋은 자료라 할 수 있다'라고 했는데, 이는 '양과동약'은 〈입약범례〉라는 의미로 이해된다. "〈입약범례〉는 모두 25개조로 나뉘어 있다. 그 가운데 혼상부조(婚喪賻助)에 관련된 조항이 9조, 동답(洞畓, 洞庫) 3조, 임원 4조, 강신·계회 9조로 되어 있다."[502] 양과동약문은 크게 세 부분으로 구성되어있다'는 표현은 혼동을 줄 위험이 있다. '양과동약'인데 두 가지 향약 즉 〈주자증손향약〉과 퇴계의 〈예안향립약조〉을 합쳐서 '양과동약문은 크게 세 부분으로 구성되어있다'는 표현은 잘못되었다. 마지막에 제시한 '〈자료 2〉 양과동계 전문'에는 〈입약범례〉만 제시한 것에 눈길이 간다.[503]

"당시 향규의 성격이 이러함에도 불구하고, '광주향약'과 퇴계 '향립약조'와의 관련성이 완전히 해결된 것은 아니다. 오히려 '양과동약'의 자료에서 보이듯이 '양과동약'에서 인용하고 있는 자료는 '주자증손여씨향약'과 '퇴계약조' 미루어볼 때, '양과동약'이 '광주향약'의 영향을 받았음에도 불구하고, 굳이 '광주향약'이 아닌 퇴계의 것을 표

---

501 박순 〈조선전기 광주지방의 향약과 동계〉, 《동서사학》 5호, (1996) 54면.
502 박순. 위의 책. 54면.
503 박순. 위의 책. 58-60면.

방한 이유는 전술한 두 향규의 관계를 어느 정도 설명하고 있다고 생각되기 때문이다."[504]라고 했는데, "'양과동약'에서 인용하고 있는 자료는 '주자증손여씨향약'과 '퇴계약조'"란 표현은 이해가 안 된다. 어디에 어떻게 인용하였는지 밝혀야한다. '인용하고 있는 자료'가 아니라, '참고 자료'로 보관하고 있다고 보는 것이 합리적인 판단으로 본다. 《퇴계선생문집》에 수록된 〈퇴계향약〉이 아니라, 제자들이 증손(增損)하기 전 원안이 '광주향약'과 거의 동일하다. 마지막에 제시한 '(자료 1) 광주향약과 퇴계향립약조 비교법'에 《퇴계선생문집》에 수록된 〈퇴계향약〉을 제시했다.[505] 아직도 잘 알려지지 않은 '퇴계향약 원안'이 18세기에 머나먼 광주까지 알려진 배경에도 관심을 가져야 한다.

"특히 '광주향약'을 주도하여 실시한 출신지가 대촌의 [이장동]과 광주 양과동이 서로 연접되어 있는 지역적인 면, '동약'이 《수암지》에 실린 '광주향약'과 흡사한 점 등을 감안할 때, 어떤 형태로든 '광주향약'의 큰 영향을 입었으리라는 것은 확실한 일로 볼 수 있다."[506]라고 했다. 앞에서 지적한 대로 양과동약은 시대적 환경으로 많은 변화를 가져왔지만, 광주향약의 명맥을 이어온다고 보는 것이 합리적인 판단이리고 생각힌다.

더군다나 '(자료 1) 광주향약과 퇴계향립약조 비교표'[507]에서 '퇴계향립약조'는 '양과동약문'에 있는 '퇴계의 〈예안향립약조〉 그대로 전제한 〈약조〉'가 아니고, 《퇴계선생문집》에 수록된 〈퇴계향립약조〉을 제

---

504 박순, 위의 책, 47면 주) 29.
505 박순, 위의 책, 57–58면.
506 박순, 위의 책, 56면.
507 박순, 앞의 책, 57–58면.

시한 것은 이해하기 어렵다. 퇴계 선생이 직접 작성한 〈약조〉 즉 《퇴계선생동중족계입의(부 여씨향약)》·《조선시대 사회사연구사료총서》(1)에 수록된 〈약조〉를 제시하여야 한다고 본다.

  2018년 4월 24일 광주향교에서 '사단법인 광주·전남발전협의회' 주최 "'광주향약 발전과 공동체 의식'제고를 위한 세미나"에서 박경하 교수는 〈조선시대 향약과 광주향약의 성격〉을 발표 하셨는데, '광주향약 예안향약 양과동향약의 조목 비교' 라는 〈표〉에서 '양과동약문 중 '퇴계의 〈예안향립약조〉 원안 그대로 전제한' '약조(양과동향약, 1604)'를 제시하고, "양과동약 인데, 조목이 향약 같아서 문제가 있다"고 지적했다. 적절한 지적이다. 신혜숙 선생의 학위지도교수이기도 한 그는 자신의 논문에서 이렇게 말한다. "양과동향약은 크게 세 부분으로 구성되어 있다. 첫 부분은 '주자증손여씨향약'을 그대로 인용한 부분이고, 두 번째는 약조문이며, 세 번째는 입약범례이다. 양과동향약의 특성을 파악하기 위해서는 세 번째는 부분인 입약범례가 가장 좋은 자료라 할 수 있다."[508] 이게 바로 문제가 된다. 〈양과동적입의서〉·〈양과동향약〉·〈동계좌목〉이 중요한 자료인데, 이를 '양과동약'이 아니라 '양과동향약'이라고 규정한 것은 이해가 안 된다. 당시에는 '동약'도 '향약'이라고 표현했을 수 있겠지만, 지금에 와서는 구분할 필요성이 제기된다. 논문 주제에서부터 '양과동약'이라고 지도했으면 좋았을 것이다. 이어서 17면에 제시한 〈표〉 '광주향약 예안향약 양과동향약의 조목 비교'는 신혜숙의 학위논문에서 잘못된 〈표 12〉를 그대로

---

508 신혜숙, 〈조선후기 광주 '양과동향약'에 관한 연구〉《광주양과동향약》(광주민속박물관, 2013), 377면.

인용하였다. 〈표 11〉과 상이하다. [아래 단락에서 자세히 지적 하고
자 한다.]

　　신혜숙은 학위논문 24쪽에서 다음과 같이 말한다. "양과동향약은
크게 세 부분으로 구성되어 있다. 첫 부분은 '주자증손여씨향약'을
그대로 인용한 부분이고, 두 번째는 약조문 이며, 세 번째는 입약범
례이다. 양과동향약의 특성을 파악하기 위해서는 세 번째는 부분인
입약범례가 가장 좋은 자료라 할 수 있다." 인용 표시는 없지만 앞서
제시한 박순의 〈조선전기 광주지방의 향약과 동계〉[509]의 54면과 거의
흡사하다. '퇴계의 〈예안향립약조〉 그대로 전제한 〈약조〉'를 퇴계 부
분을 생략하고 '약조문'이라고만 서술하여 혼동을 야기시킨다.

　　학위논문 사전 발표회로 이해되는 세미나에서 "양과동향약에 대
한 논문 또한 지금까지 제가 알아본 바로는 학위 논문과 그 밖에 일
반 논문들은 아직 나와 있지 않는 것으로 보입니다."[510]라고 했으나,
석사학위논문에 "주 10) 박순, '조선전기 광주지방의 향약과 동계'《동
서사학》5. 한국동서사학회. 1999. 박순은 논문에서 양과동동약이
광주향약의 영향을 받아 16세기에 중수 시행되었다고 논증하였다."라
고 했다. 두 논문은 동일한 '양과동향약, 양과동동계'가 주제어인데,
시기를 박순은 '조선전기'로, 신혜숙은 '조선후기'로 보았다. "조선시대
의 향약에 대한 연구는 임진왜란을 중심으로 조선전기 향약의 성립
에 관한 연구와 조선후기로 크게 구분되는 연구경향을 보인다."[511] "본

509　박순, 〈조선전기 광주지방의 향약과 동계〉, 《동서사학》 5호(1996).
510　신혜숙, 〈조선시대향촌사회사 세미나〉, 《광주향약자료집(부용정 김문발)》, 189면
511　신혜숙, 석사학위논문, 3면.

연구의 주 사료인 양과동향약은 조선 초기 향규의 하나인 이선제(李先齊)가 작성한 광주향약에서 영향을 받은 동계 성격의 향약이다."⁵¹² "양과동향약은 16세기에 이루어져 마을에서 실행하였는데, 임진왜란으로 해이되어 1604년에 다시 중수하여 실행한 후 지금까지 존속되고 있다. […] [양과동적입의서] 홍치년간[1488-1505년]에 입의된 계약이 백여 년이나 전래되어 오다가 난리 때문에 구적(舊籍)이 불타버려 기강이 흐트러져, 뜻있는 사람들이 고적(古籍)을 회복하려고 금년 5월에 고금인명을 책에 다시 썼다."⁵¹³라는 부분을 보면 이해하기 어렵다. '양과동향약'은 임란 이전부터 시작되었다고 판단된다.

"〈표 11〉 광주향약과 양과동향약의 중벌 조목 비교"⁵¹⁴에서 '양과동향약. 1604'이라고 '양과동약문'에 수록된 퇴계의 〈약조〉을 제시하였다. "〈표 12〉 광주향약 예안향약 양과동향약의 조목 비교"⁵¹⁵는 앞서 지적한 것처럼 서로 상이하다. 〈표 11〉 24·25항에서 '광주향약(1451)'과 '양과동향약(1604)'이 동일하다. 반면 〈표 11〉에서는 중벌 끝에 '광주향약(1451)'은 '多桱人戶不服官後者'·'不謹租賦圖 免徭者'이라고 두 칸에 나누어 기록하였으나, '예안향약(1556)'과 '양과동향약(1604)'은 모두 빈칸이다. '양과동향약(1604)'은 〈표 11〉 24항 '多桱人戶不服官後者', 25항 '不謹租賦圖 免徭者'이라고 했다. 이렇게 잘못된 '〈표 12〉, 광주향약 예안향약 양과동향약의 조목 비교'를 앞서 지적한 것과 같이 '사단법인 광주·전남발전협의회' 주최 "'광주향약 발

---

512 신혜숙, 석사논문, 3면, 주 10; 박순, 앞의 책, 53면.
513 신혜숙, 석사논문, 17면.
514 신혜숙, 석사논문, 39면.
515 신혜숙, 석사논문, 49면.

전과 공동체 의식' 제고를 위한 세미나"에서 박경하 교수는 〈조선시대 향약과 광주향약의 성격〉을 발표 하셨는데, '광주향약 예안향약 양과동향약의 조목 비교'에서 잘못된 그대로 제시하였다. 〈표 12〉에서 '양과동향약(1604)'은 박순 교수(중앙대)가 지적한 '퇴계의 문집에 수록된 〈예안향립약조〉'이다.

〈표 11〉 광주향약·양과동향약의 중벌(中罰) 조목 비교.

條目	光州鄕約(1451)	良苽洞鄕約(1604)
8	親族不睦者	親族不睦者
9	正妻疎薄者(妻有罪者減等)	正妻疎薄者
10		隣里不和者
11	儕輩相歐罵者	濟輩相歐罵者
12	不嫌廉恥污毁士風者	不顧廉恥污毁士風者
13	恃强陵弱多行狂悖者	恃强陵弱侵奪起爭者
14		無賴作黨多行狂悖者
15	公私聚會是非政法者	公私聚會是非官政者
16		造言構虛陷人罪累者
17	患難力及坐視不救者	患難力及坐視不救者
18	受官差任憑公作私者	受官差任憑公作私者
19		婚姻喪祭無故過時者
20	不有執綱不從鄕令者	不有執綱不從鄕令者
21		不服鄕論反懷仇怨者
22		執綱循私冒入鄕參者
23		舊官餞亭 無故不參者
24	多接人戶不服官役者	多接人戶不服官役者
25	不謹賦稅圖免徭役者	不謹賦稅圖免徭役者
	執綱發文境內齊會鄕社堂施以中等之罰	罰則 己上中罰(鄕中從輕重施罰)

* 신혜숙 〈조선후기 광주 '양과동향약'에 관한 연구〉 중앙대학교 석사학위논문 2008년. 39면.
* 양과동향약(1604)은 퇴계 선생 '향립약조' 원안이다.

〈표 12〉 광주향약과 예안향약의 조목 비교

	光州鄕約(1451)	禮安鄕約(1556)	良佐洞鄕約(1604)
中罰	親族不睦者	親族不睦者	親族不睦者
	正妻疎薄者(妻有罪者減等)	正妻疎薄者	正妻疎薄者
		隣里不和者	隣里不和者
	儕輩相歐罵者	儕輩相歐罵者	儕輩相歐罵者
	不嫌廉恥污毁士風者	不顧廉恥污毁士風者	不顧廉恥污毁士風者
	恃强陵弱多行狂悖者	恃强陵弱侵奪起爭者	恃强陵弱侵奪起爭者
		無賴作黨多行狂悖者	無賴作黨多行狂悖者
	公私聚會是非政法者	公私聚會是非官政者	公私聚會是非官政者
		造言構虛陷人罪累者	造言構虛陷人罪累者
	患難力及坐視不救者	患難力及坐視不救者	患難力及坐視不救者
	受官差任憑公作私者	受官差任憑公作私者	受官差任憑公作私者
		婚姻喪祭無故過時者	婚姻喪祭無故過時者
	不有執綱不從鄕令者	不有執綱不從鄕令者	不有執綱不從鄕令者
		不服鄕論反懷仇怨者	不服鄕論反懷仇怨者
		執綱循私冒入鄕參者	執綱循私冒入鄕參者
		舊官餞亭 無故不參者	舊官餞亭 無故不參者
	多接人戶不服官役者		(多接人戶不服官役者)
	不謹賦稅圖免徭役者		(不謹賦稅圖免徭役者)
	執綱發文境內齊會鄕社堂施以中等之罰	己上中罰 上中下	(罰則 己上 中罰, 鄕中從輕重施罰)
下罰	期會不參者	公會晚到者	公會晚到者
	紊坐失儀座中誼譁者	紊坐失儀者	紊坐失儀者
		座中誼爭者	座中誼爭者
		空坐退便者	空坐退便者
		無故先出者	
	自座上或免責施以下等之罰	己上下罰 上中下	(己上下罰, 坐中或面責施罰)

附則	鄉吏之屬倖官害民者	元惡鄉吏	元惡鄉吏
	奉令行里作弊民間者	人吏民間作弊者	人吏民間作弊者
	貢物販需濫徵價物者	貢物販需濫徵價物者	貢物販需濫徵價物者
	多受公債謀頉不納者		
	信任凌蔑士族者	庶人凌蔑士族者	庶人凌蔑士族者
	執綱亦稟官律科罪		(己上隨見聞摘發 告官律科罪)

* '상벌'은 생략했다.
* 신혜숙 〈조선후기 광주 '양과동향약'에 관한 연구〉 중앙대학교 석사학위논문, 2008년. 48-49면 인용.
* 〈양과동향약〉 '중벌' 뒤편 3가지 조목 중 후면 괄호와 '하벌' 뒤편 조목 중 후면 괄호는 원안대로 정정하여 수록 하였습니다.
* '양과동향약(1604)'은 퇴계 선생 '향립약조' 원안이다.
  '예안향약(1556)'은 '퇴계 선생 문집'에 수록된 '향립약조'이다.
* 신혜숙 〈광주양과동향약의 성립과 특징〉, 《문화금당》 9호. 2009년에 〈표-3〉으로 수록.

"양과동 향약은 그 내용을 보면 여씨증손향약을 토대로 하였으나 뒤에 별도의 약조와 입약범례, 별규를 보면 양과동의 특수 여건을 감안하여 제정한 내용임을 알 수 있다. […] 일개 마을의 향약이 아니고 면 단위의 향약으로 보아야 할 것이다. ① 약조 (25조) ② 원악향리 (3조) ③ 입약범례 도정(都正) 1원, 부정(副正) 2원, 직월(直月) 1원 ④ 별규 공사원 2원, 유사 2원 (25조) […] 조약의 내용은 크게 나누면 첫째, 가정의 평화 둘째, 마을공동생활, 셋째, 질서유지 넷째, 부패한 관리 처벌 등으로 집약되고 그 내용에 따라 벌칙과 처리 방법을 달리 제시하고 있다. […] 다음은 향약을 운영하는 임원으로 도정 1인, 부정 2인, 직월 1인이 있고 이 밖에 공사원 2인, 유사 2인으로 구성하고 있다.

끝으로 별규라 해서 강신의 시기는 춘추 년 2회로 되어있는데 봄에는 3월 삼짇날과 가을에는 구월 중구일로 되어있다. 장소는 양과 동정으로 하고, 유사 이하 임원이 할 일과 관혼 상제시 부조할 사항, 혼수 물품(관대 등)의 사용료 그리고 계원 이하여야 할 조항과 계에 신입 절차 등이 소상히 기록되어 있다."⁵¹⁶라고 하였다.

이종일 원장은 "현재 남아 전하는 조약의 내용을 토대로 하여 보면 4대 강목과 세부 조목들은 〈주자증손여씨향약〉을 그대로 원용하였기 때문에 양과동 동약의 개성은 벌칙[퇴계의 〈예안향립약조〉 그대로 전제한 〈약조〉를 의미 한다]와 세부시행 규칙(別規, 입약범례)서 살필 수가 있다. 현재 전하는 증손향약을 토대로 하였으나 뒤에 별도의 이들 조목들은 임란 이후의 중수과정[1604년]에서 마련된 것이므로 엄밀하게 말하면 17세기 초반 이후의 사정을 말하여 주고 있다고 보아야 할 것이다. [⋯] 별도의 입약[입약범례]는 임원의 구성과 책무, 춘추강신과 상장부조의 규칙, 계곡(契穀)의 운영방식에 관한 것으로 모두 25조로 되어 있다."⁵¹⁷ '퇴계의 〈예안향립약조〉 그대로 전제한 〈약조〉'를 '벌칙'으로 이해하고, '입약범례'를 '별도 규칙'으로 이해하고 있다. "立約凡例. 都正一員 副正一員 直月一員, 別規 公事員二員 有司二員"⁵¹⁸을 보면서 궁금해 한다. 앞서 지적한 것처럼 〈주자증손여씨향약〉과 벌칙 즉 〈약조〉는 1740년 고한원 후서(後序)와 함께 이서했으리라고 추정한다.

〈광주 양과동 동계의 성격〉에서도 동일 하게 "4대 강목과 세부 조

---

516   이종일, 〈양과동계향약〉, 《향토문화》 11집, 156-159면.
517   이종일, 〈광주 양과동 동계 자료〉, 《전남사학》 5집(1991), 141면.
518   〈입약범례〉, 《광주양과동향약》(광주민속박물관, 2013), 45면.

목들은 〈주자증손여씨향약〉을 그대로 원용하였기 때문에, 벌칙과 세부 시행 규칙에서 양과동 동약의 개성을 살필 수 있다. 현재 전하는 이들 조목들은 임란 이후의 중수과정에서 마련된 것이므로 엄밀하게 말하면 17세기 초반 이후의 사정을 말하여 주고 있다고 보아야 할 것이다.

벌칙은 상중하 세 가지로 구분하며 향리에 대한 규제가 첨부되어 있다. […] 별도의 입약은 임원의 구성과 책무, 춘추 강신과 상장 부조의 규칙, 계곡의 운영방식에 관한 것으로 모두 25개 조로 되어있다."[519]

3. 광주향약과의 관계

박순 교수(중앙대)는 "《수암지》의 기사가 후대에 조작 되었을 가능성은 여전히 남아 있다. 즉 후술하는 '양과동약'의 자료에서 보이듯이 '양과동약'에서 인용하고 있는 자료는 '주자 증손여씨향약'과 '퇴계약조'임을 미루어 볼 때, '양과동약'이 '광주향약'의 영향을 받았음에도 불구하고, 굳이 '광주향약'이 아닌 퇴계의 것을 표방한 이유는 전술한 두 향규의 관계를 어느 정도 생각되기 때문이다."[520]라고 주장하

---

519 이종일, 〈광주 양과동 동계의 성격〉, 《광주 남구 향토자료 모음집 1-인물과 문헌》(광주남구문화원, 2001), 204 -205면.
520 박순, 앞의 책, 47면, 주 29.

였다.

광주향약은 여기서 말하는 퇴계향약 즉 '퇴계향약 원문'과 거의 동일하다. 알다시피 오늘날 제자들이 증손한 것을 '퇴계향약'으로 알고 있다. 고한원 선생은 왜 '광주향약'을 언급하지 않고, 굳이 제자들이 증손하지 않은 광주향약과 거의 동일한 '퇴계향약 원문'을 내세웠을까? 바로 여기에 생각의 여지가 있다.

"좌목 권1은 창계 당시부터 260여 년 동안 활동한 계원들을 1716년 중수시 일괄 정리한 것으로 창계 계원이며 성균진사를 지낸 박이온(朴以溫)부터 정조 말년의 인물까지 도합 334명의 계원 명단이 수록되어 있음"[521] 1716년에서 260년 전이면 1456년이다. 260여 년이므로 1451년(문종 원년)-1461년(세조 7)이다. 필문(蓽門) 이선제 선생이 1453년에 돌아가셨으니 같은 시공간을 살았다고 한다면 필연적으로 영향을 받았을 것이다.[522] "'광주향약조목'의 내용과 대동소이함을 볼 때 양과동향약이 광주향약의 영향을 받아 입정되었음을 확인하였다."[523] 그렇다면 1604년 유사경근서(柳思敬謹序)에 〈광주향약〉 언급이 왜 없을까?

기축사화(1589년)·기축옥사·정여립 모반사건 등 여러 가지로 부르는 것은 아직도 정립이 안 되었다는 의미로 본다. "옥이 발생한지 한달 후인 11월 3일 호남유생 양천회(梁千會)의 상소로부터 호남사림의

---
521 박순, 앞의 책, 60면.
522 〈15세기의 광주향약〉, 《조선향촌사회사》(박익환 저, 1995), 190면/ 박순, 박사 학위 논문(1992), 35면.
523 신혜숙, 중앙대학교 석사학위 논문 (2008), 32면.

기축옥에의 연루가 시작된다. 양천회는 이 상소에서 이발, 이길, 김우옹, 정언신, 최영경 등 동인의 지도자급 인물들은 이들이 정여립과 친교하기 때문에 국옥(鞠獄)을 부실히 처리한다고 지척(指斥)하였다."524 "정암수 등이 정부의 대신을 다수 지목하였기 때문에 오히려 선조의 노여움을 사게 되어, 정암수·유사경 등의 소두 10여인이 하옥당하였다."525 "정암수를 비롯한 50여 인의 서인계 유생들이 광주향교에서 작성하여 올린 상소로 옥사는 걷잡을 수 없게 확대되었다. […] 이 사건은 3년 남짓 진행되어 피해자만 1천여 명에 이르렀다고 할 만큼 조선 정국에 엄청난 파장을 남겼다."526 "정여립의 사건은 서인(西人)의 송익필과 정철이 동인을 일망타진하여 그 세력을 제거하기 위하여 조작한 미증유의 참혹한 사화이다."527 1604년 유사경 선생이 〈양과동향약입의서〉를 찬(撰)할 때, 이발 5대조이신 이선제 선생의 〈광주향약〉을 의도적으로 누락시켰다고 본다. 〈동계좌목 권 1〉에 창계 당시부터 260여년 활동한 333명이 가입순으로 수록되어 있는데, 유사경은 고경명(高敬命) 선생 문인인데도 불구하고 고씨 문중에서 초창기에 한 분도 참여하지 않았다. 처음으로 고두기(高斗紀) 화순 현감이 145번째로 가입하였고, 총 18분이 참여하셨다. 1740년 고한원 선생이 주도하여 〈양과동향약입의서〉를 찬 하신 이후로 고씨 문중에서 주도적으로 운영하신 것으로 보고 있다.

---

524 〈당쟁-기축옥과 호남사림〉, 《전라남도지》 1권 (1982), 551면.
525 《전라남도지》, 위의 책, 552면.
526 《전라도 역사 이야기》(무등역사연구회, 2013), 123면.
527 신혜숙, 중앙대 석사학위청구논문, 18면; 김경수, 〈조선시대 의사관 연구〉, 《국학자료원》(1998년)도 참조.

"[양과동적입의서] 홍치년간(弘治年間. 1488-1505)에 이루어졌을 것으로 보이는 양과동향약을 100여 년이 지난 임란 직후인 1604년(선조 37) 유사경(柳思敬)이 이전의 향약을 토대로 새로 작성한 약조이나 1716년에 중수한 것."[528]이라고 하였는데, 여기서 '이전의 향약'은 무엇을 지적한 것일까?

박익환, 이종일, 박순, 신혜숙 등 한결같이 '양과동약'은 이선제 선생의 '광주향약'의 지대한 영향을 받았다고 인정하면서도 한편 의심의 눈총을 보이는 것은 아직도 존재하는 문제이다. 앞으로 명확히 밝혀줄 필요성을 느낀다.

"조선 전기에 약 1세기 시행된 이후로도 계속 수계(修契)가 이루어져 현재까지 실시되고 있으니 5세기 가까이 시행되어 내려오는 중요한 동약계(洞約契)요, 15세기 '광주향약'의 유풍이 오늘날까지 미쳐오는 실증적인 동약계인 셈이다."[529]

"'광주향약'이라고 불리는 그 향약은 이후 '양과동향약'으로 계승되었다."[530]

"특히 '광주향약'을 주도하여 실시한 이선제의 출신지가 대촌의 이장동임과 광주 대촌 양과동이 서로 연접되어 있는 지역적인 면, 동약이 《수암지》에 실린 '광주향약'과 흡사한 점 등을 감안할 때, 어떤 형태로든 '광주향약'의 큰 영향을 입었으리라는 것은 확실한 일로 볼 수 있다."[531]

---

528 〈양과동향약〉, 《광주양과동향약》(광주민속박물관, 2013), 28면.
529 박익환, 〈15세기 광주향약의 향규약적 성격〉, 《한국사의 이해》(신서원), 474면.
530 이종일, 《문화금당》 9호, 97면.
531 박순, 앞의 책, 56면.

"1529년[1589년의 오기] 기축사화에 연루되어 화를 당한 이발이 11번째 기록되어 있음을 확인할 수 있다. 양과동향약의 좌목은 가입한 순서대로 연이어 기록하는 방식을 취하고 있으므로 이를 통하여 추측하건데, 양과동향약은 적어도 1529년[1589년의 오기] 이전에 창계(創契)한 것으로 보여진다."[532]

이발(李潑. 1544-1589)은 생원(生員)으로 1568년 증광진사(增廣進士), 1573년 문과에 장원 급제 하였고 참봉을 지낸 적이 없다. 양과동향약내 문과안(文科案) (14인), 사마안(司馬案) (41인)에 이발은 등재되지 않았다. 이발은 이선제 5대 손으로 6대에 걸쳐서 문과(文科)에 연이어 급제하였다. "홍치년간[1488-1505년]에 입의된 계약이 백여 년이나 전래되어 오다가 난리 때문에 구적이 불타버려 기강이 흐트러져, 뜻있는 사람들이 고적을 회복하려고 금년 5월에 고금인명(古今人名)을 책에 다시 썼다."[533]라고 한 것을 보면, 이발 선생이 아니라 이발(李渤)의 오기(誤記)일 가능성도 있다. "이발(李渤, 1578년생): 운홍(運鴻)의 아들이다. 재행(才行)으로 천거되어 훈도(訓導)['보성군 훈도'를 가리킨다]의 벼슬을 하였다."[534]

---

532 신혜숙, 석사학위논문, 18면.
533 신혜숙, 위의 책, 17면. 〈양과동적입의서〉 인용.
534 《국역 광주읍지》(광주민속박물관, 2003), 239면.

4.
양과동(良苽洞)

"광주지역에 부곡이 4개소가 있었다. 양과부곡(良苽部曲): 광산현서 15리 (현 남구 양과동). […] 언제까지 존속하다 없어졌는지 기록이 없어 알 수 없지만 1237년 부곡의 반란으로 담양의 이언년이 광주와 나주 등지를 점령하는 동요가 있어 이후에 없어진 것으로 추측할 수 있다."[535]라고 했는데, '양과(苽)부곡'은 《세종실록 지리지》의 '양과(瓜)부곡'과 다르다.[536]

1914년 4월 1일 자로 〈부령 제111호〉에 의해 유등곡면 향등리·지산리·수춘리·광곡리·치평리와 효우동면 덕남리·임정리 각 일부를 합하여 '광주군 대촌면 양과리'가 신설되었다.

1957년 11월 6일 〈법률 제454호〉에 의거하여 광산군 대촌면이 광주시에 편입되어, '광주시양과동'으로 신설되었다.

1963년 1월 1일 〈법률 제1175호〉에 의거하여 광산군 대촌면 양과리가 됨.

1988년 5월 1일 〈광산구 조례 17. 55호〉에 의거하여 광주시 광산구 대촌출장소 양과동이 됨.

그러면 1604년 유사경은 왜 '良苽洞籍立議書(양과동적입의서)'라고 하였을까?

---
535 이종일, 〈양과부곡이 광주의 선비촌으로〉, 《향토문화》 36집 (2017), 90–91면.
536 부록 ③를 참조하라.

아마도 여러 이웃 동 계원(契員)들의 거부감을 없애기 위하여 '良苽洞亭(양과동정)'에서 협의를 하였으므로 '良苽洞約(양과동약)'이라고 합의하였을 것이다.

"이 정자는 자세한 기록이 없어 확실한 년 대를 알 수 없으나 멀리 삼한시대의 것이라고도 하고 백제시대의 건물이라고도 하는데 아무튼 천년은 넘은 것으로 처음에는 짚으로 이은 茅亭(모정)이었던 것을 뒤에 와서 기와지붕으로 바꾸었다. 그 이름도 예전에는 亭(정)이 아니고 간원태(諫院台, 간원대(臺)의 오기)라고 했다. […] '良苽洞亭(양과동정)'으로 이름이 바꿔진 것은 '양과동정'이라 현판을 우암 송시열(1607-1689)이 썼기 때문에 그 시대인 서기 1600년대로 여겨지며 이 지역의 모든 공적사업이 이 양과동정을 중심으로 해서 이루어졌다 해도 과히 틀린 말은 아닐 것이다. […] 현재는 함양박씨, 장흥고씨, 경주최씨 등 삼성이 동계를 계속 유지하여 조상들의 유업을 이어오고 있는데 세태의 변천에 따라 향약의 실천은 사실상 불가능하게 되었다."[537] 세종실록 지리지에 수록되기를 '양과부곡(良瓜部曲)'이었다. 추론하여 보면 '良瓜洞 諫院臺(양과동 간원대)'라고 불렀을 것이다. 우암 송시열 선생이 현판을 '良苽洞亭(양고동정)'이라고 했으나, '양고동정'을 구습대로 '양과동정'이라고 불렀으리라고 본다. 오늘날 관공서를 비롯하여 '양고동정'을 구습대로 '양과동정'이라고 하는 것은 이해가 안 된다. 송인수(宋鱗壽. 1499-1547)의 '題 良苽茅亭(제 양고모정)'을 보면 '양고정(良苽亭)'이라고 부른지도 오래 되었다고 본다. 따

---

537 〈문화유적〉, 《광산군지 보정판》(광산군지 보정판 편찬위원회, 1985), 16면.

라서 송시열 선생 당시(16세기)에는 이미 '양과정(良苽亭)'이라고 불러쓸 것이라고 추정할 수도 있다. 그러므로 한글 번역은 '양과모정(良苽茅亭)에 짓다'라고 되었다.[538] 16세기에 어떻게 읽었는지 아무도 정확히 알 수는 없다. 양과동의 광곡(廣谷)마을에는 "이관산 아래에 고암 최운한(苽菴 崔雲漢, 지산재에 배향된 인물)이 세웠다고 하는 고암정(苽菴亭)이 있었다고 하나 현재는 흔적이 없다."[539]을 보면 '苽(줄고)' 자를 명확히 사용하고 있는 것을 볼 수 있다.

고려시대에는 양과부곡(良瓜部曲)이었다. 태종조때 부곡이 해체된 듯하다.[540] 《세종실록 지리지》에는 '양과'라고 기록되어 있다.[541] 《동국여지승람》〈광산현 성씨조〉에 '(양고)김'이라고 나와 있다. 《동국여지승람》[542]을 보면서 태종대 이후 대부분 '김씨'로 바꾸었다. 그중 '양고김씨'를 '양과김씨'라고 이해한 것으로 본다. 《여지도서》〈고석조(古跡條)〉에도 '양고부곡'이라고 기록되었다.[543] "양고부곡 관아의 서쪽 15리에 있다."[544]

앞으로 본 동약이 학계를 넘어서 일반에서도 양과동약이나, 양고동약, 어느 하나로 통일할 것을 제안한다. 필자는 전해진 한자를 따라 양고동약을 지지하는 바이다.

---

538 《부용정 양과동정》(김희태 저, 2019), 149면.
539 〈양과동 광곡 마을〉, 《광주 남구 마을(동)지》(광주광역시 남구문화원, 2014), 352면.
540 〈군현개혁과 임내의 정비〉, 《세종조문화연구(1)》(이수건 저, 한국정신문화연구원, 1982), 170면.
541 〈세종실록 지리지, 무진군〉《한국지리지총서. 전국지리지》(아세아문화사, 1983), 509-510면.
542 《동국여지승람》(명문당, 1981), 623면.
543 〈한국사료총서 제20〉, 《여지도서 상》(국사편찬위원회, 1973), 727면.
544 변주승 (역주), 〈전라도-광주목〉, 《여지도서》(전주대학교, 2009), 58면.

부록 6)

① 양과동적입의서 - 《광주양과동향약》 28-30면

양과동정향약 서문

　대개 고을의 향약이라는 제도가 최초 남전 여씨에 비롯되어 무이(武夷)에서 성행하였다. 그의 강령은 비록 4개항에 불과하지만 그 조목은 수십조에 이르고 있다. 그 후 퇴계가 도산에 있을 때와 율곡이 청목사로 있을 때에 서로 연이어 향약을 시행하였다. 이때의 사례를 살펴보면 그의 조목에 있어서는 약간의 가감이 없지 않았으나 그의 강령에는 조금도 고침이 없었다.

　남전 여씨가 지은 향약의 유법(遺法)을 살펴보면 모두가 옛날 성현들이 학문을 훈도하여 풍속을 바르게 하는 요체가 아닌 것이 없고, 또 우리 민생들이 일상생활에 활용한 윤리로서 하나라도 없어서는 안 될 긴요한 법칙들이다.

　그러나 고금의 시대적 차이에 의해 그의 조목에 있어서는 다소의 변동이 없지 않이 있다. 그러나 마땅히 그렇게 해야 할 도의 근본은 비록 고금의 차이가 있다 할지라도 조금도 모자람이 없었다. 이 때문에 덕업상권 이하 16자의 사강(四綱)에 있어서는 주자도 한 자의 고침이 없이 '남전'의 유법을 그대로 인용하였다. 이는 주자뿐 아니라 퇴계도 주자의 뒤를 이어 그러하였고, 율곡도 퇴계의 뒤를 이어 또 그러하였다. 이러한 일들이 이미 지나간 과거의 자취에 의해 그의 사실이 날과 별처럼 밝게 드러나 있다.

우리 동방에 옛날의 향약이 있음을 유좌랑(柳佐郞)의 중수 서문에 그 사실이 명백하게 나타나 있다. 그 서문을 보면 맨 첫머리에 '신의를 돈독하게 하고 풍속을 후하게 위함이다.'라고 하였다. 그 다음에 있는 추서(鄒書)에 있는 '향전동정(鄕田洞井)'의 문구를 인용하여 이의 사실을 증명하였고, 또 소학에 있는 '독득수십권서(讀得數十卷書) 축득수십휴속(畜得數十觿粟)'의 문구를 들어 풍속의 험악함을 경계하였다. 그가 우리 후인들을 경계하기 위한 은혜로운 말이 참으로 극진하여 그 도를 다하였다.

그러나 스스로 "여씨향약을 이었다."라고 말하였으면서, 그의 글을 살펴보면 무이 퇴율(退栗)이 한결 같이 이어받은 16자 강령에 대해 언급을 하지 않았다. 이처럼 향약의 강령을 말하지 않는다면 이에 수반한 그의 조목을 어떻게 시행할 수 있겠는가? 원래 이 서문의 체제가 이러한 향약의 조목을 거론할 수 없게 되어 있다. 이 때문에 이에 대한 언급이 없음을 도리어 당연하게 생각하지만 무엇이 강령이 되고 무엇이 조목이 된다는 그 한계를 무이, 도산(道山)의 경우처럼 하나하나 예시(例示)하지 않는다면, 후세의 사람들이 무엇을 근거로 이를 준행할 수 있겠는가?

아! 모든 사물의 이루어짐이 제각기 그 때가 있는 것처럼 오늘에 이르러 이 향약이 다시 세워짐도 이처럼 때를 기다려 그러함이 아닌가. 요사이 동인(洞人)이 나를 찾아와 말하기를 "이 고을의 향약이 아직도 갖추어지지 않았으니, 자네가 이 일을 서둘러 추진함이 어떻겠냐?"고 제의하였다.

내가 이 말을 듣고 노론의 사궐문(史闕文)과 춘추의 하오설(夏五

設)을 들먹이며 이의 어려움을 설명하였다. 그러나 그 사람의 청이 더욱 간절하여 어찌할 수가 없었다. 내가 다시 "남전여씨의 향약이 그의 책머리에 네 글귀의 글을 세워서 이를 향약의 가령으로 정하였다. 그 뒤 주자가 무이의 향약을 정하면서 이 네 글귀의 강령을 한자의 고침이 없이 그대로 책머리에 기록하였고, 퇴계가 도산에서 계를 만들면서 주자의 무이처럼 한자의 고침이 없이 그대로 옮겨 썼고, 또 율곡이 청주의 향약을 세우면서 퇴계의 도산처럼 한자의 가감 없이 그대로 사용하였다. 이러한 전례를 생각하여 볼 때, 향약을 하지 않았다면 몰라도 그렇지 않는다면 이 네 개의 강령에 대해서는 무이의 주자와 도산의 퇴계, 충주의 율곡을 본받아 이를 바로 쓰지 않을 수 없다. 다만 그 조목에 대해서는 그때그때의 사정에 따라 여러분과 상의하여 가장 좋은 방법으로 선정함이 어떻겠냐?"고 제의하였다. 여러 사람들이 모두 "자네의 말대로 하자."고 찬성하였다.

이에 남전향약의 덕업상권(德業相勸)이 이하 16자를 취하여 향약의 강령으로 바로 사용하고 그 조목에 있어서는 내용에 따라 제각기 해당 강령의 아래에 붙여서 썼다.

이 향약의 강령 제1항인 덕업상권에 의해 각자의 덕업이 날로 진취된다면 모든 행실이 빠짐없이 갖추어질 것이요.

이 향약의 제2항인 과실상규(過失相規)에 의해 서로의 잘못을 깨우쳐 바르게 인도한다면 의리에 어긋난 범행(犯行)을 하지 않을 것이요.

이 향약의 제3항인 예속상교(禮俗相交)에 의해 바른 예의로 서로 사귀어 양보의 사회가 된다면 젊은이와 늙은이의 순서가 확고히 정립하게 될 것이요.

  이 향약의 제4항인 환난상휼(患亂相恤)에 의해 어려운 불행을 서로 도와 그의 고통을 함께한다면 고을의 풍속이 저절로 후하게 될 것이다.

  무이와 대현인 주자와 우리나라 현인인 퇴계·율곡이 남전향약의 이 네 가지 강령을 모두 한마음으로 본받음을 이 네 개의 강령이 이러한 깊은 의미를 내포하고 있기 때문이다. 그리고 그 밖의 가벼운 허물을 규제하고 또 여러 생물을 구제하는 등의 일들을 이 향약의 실천에 따라 저절로 이루어질 수 있는 다음의 문제이다.

  아! 이 향약이 없었던 이전에도 우리 마을 사람들이 하나의 사람으로 존재하고, 또 향약이 이처럼 확립된 이후에도 종전과 다름없는 하나의 사람으로 생각하여 별다른 변화가 없다면, 향약이 있고 없음이 이 고을의 풍교에 하등의 관련이 없는 무용지물이 되는 것이다. 아! 오늘의 우리 마을 사람들은 이러한 점을 각별히 유의하여 각자의 힘찬 노력이 있기를 바랄뿐이다.

  백원(白猿, 庚申年) 윤조월 상한(上澣)
  장택 고한원(高漢元) 삼가 이 서문을 지음[545]

---

545 《광주문화재단 누정총서 9 부용정·양과동정》 (김희태 저, 2019), 151-156면.

② 입약범례(立約凡例)
《광주양과동향약》 45 - 46 면

입약범례
 도정(都正) 1인
 부정(副正) 2인
 직월(直月) 1인
 별규(別規)
 공사원(公事員) 2인
 유사 2인
- 매년춘추 삼월 삼짇날과 중구에 동원이 정(亭)상에 모여 법규를 읽고 강신을 하며 조약에 의해 상벌을 논의하며, (각각 소비한 주과를 가지고) 유사는 전기에 기안(忌案)을 고찰하여 도정과 부정에게 품하면 공사원은 회문(回文)을 사환으로 하여금 전하게 할 사(事).
- 동사(洞事)는 도정과 부정과 공사원과 직월과 유사가 주관하는데 이를 타인이 시비한 자는 중죄로써 논할 사.
- 초상에는 조 1석과 볏짚 15짐을 장례 시에는 조 1석을 부조할 사.
- 동내에 상사가 있으면 유사가 회문을 내어 동중(洞中)에 통고하여 성복(成服) 전에는 날마다 호상할 사.
- 초상 성복 전에는 매일 위문하되 만일 여러 사람이 모두 알고 분명한 사실이 있다면 위문하는 편지를 보내고 그렇지 못한 자

는 태노(笞奴) 20으로 할 사.
- 동내 장시(葬時)는 동원 전부 모여 호상하고 각자 주과(酒果)를 지참하여야 하나 그렇지 못할 시는 백미 삼승(三升)으로 대행할 사.
- 동내 장시의 발인에 호상은 30리로 하지만 특별한 이유 없이 불참한 자는 태노 20으로 할 사.
- 동내 장시 운회(運灰) 두수는 160두(斗)로 정하고 유사가 나누어 통지하면 일시에 제운(齊運)케 하되 만일 제운치 않으면 태 15개로 할 사.
- 동원의 대소 상시(祥時)는 유사가 회문을 내고 위문할 사.
- 관대(冠帶)에 따른 십물(什物)에 대한 사용료는 구약(舊約) 중에 상세히 있으니 구약에 의해 시행할 사.
- 행원으로 일을 한 자는 부조를 하지 말 사.
- 동원이 만일 개장(改葬)을 하면 부조와 치전외(致奠外)에 운회(運灰)호상 등 일은 초상과 동일케 할 사.
- 춘추 강신시 면두자(麵頭煮)는 유사가 준비할 사.
- 유사 진위(進位)는 강신 다음날에 하되 주미(酒米)는 동조(洞租) 육두(六斗)를 내어 두유사가 나누어 각자 청주 일해(一海)를 바치고 안주는 각자 준비한 과품(果品) 일반을 설행할 사.
- 양(兩) 유사는 1년으로 교체하되 곡물을 필히 전해줄 사.
- 유사 임기를 이행하지 못하면 삭적(削籍)하되 만일 여러 사람이 이행치 못할 사유를 인정할 때는 차한에 부재한다.
- 매년 명절일에는 동조를 내어 혹 양주(釀酒)도 하며 혹 시물(時

物)을 구무(求貿)하여 회화(會話)하며 강약(講約)할 사.
- 동원이 만일 수화(水火)나 도적의 피해가 심한 자는 임시 첨의(僉議)하여 부조할 사.
- 대소 공회에 이유 없이 연2회 불참자는 마수(馬首)와 제접(齊接)할 사.
- 동답(洞畓) 추수 시는 풍흉을 물론하고 유사가 몸소 가서 착실히 타작함을 보되 만일 폐단이 있다면 유사는 중벌을 면키 어려움.
- 동답 타작 후 석수(石數)를 일일이 기록하고 동장(洞長)과 집강은 이에 서명할 사.
- 동고(洞庫)의 열쇠는 공사원 집에 두었다가 곡물을 쓸 때 가져올 사.
- 벌을 정한 후 실행 하지 않은 자는 차차 가벌(加罰)하여 삭적할 사.
- 누대동원자손외(累代洞員子孫外)에 자기가 신입(新入)할 때는 시입례를 설행한 후 들어올 것을 허락할 사.
- 구조약(舊條約)에 가채(加採)할 것이 있으면 공논(公論)을 따라서 시행할 사.

위와 같은 조약은 양과동에서 세부조약을 제정 시행한 것으로 당시의 사회상을 파악할 수 있을 것이다.[546]

546　이종일, 〈양과동계 향약〉, 《향토문화》 11집(향토문화개발협의회), 158-159면.

③ 〈세종실록 지리지〉

〈茂珍郡. 光州牧〉,《한국지리지총서. 전국지리지》510면.

崇慕華門李先齊先生(숭모필문이선제선생)

벽강(碧江) 이동환(李東煥)

(광산이씨 순천파 23세, 풍수지리학 박사)

先生崇慕憶當年(선생숭모억당년)
필문선생을 숭모하며 그 당시를 생각하니
卓越經綸善治宣(탁월경륜선치선)
탁월한 경륜으로 선정을 베푸셨네
麗史改修門老主(여사개수문로주)
《고려사》개수는 필문 선생이 주도하였고
東文擊瓮馬光聯(동문격옹마광련)
동문선〈격옹도〉는 사마광 고사와 연계하였네
草經診療民求普(초경진료민구보)
《신농본초》진료로 백성을 두루 구제하였고
鄕約先驅世範專(향약선구세범전)
광주향약 선구로 오로지 세상의 모범이 되었네
回復降名誰不仰(회복강명수불앙)
광주목 원상회복하니 누가 우러러 보지 않으리오
彬彬懿蹟永相傳(빈빈의적영상전)
빛나고 빛난 의적 영원히 서로 전하리라

* 麗史:《고려사》를 말하며, 세종의 어명으로 필문선생의 개찬 주관.
* 門老: 필문(蓽門) 선생.
* 馬光 : 사마광(司馬光).
* 東文擊瓮: 동문선에 나오는 격옹도(擊瓮圖) 詩文. 사마광이 어린 시절 물이 가득 찬 독에 빠진 어린애를 파손하여 구했다는 그림이 격옹도고, 그 그림을 보고 지은 시가 격옹도 시다.
* 草經: 1452년(문종 승하) 겨울 황해도 일대에 전염병이 경기도 도성까지 창궐하자 필문선생은 제생원, 전의원, 혜민서를 총관하는 삼의사의 총괄 수장까지 겸직하면서 최고의 약물학 서적인 중국 東漢末에 나온《신농본초경(神農本草經)》을 통해 약재 확보 및 현장 교육을 통해 괴질을 진압하여 왕의 신임을 받았다.
* 回復降名: 1430년(세종12) 만호 노흥준이 광주목사 신보안 구타 사건으로 무진군으로 강등되었다. 21년만(문종1년)에 예문관 제학인 필문 선생이 청원하여 왕이 받아들여졌다. 서둘러 공북루를 복원하여 희경루라 바뀌어 읍호 복원을 즐거워하며 광주목의 발전을 기원했다.

참고문헌

1. 읍지

광주직할시. 1990년. 《광주고전국역총서(사학1)광주읍지》. 본읍의 지(誌)는 1699년(己卯, 숙종25)에 편수하고 1792년에 이어서 편찬한 것을 구지(舊誌)를 모방하여 수정.

서 박제방·고재우. 1879년. 《광주읍지》 1792년(壬子. 정조16). 구지를 모방하여 수정. (1792년 광주읍지는 현존하지 않음)

광주민속박물관. 2003년. 《광주관련 국역 고서 제1집 광주읍지》. 본읍의 지(誌)는 1699년(己卯, 숙종25)에 편수하고, 1792년의 재수와 1879년의 삼수를 거쳐서 이번에 구지를 기저로 수정.

서울대학교. 《규장각 자료 총서 지리지편 전라도 읍지 3 광주읍지》 奎 10787. 1879년 己卯誌.

서울대학교규장각. 1983년. 〈광주목지〉 《규장각한국본도서해제》. 제Ⅶ집. 사부 4.

한국학문헌연구소. 1983년. 《한국지리지 총서 전라도② 호남읍지 광주》 1895년 (고종32) 관찬읍지 奎 12181[정조·순조대 읍지 전사하고, 변동사항은 수보(修補).

한국인문과학원. 1991년. 《광주읍지》 1953년 강세영 등 간행. 숙종기묘지, 정조임자지, 고종기묘지를 모방하여 구지를 수정.

. 1991년. 《한국근대도지 20, 조선호남지》 1933-1935년에 편찬된 사찬읍지7권 (2권에 「희경루 원운」이 없다)

. 1991년. 《조선호남지》. 《한국근대도지 20, 조선호남지》을 영인. 국립중앙도서관 디지털 자료.

. 1991년.《한국읍지총람 한국근대읍지 36 전라도 3》. 1926년 강세영 편찬 《광주읍지》 영인본.

백영태 편. 1805년《광산읍지》국립중앙도서관 소장.

《광주목지》규장각 소장 奎 10800. 사찬(私撰)이나 서(序)·발(跋)은 없음.

한국학문헌연구소. 1983년.《한국지리지총서 전국지리지 고려사지리지》.〈해양현(海陽縣)〉.

. 1983년.《한국지리지총서 전국지리지 세종실록지리지 전라도》.〈무진군(茂珍郡)〉

. 1983년.《한국지리지총서 전국지리지 동국여지지》.〈광주목(光州牧)〉

. 1983년.《한국지리지총서 전국지리지 신증동국여지승람》.〈광산현(光山縣)〉

변주승 역주. 2009년.《여지도서.- 광주목》: 1757-1765년 한국교회사연구소 필사본(筆寫本)

국사편찬위원회. 1973년.《여지도서.- 광주목》: 1757-1765년 한국교회사연구소 필사본《호남읍지 -광주(읍사례)》1871년 관찬(官撰). 奎 12175.

서울대학교 규장각. 2003년.《전라도읍지 3, 광주읍지 부사례(附事例)》. 1895년 편찬된 관찬. 奎 12181.

이병연 편. 1938년.《조선환여승람 全》.

지촌 정공원 서. 1934년.《조선호남지》. (2권 표지 뒷면에 「정오표 누정편」에 「필문선생원운을 희경루제영」 부착) 국립중앙도서관·전남대 도서관·조대 도서관·무등도서관 소장.

최윤환·최병덕 편저. 1964년.《광주지 全》1924년 「甲子誌」 역주.

김용순·이경의·최기우 서. 1933-1935년.《호남지》

《광주목지 전》. 국립중앙도서관 도서관 소장. 1871년《호남읍지》(奎 12175) 와 거의 동일.

전남대학교 국사교육과.《호남읍지》. 1895년《호남읍지》(奎 12181) 동일.

광주문화원. 1994년.《광주읍지》.

2. 족보

《광산김씨족보》1857년. 김태기 서. 국립중앙도서관 소장.〈관찰사부용정행적-김태기〉

《광산김씨족보》 1702년. 국립중앙도서관 소장.
《광산김씨족보》 1857년. 김만기 서. 부천 족보도서관 소장. 〈관찰사부용정문발
　행적-김창신〉
《광산김씨족보》 1957년. 한성보. 국립중앙도서관 소장.
《광산김씨족보》 1903년. 국립중앙도서관 소장.
《광산김씨족보》 1845년. 김태기 서. 부천 족보도서관 소장. 〈관찰사부용정행
　적-김태기〉
김긍현. 1939년.《광산김씨족보 권 2》. 부천 족보도서관 소장
김영훈. 1999년.《광산김씨녹사공파보》.
김용순. 1991년.《광산김씨사》.
《광산김씨녹사공파보 지장록》.
《광산김씨평장대보》 2016년. 광주시립무등도서관 소장.
광산김씨대종회. 2014년. 〈광산김씨 족보-내역표〉《광산김씨 천년사》.
문상점. 1998년.《남평문씨대동보 권1》.
안동군. 1991. 〈향사당(鄕射堂)〉《영가지》.
나주시문화원·나주시. 1989년.《국역 금성일기》. 1957년 간행지 역주.
정윤국. 1989년. 〈향사당(鄕社堂)〉《나주목지》.

3. 신문·잡지
〈이종범 교수의 호남인물열전 4) 이선제〉 조선일보. 2011년 4월 28일. A14면.
〈明代 조선기행문 '요해편' 국내 첫 발견〉 동아일보. 1999년 5월 19일. A14면.
〈"광주향약, 조선조 향약의 효시" 주장〉 뉴시스. 2007년 2월 27일.
〈광주 구도심 역사를 복원하자〉 광주매일신문. 2015년 3월 2일
광주·전남발전협의회. 2009년. 〈특별기고 조선시대 광주향약의 시원은 부용정
　에서〉《21 광주·전남》제79호.

4. 단행본
경상북도. 1999년.《경상도칠백년사 제1권 통사》경상북도.
　　. 1999년.《경상도칠백년사 제3권 분류사 Ⅱ》경상북도.

고운. 1954년. 《하천유집(霞川遺集)》 발행처 미상.

광산김씨감사공문중. 《광주향약자료집(부용정 김문발)》. 국립중앙박물관 도서관 소장.

광산문화원. 1987년. 《광산종합문화》 광산문화원.

　. 1991년. 《광산선현논설문선집 제1집》 광산문화원 광산향토사연구소.

　. 1994년. 《광산문학사》 광산문화원.

　. 1995년. 《광산선현시/문선집》 광산문화원.

광주민속박물관. 1996년. 《광주민속박물관조사연구서 제5집 광주의 계》 광주민속박물관.

　. 1997년. 《광주읍성》 광주시립민속박물관 학예연구실.

　. 2001년 《광주민속박물관조사연구서 제10집 광주의 재래시장》 광주민속박물관.

　. 2004년. 《광주 관련 국역 고서 제2집 일제강점기 광주문헌집》 광주민속박물관.

　. 2013년. 《고문서자료집(Ⅱ) 증보판 광주양과동향약》 광주민속박물관.

광주광역시 남구문화원. 2014년. 《광주 남구 마을(동)지》 광주광역시 남구문화원.

　. 2001년. 《광주남구 향토자료 모음집 Ⅱ 문화유적》 광주광역시 남구문화원.

광주광역시 동구청·전남대학교 박물관. 2002년. 《광주읍성유허 지표조사 보고서: 광산동-전남대 의대 앞거리의 옛 진남문 주변》 광주광역시 동구청.

광주광역시립민속박물관. 2014년. 《충장로의 역사와 삶》 광주광역시립민속박물관.

광주시 시사편찬위원회. 1998년. 《광주역사》 광주광역시.

광주민속박물관. 2004년. 《광주민속박물관조사연구소 제12집 광주의 동족마을》 광주광역시립민속박물관.

광주시 광산구 광산구 마을사 편찬위원회. 1990년. 《광산마을사》 광산문화원.

광주직할시. 1985년. 《광주시사(제1·2·3권 합본) 영인본》 광주직할시.

　. 1992년. 《누정제영》 광주직할시.

광주직할시사편찬위원회. 1992년. 《광주시사 제1권》 광주직할시.

광주·전남발전협의회. 2011년.《우리나라 향약의 효시「부용정향약과 민족정신」
　　고찰을 위한 세미나》광주·전남발전협의회.
　　. 2018년.《「광주향약 발전과 공동체 의식」제고를 위한 세미나》광주·전남발
　　전협의회.
광주향교문헌지 편집위원회. 2012년.《광주향교문헌지》도서출판사람들.
광주향교지편찬위원회. 2003년.《광주향교지》광주향교지편찬위원회.
계승범. 2014년.《중종의 시대-조선의 유교화와 사림운동》
경상북도·영남대학교 인문과학연구소. 1994년.《영남의 향약》국립중앙도서관.
고승제. 1979년.《한국촌락사회사연구》일지사.
국립광주박물관. 2018년.《전라천년》국립광주박물관.
국립중앙도서관. 2015년.《국립중앙도서관 고문헌연구총서 5 고지도를 통해 본
　　전라지명연구(1)》국립중앙도서관.
　　.《선본해제 12 - 지리지류》. 국립중앙도서관.
국립문화재연구소. 1997년.《전국문화유적총람 2》국립문화재연구소.
국외소재문화재단. 2018년.《이선제 묘지 귀향 이야기》국외소재문화재단.
권수용 편역. 2017년.《전남선생안》심미안.
권오복. 2014년.《헌집》필재.
권오봉. 2001년.《퇴계선생 일대기》. 교육과학사.
나주목향향토문화연구회. 2004년.《목향 Ⅲ》나주목향향토문화연구회.
기우대 편. 1992년.《장성향교지》호남문화사.
기우만. 1990년.《한국역대문집총서 394 송사선생문집 0)》경인출판사.
김경식. 2002년.《율곡의 향약과 사회교육사상》배영사.
김경수. 1998년.《조선시대의 사관 연구》국학자료원.
김남. 2012년.《(노컷) 조선왕조 실록 : 무삭제판 조선의 역사》어젠다.
김종서 찬. 1932년.《고려사절요》조선총독부.
김성우. 2001년.《조선중기 국가와 사족》역사비평사.
김인걸·한상권 편. 1987년.《조선시대 사회사연구사료총서(1)》보경문화사.
김용덕. 1977년《한국문화총서 제21집 조선후기사상사연구》을유문화사.

- . 1978년.《향청연구》한국문화원.
- . 1983년.《한국제도사연구》일조각.
- . 1992년.《신한국사의 탐구》범우사.

김정호. 1988년.《지방연혁연구-전남을 중심으로》광주일보.
- . 2015년.《광주산책 (상·하)》광주문화재단.
- . 1996년.《전남본관성씨연구》향토문화진흥원.

김필동. 2008년.《일본의 정체성》살림.

김학휘·광주시 향토문화개발협의회. 1990년.《광주의 문화유적》광주직할시.

김희태. 2019년.《광주문화재단 누정총서 9 부용정·양과동정》광주광역시 광주문화재단.

단국대학교 동양학연구소. 1984년.《여씨향약언해》단국대학교출판부.

도수희. 2003년.《한국의 지명》아카넷.

류태주. 2011년.《나라님과 구실아치 - 고려와 조선시대 관직편람》한성.

문화재청. 2007년.《태인 고현동 향약》문화재청.

박익환. 1995년.《조선향촌자치사회사-유향소와 향규, 향촌자치규약을 중심으로》삼영사.

부영문일(富永文一).《鄕約の一班 : 往時の朝鮮に於ける自治の萌芽》朝鮮總督府.

마르티나 도이힐러. 2018년.《조상의 눈 아래에서》너머북스.

무등역사연구회. 2013년.《전라도 역사 이야기》선인.

문사철 편저. 2014년.《15세기 조선의 때 이른 절정》민음사.

민족문화사 편. 1987.《서원지총서 7 - 수암지》민족문화사.

박기영. 1918년.《續修聖蹟圖後學錄》발행처미상.

불함문화사편집부. 1992년.《동유사우록》. 불함문화사.

서유구. 1983년.《임원경제지 5 , 鄕禮志·遊藝志·怡雲志·相宅志·倪圭志》보경문화사.

서인원. 2002년.《조선초기 지리지 연구-동국여지승람을 중심으로》혜안.

한국고전용어사전편찬위원회. 1991년.《한국고전용어사전》세종대왕기념사업회.

성현. 1993년. 《한국역대문집총서 72 허백당문집 2》 경인문화사.
송정수. 1997년, 《중국근세향촌사회사연구-명청시대 향약·보갑제의 형성과 전개》 혜안.
신숙주. 1990년. 《영인표점 한국문집총서 10. 보한재집》 한국문화추진회.
심언광. 1889. 《어촌집 권 2》 발행처미상.
엄형섭. 1984년. 《국조문과방목》 태학사.
오세창. 1986년. 《민족문화연구소자료총서 제6집 영남향약자집성》 민족문화연구소.
오환일. 2000년. 《역사와 향촌사회 연구》 경인문화사.
옥봉집. 1990년. 《옥봉집》 옥봉집편찬위원회
유홍렬. 1954년. 《한국문화사》 양문사.
ㆍ 1980년. 《한국사회사상사논고》 일조각.
윤갑식. 1980년. 《한국전고》 청문사.
윤선도. 2015년. 《한국문집번역총서 고산유고 3》 한국고전번역원.
윤영선. 1941년. 《조선유현연원도 上》 동문당.
윤인숙. 2016년. 《조선 전기의 사림과 「소학」》 역사비평사.
윤종림. 1935년. 《조선호남지 (1-7)》 조선호남지발행소.
예겸 & 장영. 2012년. 《사조선록 역주 2》 소명.
은몽하·우호 편. 2012년. 《사조선록》 소명출판.
이규하. 1831년. 《수암지》. 규장각 소장 奎 15735호.
이수건. 2003년. 《한국의 성씨와 족보》 서울대학교출판부.
이선제. 2004년. 《필문선생유시부주역》 이일용 편역.
이운성 편. 2004년. 《밀양향교지》 밀양향교지 간행위원회.
이이. 1976. 《고전국역총서 22, 율곡집》 민족문화추진회
이재수. 2002년. 《광산이가사록 (상·하)》 한국보학연구회.
이종근. 1914년. 《조선잠헌보감》 2. 국립중앙도서관 소장.
이태진. 1993년. 《조선 유교 사회사론》 지식산업사.
이한우. 2006년. 《세종, 조선의 표준을 세우다》 해냄.
이황. 연도미상. 《퇴계동중족계입의(부 여씨향약)》 국립중앙도서관 소장.

. 1990년.《영인표점 한국문집총서 30. 퇴계집 Ⅱ》한국문화추진회.
. 1993년.《한국역대문집총서 89 퇴계선생문집 10》경인문화사.
지역문화교류호남재단. 2013년.《광주읍성》지역문화교류호남재단.
전라남도. 1987년.《향토문화총서 제28집 전남의 향교》전라남도.
전라남도·전남대 호남문화연구소. 2002년.《전남향토문화백과사전》태학사.
전라남도지편찬위원회. 1982년.《전라남도지》전라남도지편찬위원회.
전라북도·전북향토협의회. 2006년.《全羅監司. 上》전라북도·전북향토협의회.
전화위웅(田和爲雄). 1972년.《朝鮮鄕約敎化史の硏究 : 歷史篇》鳴鳳社.
정광현. 1983년.《성씨논고》민속원.
정진영. 1998년.《조선시대 향촌사회사》한길사.
조선총독부. 1988년.《조선의 취락》민속원.
주희 편저, 신승운 역주. 2011년.《역주 자치통감강목 Ⅰ》전통문화연구회.
정극인. 1993년.《한국역대문집총서 74 불우헌집》경인문화사.
지두환. 1998년.《조선시대 사상사의 재조명》역사문화.
지역문화교류호남재단·광주교육대학교 역사문화교육연구소. 2015년.《제13회 학술심포지엄 - 일제강점기 일본인 교사의 광주역사 연구》지역문화교류호남재단.
충주박씨문간공파문중. 1979년.《역해 눌제집》충주박씨문간공파문중눌제사암문집역해발간위원회.
퇴계학연구소 편.《퇴계학자료총서 6. 성제선생문집》인문과학연구원.
퇴계학연구원 편. 1991년.《퇴계전서 2》퇴계학연구원.
필문이선제선생기념사업회·향토문화개발협의회. 2021년.《광주목의 복호와 희경루의 역사 활용 방안 (학술대회 자료집)》지역문화교류호남재단.
한국역사연구회. 2003년.《조선은 지방을 어떻게 지배했는가》아카넷.
한국인문과학원편집부 편. 1998.《서원지총서 1 - 동유서원총록,건,곤》한국인문과학원.
한국정신문화연구원. 2001년.《세종시대의 문화》태학사.
한국정신문화대백과사전 편찬실. 1997년.《한국민족문화대백과사전》한국정신문화연구원.

한영우. 1981년. 《조선전기 사학사 연구》 서울대학교출판부.
    . 1991년. 《한국문화총서 제22집 조선전기사회경제연구》 을유문화사.
    . 2013년. 《과거, 출세의 사다리》 지식산업사.
영남대학교 인문과학연구소 편. 1994년. 《영남의 향약》 경상남도.
호남사학회·향토문화개발협의회. 2018년. 《호남 사림과 필문 이선제 학술대회-분청사기 상감 이선제 묘지 보물 제1993호 지정 기념》 호남사학회.
이문사 편. 1978년. 《증보문헌비고 下》 이문사.

5. 논문 & 아티클

가와시마 후지야. 1987년. 〈「단성향안」에 대하여〉 《청계사학》 4.
강돈석. 1926년. 〈문인록〉 《전고대방》.
광산구지편찬위원회. 1994년. 〈문화와 종교: 부용정 1550년 건립〉 《광산구지》.
광주일보사. 2018년. 〈전라도 천년사업, 웅대한 막. 무술년 첫날 전라도 천년맞이 종이 울린다〉 《예향》 vol 267.
금장태. 2002년. 〈「백녹동규도」와 퇴계의 서원교육론〉 《퇴계학》 제11집.
김광억. 1981년. 〈북중국지방의 촌락과 동족집단에 관한 몇 가지 고찰〉 《진단학보》 제52집.
김덕진. 2018년. 〈광주읍성과 나주읍성〉 《문화금당》 제18호.
    . 2015년. 〈전라도 곡성현 향안 연구〉 《역사학연구》 제60호.
    . 1992년. 〈「광주목 중기」 해제〉 《호남문화연구》 제21집.
김동수. 1985년. 〈전남지역의 누정조사 보고(1)〉 《호남문화연구》 제14집.
    . 1978년. 〈광주목지 해제〉 《역사학연구》 Ⅷ.
    . 1977년. 〈16-17세기 호남사림의 존재형태에 대한 일고찰〉 《역사학연구》 Ⅶ.
김명진. 1978년. 건국대학교 정치학박사학위청구논문 〈우리나라 향약에 관한 연구〉
김무진. 1983년. 〈율곡 향약의 사회적 성격〉 《학림》 제5집.
김문택. 1999년. 〈17-18세기 김해지방 향안조직의 의사결정 구조와 절차-향록천과 완의를 중심으로〉 《고문서연구》 15.
김수태. 1981년. 〈고려 본관 제도의 성립〉 《진단학보》 제52집.

김영국. 2015년. 〈광주목 희경루와 그 제영〉《한국언어문학》제94집.
김용덕. 1990년. 〈총서: 향약신론〉《조선후기 향약연구》.
　　. 1992년. 〈촌회와 향회〉《역사민속학》제2호.
　　. 1988년. 〈동계고〉《두계이병도박사구순기념 한국사학논총》.
　　. 1989년. 〈조선후기의 지방자치〉《국사관논총》제3집.
　　. 1976년. 〈정여립연구〉《한국학보》제4집.
　　. 1978년. 한국사연구회. 〈향청연혁고〉《한국사연구》제19집.
　　. 1978년. 한국사상연구회. 보성사. 〈향약과 향규〉《한국사상》제16집.
　　. 1980년. 국사편찬위원회. 〈향약과 향규〉《한국사론》제8집.
　　. 1979년. 〈경제소론〉《조선학보》제90집.
　　. 1980년. 〈경제소론〉《중앙사론》제3집.
　　. 1985년. 〈향음례고〉《동방학지》46-48집.
　　. 1979년. 〈안동좌수고〉《진단학보》46-47집.
　　. 1989년 3월.《자유》제101호. 〈향약의 주체적 재검토〉
김용섭. 2002년. 〈고려 충렬왕조의 「광산현제영시서」의 분석-신라김씨가 관향의 광산지역 정착과정을 중심으로〉《역사학보》제172집.
김인걸. 1997년. 〈16·17세기 재지사족의 '거향관'〉《한국문화》제19호.
　　. 1983년. 〈조선후기 향안의 성격변화와 재지사족〉《김철준박사회갑기념논총》
　　. 1984년. 〈조선후기 향촌사회통제책의 위기: 동계의 성격변화를 중심으로〉《진단학보》제58호.
김일중. 2009년. 〈향약, 거버넌스에로의 초대〉《금당문화》제9호.
　　. 2011년. 〈부용정이 양과동향약에 미친 영향〉《금당문화》제11호.
김준석. 1981년. 〈조선전기의 사회사상-「소학」의 사회적 기능분석을중심으로〉《동방학지》제29집.
김학휘. 2008년. 〈광산성씨의 본향과 집성촌〉《향토문화》제28집.
김한초. 1984년. 〈한국 농촌부락의 공동체적 성격〉《제3회 국제학술회의 논문집, 세계 속의 한국문화-율곡400주기에 즈음하여》
김헌영. 1991년. 〈17세기 후반 남원 향안의 작성과 파치〉《한국사론》21.

김희태. 2018년. 〈「전라도 천년」, 회상과 전망〉《문화금당》제18호.
나주문화원. 1989년. 《국역 금성일기》
남민수. 2014년. 〈「예안향약」 소고-「여씨증손향약」과의 관계를 중심으로〉《동양고전읽기》제9집.
동건휘. 2006년. 〈'향약'은 '향규민약'과 다르다〉《하문(廈門)대학학보(철학사회과학판)》제2기.
Dieter Eikemeier. 1994년. 〈한국 계취에 관한 보고〉《영남의 향약》.
민병재. 2002년. 〈보학적 측면에서 고찰해본 금석문과 문헌의 의이- 광산이씨를 중심으로〉《광산이가사록 (하)》.
박경하. 1983년. 〈조선후기 지역사회에 관한 연구-향약을 중심으로〉 연세대학교 행정대학원 일반행정 전공 석사학위 논문
. 1992년. 〈조선후기 향약연구-향약의 성격변화를 중심으로〉 중앙대학교 대학원 박사학위 논문.
. 2003년. 〈조선시대 향약의 성격과 비판적 성찰〉《고서연구》제24호.
. 2006년. 〈일제하 관학자의 향약연구의 성격〉《역사민속학》제22호.
. 2009년. 〈조선시대 향약의 시행배경과 성격〉《금당문화》제89호.
박순. 1992년 12월. 중앙대학교 대학원 박사학위 논문 〈17·18세기 전라남도 동계 연구〉
1996년. 《동서사학》제5호. 〈조선전기 광주지방의 향약과 동계〉
1991년. 《한국사론》제21집. 〈조선후기 해남지방의 일 연구〉
박익환. 1984년. 〈조선전기 향규와 향규약〉《사학연구》제38호.
. 1986년. 〈조선전기 안동지방의 향규와 향규약고〉《동국사학》제19·20합집.
. 1987년. 〈조선전기 향촌교화사 연구〉 동국대학교 대학원 박사학위논문
. 1991년. 〈15세기 광주향약의 향규약적 성격〉《한국사의 이해 조선시대·1》 신서원.
. 1992년. 〈선초 유향소의 치폐 경위 재고〉《박영석교수화갑기념 한국사학논총》.
. 2005년. 〈퇴계의 예안 향약고〉《소헌남도영박사화갑기념 사학논총》.
박종기. 2012년. 〈『국역 고려사』 완간의 의미와 활용 방안 ; 『국역 고려사』 완간

과 학술적 의의〉《石堂論叢》제54집

배기헌. 1999년. 〈조선후기 향촌지배기구 연구-향청·작청·장청을 중심으로〉 영남대학교 대학원 박사학위논문.

서해숙. 2013년. 〈이선제 불천위 제례〉《불천위 제례》.

신승운. 2004년. 〈아겸의 「봉사조선창화시권」에 대한 연구〉《서지학 연구》제28집.

신정희. 1984년. 〈향안연구〉《대구사학》제26집.

____. 1972년. 〈조선조 향약시행에 대한 일고찰〉《대구사학》.

____. 1985년. 《동의사학》제2집. 〈15,6세기 향촌교화정책과 향규에 대하여〉

신혜숙. 2008년. 〈조신후기 광주 「양과동향약」에 관한 연구〉 중앙대학교 대학원 사학과 석사학위 논문.

____. 2009년. 〈광주 양과동향약의 성립과 특성〉《문화금당》제9호.

양보경. 1992년. 〈전라도 읍지에 대한 소고〉《한국지리지총서: 읍지 4, 전라도 1》.

양보경·김경란. 2092년. 《응용지리》. 〈일제 식민지 강점기 읍지의 편찬과 그 특징〉

오항녕. 1998년. 〈조선 세종대《자치통감사정전훈의》과《자치통감강목사정전훈의》편찬〉《태동고전연구》제15집.

____. 1999년. 〈조선초기 「고려사」 개수에 관한 사학사적 검토〉《태동고전연구》제16집.

유홍렬. 1975년. 〈조선향약의 성립〉《진단학보》제7-9권(합본) 영인본.

____. 1994년. 〈근세 조선 전기의 문화〉《한국문화사》.

____. 1980년. 〈조선에 있어서의 향약의 성립〉《한국사회사상사논고》.

윤진영. 2002년. 〈동국대학교박물관 소장의 「희경루방회도」 고찰〉《동악미술사학회》.

____. 2004년. 〈안동지역 문중소장 계회도의 내용과 성격〉《국학연구》제4집.

이경찬. 2015년. 〈조선후기 나주읍성의 도시형태 형성과정 해석〉《대한건축학회논문집, 계획계》제31권 제10회.

이근명. 2001년. 〈주희의 「증손여씨향약」과 조선사회-조선향약의 특성에 대한 검토를 중심으로〉《중국학보》제45집.

이상식. 1996년. 〈전남지방 누정의 역사적 의미〉《호남문화연구》제24집.

이성무. 1991년. 〈여씨향약과 주자증손여씨향약〉《진단학보》제71·72합병호.

이우성. 1968년. 〈퇴계선생의 예안향약과 「향좌(鄕坐)」 문제〉《퇴계학보》제68호.

이장우. 1974년. 〈퇴계선생 「향약」 역주-「향립약조서 부 약조」〉《퇴계학보》제3권 0호.

이종묵. 2002년. 〈집현전 문인들의 문학활동〉《세종시대의 문화》.

이종범. 2011년. 〈호남인의 역사인식과 기억운동〉《의향탐구시리즈 1 의로운 역사의 고장》.

이종일. 2017년. 〈양과부곡이 광주의 선비촌으로〉《향토문화》제36집.

. 2013년. 〈초고본 광산지 논고〉《향토문화》제32집.

. 1991년. 〈광주 양과동 동계 자료〉《전남사학》제5집.

. 2002년. 〈양과동계 향약〉《향토문화》제11집.

. 2001년. 〈광주 양과동 동계의 성격〉《광주 남구 향토 자료 모음집 1 인물과 문헌》.

. 2001년. 〈광주 양과동 동계자료 해제〉《광주 남구 향토 자료 모음집 1 인물과 문헌》.

. 2011년. 〈유등곡면 향약〉《향토문화》제30집.

. 2009년. 〈조선시대 광주향약의 성립과정 연구〉《문화금당》제9호.

. 2000년. 〈광주의 옛 지명 변천〉《향토문화》제19집.

. 2009년. 〈조선시대 광주향약의 시원은 부용정에서〉《21 광주·전남》제79호.

이태진. 1972년. 〈사림파의 유향소 복립운동 (상)-조선초기 성리학 정착의 사회적 배경〉《진단학보》제34집.

. 1981년. 〈향청과 향약〉《한국사 연구 입문》.

. 2008년. 〈사림파의 향약보급운동-16세기의 경제변동과 관련하여〉《한국문화》제4집.

. 2013년. 〈지금을 사는 우리에게 주는 교훈 「퇴계의 예안향약」〉《공공정책》제39호.

임승표. 1990년. 〈조선시대 읍호승강에 관한 연구 (상)-지방통치제도 연구의 일환으로〉《민족문화》제13집.

　　. 2000년. 〈조선시대 읍호 승강제 운영의 제 영향〉《실학사상연구》제17·18합집.

　　. 2001년. 〈조선시대 상벌적 읍호승강제 연구〉 홍익대학교 대학원 박사학위논문.

　　. 2011년. 〈조선시대 읍호승강에 관한 연구 (하)-지방통치제도 연구의 일환으로〉《민족문화》제15집.

임영렬. 2017년. 〈기쁨과 경축의 누각, 광주 한 복판에「희경루」있었다〉《대동문화》1월호.

임준성. 2017년. 〈「광주읍지」및 문헌 소재 희경루 제영시와 누정문화 콘텐츠 활용〉《동방학》제37집.

장동표. 2016년. 〈조선시기와 명청대의 향약 시행과 그 성격 비교 연구〉《한국민족문화》제58집.

전천효삼(田川孝三). 1975-1976년. 〈이조의 향규에 대하여〉《조선학보》제76·78·81집.

정진영. 2013년. 〈향약, 퇴계가 꿈꾼 이상사회〉《안동학연구》제12집.

　　. 〈16세기 향촌문제와 재지사족의 대응-「예안향약」을 중심으로〉《민족문화논총》제7집.

　　. 2013년. 〈지금을 사는 우리에게 주는 교훈「퇴계의 예안향약」〉《공공정책》제39호.

　　. 2016년. 〈한국의 향약〉《안동학》제15집.

정형우. 1970년. 〈조선향약의 실시경위 및 그 내용에 대한 일고찰〉《인문과학》.

　　. 1969년. 〈조선향약의 구성과 그 조직 - 자향약과 퇴계·율곡향약을 대비하여〉《이홍직 박사 회갑 기념 한국사학논총》

지부일. 〈주자학의 조선초 향촌교화정책〉《동서사학》4호.

천도등야(Fujiya Kawashma). 1994년. 〈조선중기 지방양반 계급의 협의체 창영향안(1600-1838)에 관한 서설적 연구〉《영남의 향약》.

천득염·김민주. 2010년. 〈광주목 희경루 복원 연구〉《건축역사연구》제19권 6호 통권 73호.

최윤환·최병덕 편. 1964년. 〈부용정김공문발실적〉·〈양심당이공시원유사〉《광주지》.
최재율. 1996년. 〈전남지방 누정의 성격과 기능〉《호남문화연구》제24집.
최종택. 1993년. 〈여말 선초 지방품관의 성장과정〉《학림》제15집.
최진옥. 1985년. 〈중종조 향약성립에 관한 연구〉《한국사학》제6집.
한상권. 1984년. 〈16·17세기 향약의 기구와 성격〉《진단학보》제58호.
한혜원. 2014년. 〈광주향교 관련 문헌자료를 통해서 본「광주읍성」의 교유과 교화〉《한국고시가 문화연구》제34집.
홍성봉. 1976년. 〈서평:《조선향약교화사의 연구(역사편)》〉《아세아 연구》제49호.
홍성홍. 1999년. 〈명 중기 휘주의 향약과 종족의 관계 - 기문현 문당진씨 향약을 중심으로〉《대동문화연구》제34집.
황병곤. 1988년. 〈예안향약과 퇴계의 향민자치관〉《자유》제183호.